AVALIAR UMA EMPRESA, UMA ARTE DE MÚLTIPLAS HABILIDADES

Avaliar uma empresa é uma atividade que requer muitas habilidades. Elas podem ser adquiridas, mas poucos têm paciência de desenvolvê-las. Por qual razão? Numerosos e complexos conhecimentos são requeridos. Vamos conferir alguns deles; os principais. Um completo plano de negócios precisa ser desenvolvido, mas com certos conhecimentos. Confira.

Primeiro, revise os pressupostos matemáticos de financeira que se relacionam com o chamado valor do dinheiro no tempo, inclusive o cálculo de perpetuidades, sempre baseados no princípio de que existem vários tipos de moedas. Entre as mais comuns, destacam-se duas: valores nominais ou correntes e valores datados.

Se isso não bastasse, também é necessário conhecer as aplicações matemáticas com o uso do Excel, já que o processo de Valuation é extremamente complexo e não seria recomendável que alguém o realizasse "à mão". Isso mesmo, você precisará de uma planilha Excel, com as pastas totalmente interligadas.

Como último ponto, também é imprescindível o conhecimento conjuntural e, em especial, do negócio que se avalia: como caminha a economia, qual o desempenho do setor, expectativas de crescimento do produto, emprego e mercados. Além disso, também é preciso saber sobre inflação e moedas.

Fechou, você se encaixa nas habilidades acima? É, mas não acabou. Agora vem a parte mais difícil de todas: o conhecimento contábil.

Este é o elemento mais importante, pois será preciso fazer uma projeção contábil completa: Ativo, Passivo e Resultados. Tudo em bases anuais, para os próximos 10 anos.

Estas demonstrações contábeis precisam conter as contas empresariais mais comuns, como: Lucro Operacional Líquido, NOPLAT (ou NOPAT), EBIT, EBITDA e Lucro Líquido do Exercício.

Acrescente também os dois conceitos fundamentais de geração de caixa para fins de Valuation:

FCFF — Free Cash Flow To Firm — (fluxo de caixa livre para a empresa)

FCFE — Free Cash Flow To Equity — (fluxo de caixa livre pa

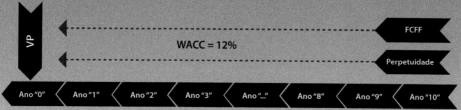

Em resumo, o processo de avaliação seguirá a seguinte ordem de construção, baseado em dados históricos, mas, principalmente, em relação ao resultado do ano base (ano "0"), considerado este um ano típico de resultados. E nos anos projetados (ano "1", ano "2", ano "3"...), o potencial da empresa no futuro. Confira os passos em detalhes:

- Projeção das receitas operacionais;

- Projeção dos custos do serviço prestado, considerando-se custos fixos e variáveis;

- Cálculos das despesas financeiras, baseados no quadro de endividamento atual, sem crescimento;

- Projeção da Demonstração do Resultado do Exercício do ano "1" até o ano "10", abrangendo os principais indicadores: Lucro Operacional, EBIT, EBITDA, NOPLAT e Lucro Líquido do Exercício;

- Todos os ativos e passivos são operacionais;

- Será usado como referência o Balanço Patrimonial apurado no ano base (ano "0"), todavia, sem projetá-lo;

- Projeção do FCFF, fluxo de caixa livre para a empresa, do ano "1" até o ano "10";

- Cálculo do custo de capital próprio pelo método do CAPM; do capital de terceiros pelo custo atual dos empréstimos;

- Cálculo do WACC;

- Cálculo do valor presente líquido do FCFF, incluindo o resíduo (perpetuidade); e

- Ajustes e soma do valor final da empresa, a preços do ano vigente.

Ufa! Terminou! Confesso que adquirir estes conhecimentos será um sacrifício, mas como falou São João da Cruz, não há prazer sem dor. Depois de muito esforço e sofrimento, você conseguirá sua independência financeira e empregos para escolher.

Avaliação de Empresas

Para leigos

Avaliação de Empresas para leigos

Luis Roberto Antonik (Ph.D.)

Aderbal Nicolas Müller (Dr.)

ALTA BOOKS
E D I T O R A
Rio de Janeiro, 2017

Avaliação de Empresas Para Leigos
Copyright © 2017 da Starlin Alta Editora e Consultoria Eireli. ISBN: 978-85-508-0082-0

Todos os direitos estão reservados e protegidos por Lei. Nenhuma parte deste livro, sem autorização prévia por escrito da editora, poderá ser reproduzida ou transmitida. A violação dos Direitos Autorais é crime estabelecido na Lei nº 9.610/98 e com punição de acordo com o artigo 184 do Código Penal.

A editora não se responsabiliza pelo conteúdo da obra, formulada exclusivamente pelo(s) autor(es).

Marcas Registradas: Todos os termos mencionados e reconhecidos como Marca Registrada e/ou Comercial são de responsabilidade de seus proprietários. A editora informa não estar associada a nenhum produto e/ou fornecedor apresentado no livro.

Impresso no Brasil — 1ª Edição, 2017 - Edição revisada conforme o Acordo Ortográfico da Língua Portuguesa de 2009.

Obra disponível para venda corporativa e/ou personalizada. Para mais informações, fale com projetos@altabooks.com.br

Produção Editorial Editora Alta Books	Gerência Editorial Anderson Vieira	Marketing Editorial Silas Amaro marketing@altabooks.com.br	Gerência de Captação e Contratação de Obras autoria@altabooks.com.br	Vendas Atacado e Varejo Daniele Fonseca
Produtor Editorial Thiê Alves	Supervisão de Qualidade Editorial Sergio de Souza			Viviane Paiva comercial@altabooks.com.br
Produtor Editorial (Design) Aurélio Corrêa				Ouvidoria ouvidoria@altabooks.com.br
Equipe Editorial	Bianca Teodoro Christian Danniel	Claudia Braga Illysabelle Trajano	Juliana de Oliveira Renan Castro	
Revisão Gramatical Wendy Campos	Diagramação Luisa Maria Gomes			

Erratas e arquivos de apoio: No site da editora relatamos, com a devida correção, qualquer erro encontrado em nossos livros, bem como disponibilizamos arquivos de apoio se aplicáveis à obra em questão.

Acesse o site www.altabooks.com.br e procure pelo título do livro desejado para ter acesso às erratas, aos arquivos de apoio e/ou a outros conteúdos aplicáveis à obra.

Suporte Técnico: A obra é comercializada na forma em que está, sem direito a suporte técnico ou orientação pessoal/exclusiva ao leitor.

Dados Internacionais de Catalogação na Publicação (CIP)
Vagner Rodolfo CRB-8/9410

A635a   Antonik, Luis Roberto
          Avaliação de empresas para leigos / Luis Roberto Antonik, Aderbal Nicolas Müller. - Rio de Janeiro : Alta Books, 2017.
          320 p. : il.; 17cm x 24cm.

          Inclui índice e anexo.
          ISBN: 978-85-508-0082-0

          1. Administração. 2. Empresas. 3. Avaliação. I. Müller, Aderbal Nicolas. II. Título.

CDD 658
CDU 658

Rua Viúva Cláudio, 291 — Bairro Industrial do Jacaré
CEP: 20970-031 — Rio de Janeiro - RJ
Tels.: (21) 3278-8069 / 3278-8419
www.altabooks.com.br — altabooks@altabooks.com.br
www.facebook.com/altabooks

Sobre os Autores

Luis Roberto Antonik é Doctor of Philosophy in Business Administration (Ph.D.) pela Florida Christian University, Orlando, Flórida (EUA). Graduado em Geografia, Ciências Econômicas e Administração, é mestre em Gestão Empresarial pela Escola Brasileira de Administração Pública (EBAP), da Fundação Getúlio Vargas do Rio de Janeiro. Autor de vários livros nas áreas de finanças, matemática comercial e filosofia é também professor e executivo de empresas.

Aderbal Nicolas Müller é Doutor pela Universidade Federal de Santa Catarina (UFSC). Graduado em Ciências Contábeis, é mestre em Ciências Sociais Aplicadas e especialista em Administração/Finanças. Autor de vários livros nas áreas de finanças e contabilidade, é ainda professor, consultor de empresas e perito-avaliador, tendo atuado junto a diversas Varas da Fazenda Pública de São Paulo.

Prefácio

aluation é uma arte aprendida na prática e este livro fornece as ferramentas básicas de Avaliação de Empresas em uma linguagem fácil de entender para o leigo. Os autores seguem uma sequência lógica, começando pelo componente essencial do valor presente, seguido do fluxo de caixa e terminando com verificações na prática e eles o fazem em uma linguagem acessível para todos e com um senso de humor que o deixa interessante. Uma vez que você adquira estas ferramentas, seu trabalho vai ter apenas começado. Aplique-as às avaliações na vida real (o único tipo que realmente importa) e esteja disposto a cometer erros, aprenda com estes erros e avance para a próxima Avaliação. Cada vez que fizer isso, perceberá que estará melhorando nesta arte e adquirindo a confiança suficiente de que está construindo credibilidade em seus números.

Aswath Damodaran

Professor de Finanças da Stern School of Business da Universidade de Nova York e um dos mais respeitados autores de livros sobre Avaliação de Empresas (Valuation)

Dedicatória

Dedico este livro a todos os meus alunos e ex-alunos, a todos aqueles que participaram de cursos que ministrei e aos que assistiram às minhas palestras, rogando ao Grande Arquiteto do Universo que algumas de minhas palavras possam ter interferido positivamente em seus corações e em suas mentes, tornando-os, por mínimo que seja, profissionais um pouco melhores do que seriam se não tivessem me conhecido.

Aderbal N. Müller

Ao meu querido e inesquecível amigo e mentor, Engenheiro Neumar Irineu Wolff.

Luis R. Antonik

Agradecimentos dos Autores

Queremos agradecer a todos os nossos parceiros, editores, revisores, nossos chefes, diretores, amigos, funcionários, parentes, enfim, a todos aqueles que um dia estiveram presentes em nossas vidas, pela paciência, amor, carinho e compreensão, por tudo o quanto sentiram e presenciaram no transcurso do tempo em que estivemos juntos.

Agradecimento pessoal de Aderbal Nicolas Müller

Aos meus professores Fernando Pianaro (Ph.D., P.D.) e Anthony B. Portigliatti (Ph.D.) da Florida Christian University, Orlando, Flórida, Estados Unidos da América.

Aos meus amigos e mentores João Ademir Santos e Rafael Araújo Leal.

Aos meus eternos chefes, Leôncio Vieira de Resende Neto, Haroldo Wangler Cruzeiro, Osvaldo Lenci e Mário Cesar Pereira de Araújo.

Agradecimento pessoal de Luis Roberto Antonik

Sumário Resumido

Introdução..1

Parte 1: Bases Conceituais...7

CAPÍTULO 1: Uma Breve Introdução à Avaliação de Empresas....................9

CAPÍTULO 2: Uma Rápida Revisão de Matemática Aplicada às Finanças.........21

CAPÍTULO 3: Calculando o Valor Presente Líquido com
as Ferramentas do Excel....................................33

Parte 2: Os Primeiros Passos do Valuation na Prática.....43

CAPÍTULO 4: Como Estabelecer uma Taxa de Atratividade para
Descontar o FCF...45

CAPÍTULO 5: Brincando com Fluxos de Caixa e Perpetuidades................71

CAPÍTULO 6: Misturando Tudo e Calculando o Valor Presente
dos Fluxos de Caixa...97

CAPÍTULO 7: Due Diligence, Como Conhecer a Real Situação
de uma Empresa...109

Parte 3: Avaliação de Empresas na Prática e as
Metodologias Mais Aceitas...........................119

CAPÍTULO 8: Modelos Matemáticos e Contábeis de Avaliação de Empresas.....121

CAPÍTULO 9: Balanço Especial ou de Determinação — Avaliação
de Empresa para Uso em Ambiente Judicial....................139

CAPÍTULO 10: Lucros Operacionais e Econômicos; Qual Escolher
e Como Aplicar nos Casos de Valuation......................147

Parte 4: Valuation, Casos Práticos, Aplicações
e Outras Coisinhas..................................161

CAPÍTULO 11: Noções de Fluxos de Caixa...................................163

CAPÍTULO 12: Avaliação de Empresas pelo Método dos Múltiplos.............197

CAPÍTULO 13: Um Caso Prático e Completo de Avaliação de Empresa..........211

Parte 5: Valuation Fácil — A Parte dos Dez...............245

CAPÍTULO 14: A Parte dos Dez..247

Índice..299

Sumário

INTRODUÇÃO 1

Sobre Este Livro. 2

Convenções Usadas Neste Livro 2

O Que Você Não Deve Ler. 2

Só de Passagem. 3

Requisitos para Ler Este Livro. 4

Como Este Livro Está Organizado 4

Ícones Usados Neste Livro 5

De Lá para Cá, Daqui para Lá 5

PARTE 1: BASES CONCEITUAIS. 7

CAPÍTULO 1: Uma Breve Introdução à Avaliação de Empresas. 9

Como Avaliar uma Empresa? Sempre É Bom Saber. 11

Metodologias para Avaliar uma Empresa 13

Avaliações e Precificações Empresariais Simplificadas. 15

Métodos Teóricos de Avaliação de Empresas 15

O Passo a Passo do Método DCF. 16

Testando o Modelo do Fluxo de Caixa Livre. 17

Afinal, Vamos Calcular o Valor da Empresa?. 18

CAPÍTULO 2: Uma Rápida Revisão de Matemática Aplicada às Finanças. 21

O Valor do Dinheiro no Tempo. 22

Juro Simples e Juro Composto 22

A Mágica É Gerar Lucros e Reinvestir no Próprio Negócio 24

A Fórmula Básica do Juro Composto. 25

Série de Pagamentos Uniformes e Não Uniformes 27

CAPÍTULO 3: Calculando o Valor Presente Líquido com as Ferramentas do Excel 33

Esta Ferramenta Maravilhosa Chamada Excel. 34

Calculando o Valor Presente do Fluxo de Caixa no Excel 34

Um Ponto de Atenção para os Iniciantes do Excel 36

Ufa! Finalmente Vamos Calcular o Valuation? 40

PARTE 2: OS PRIMEIROS PASSOS DO VALUATION NA PRÁTICA ... 43

CAPÍTULO 4: Como Estabelecer uma Taxa de Atratividade para Descontar o FCF ... 45

Capital de Terceiros, Como Calcular o Custo de Empréstimos e Financiamentos (Dívidas) ... 47

Capital de Terceiros ou Custo de Mercado da Dívida (Empréstimos e Financiamentos) versus Custo Contábil ... 49

Um Exemplo Simplificado de Custo de Dívidas ... 50

Custo do Capital Próprio — CAPM, um Modelo de Precificação de Ativos Financeiros ... 53

Simplificando o Cálculo do Custo do Capital Próprio ... 58

Usar ou Não Usar a Inflação? Eis a Questão! ... 60

Como Calcular o Custo de Capital Próprio, Completo e com Inflação? ... 62

Calculando o WACC — Custo Médio Ponderado de Capital ... 66

Definição do WACC ... 68

Repetindo Tudo e Calculando o WACC ... 69

Misturando custo de dívidas, capital próprio e calculando o WACC ... 70

CAPÍTULO 5: Brincando com Fluxos de Caixa e Perpetuidades ... 71

Aplicações de Perpetuidades em Processos de Avaliação (Valuation) ... 71

Free Cash Flow — FCC, Base Conceitual e Aplicações ... 74

Fluxo de Caixa, o Melhor Amigo dos Financeiros ... 75

Avaliações de Títulos Públicos e Ações Usando Perpetuidades ... 77

Avaliação de Medidas Administrativas e Operacionais com o Uso de Perpetuidades ... 80

Valuation de Empresas com o Uso do Free Cash Flow e Perpetuidades ... 82

Valuation e o Uso de Perpetuidades ... 82

Primeira parte ... 83

Segunda parte ... 83

Terceira parte ... 85

Quarta parte ... 87

Um Pouco Mais de Conceitos Importantes sobre Cálculo de Valor Presente de Perpetuidades ... 89

Cálculo do Valor Presente da Perpetuidade pelo Método de Crescimento Constante Acelerado ... 90

CAPÍTULO 6: Misturando Tudo e Calculando o Valor Presente dos Fluxos de Caixa ... 97

Fluxo de Caixa, uma Ferramenta Mágica ... 98

Valor do Fluxo em Moeda Corrente e Nominal ... 99

Instante "Zero", Instante "1", Instante "2"... 100
Ano em que o Valor Ocorre. 101
Como "Mover" os Valores no Tempo 101
Calculando Perpetuidades no Excel. 103

CAPÍTULO 7: Due Diligence, Como Conhecer a Real Situação de uma Empresa 109

Due diligence — do que se trata? 111
Detetives ou auditores? 114
Mas Lembre-se: Due Diligence Não É Auditoria 114
Qual a razão da due diligence impactar
no valor do negócio? 115
Quais São os Principais Produtos da Due Diligence? 116
Due Diligence surgiu como profissão separada
para os peritos de contabilidade e auditoria. 117

PARTE 3: AVALIAÇÃO DE EMPRESAS NA PRÁTICA E AS METODOLOGIAS MAIS ACEITAS 119

CAPÍTULO 8: Modelos Matemáticos e Contábeis de Avaliação de Empresas 121

Qual a Razão de Estudar Modelos de Avaliação? 122
Modelos de Avaliação de Empresas. 122
Modelos Baseados no Balanço Patrimonial .123
Modelo do valor contábil. 124
Modelo do valor contábil ajustado 124
Valor de liquidação 125
Modelo do valor substancial. 125
Modelos Baseados na Demonstração do Resultado 126
Modelo do valor dos lucros. 126
Modelo do valor dos dividendos 126
Modelo dos múltiplos de vendas. 128
Outros modelos de múltiplos. 128
Modelos Baseados no Goodwill 129
Modelo clássico. 132
Modelo simplificado da União Europeia. 132
Considerações adicionais sobre os modelos
baseados no Goodwill 133
Modelos Baseados no Fluxo de Caixa. 133
Fluxo de caixa livre 134
Considerações adicionais sobre os modelos baseados
no fluxo de caixa 135
Modelos de criação de valor 135
Economic Value Added — EVA 135
Market Value Added 137
Outros modelos baseados na criação de valor. 137

Sumário XV

Considerações adicionais sobre os modelos baseados
na criação de valor 137
Para finalizar, não é possível prescindir de uma
certa subjetividade 138

CAPÍTULO 9: Balanço Especial ou de Determinação — Avaliação de Empresa para Uso em Ambiente Judicial 139

Balanço Especial ou Balanço de Determinação.............. 140
Casos práticos de decisões de processos judiciais
envolvendo avaliações 141
Um Pouco de Teoria, mas Apenas um Pouquinho 142

CAPÍTULO 10: Lucros Operacionais e Econômicos; Qual Escolher e Como Aplicar nos Casos de Valuation 147

Qual Lucro Usar em Casos de Valuation..................... 148
Conceitos de Apuração de Resultados Econômicos ou
Contábeis e Financeiros...................................... 148
Conceitos de Apuração de Resultados Econômicos ou
Contábeis e Operacionais 149
Lucro Líquido do Exercício................................... 151
Lucro Bruto ou Resultado Operacional Bruto 154
Lucro Operacional Líquido Depois dos Impostos (Noplat) 155
Lucro Antes de Juros, Impostos, Depreciação e
Amortização (LAJIDA ou EBITDA)........................... 158
O Lucro Antes de Juros e Impostos (LAJIR ou EBIT)............. 159

PARTE 4: VALUATION, CASOS PRÁTICOS, APLICAÇÕES E OUTRAS COISINHAS 161

CAPÍTULO 11: Noções de Fluxos de Caixa........................ 163

Empresas que Geram Caixa e Tipos de Fluxo de Caixa 163
Fluxo de Caixa Empresarial 164
Como fazer um fluxo de caixa empresarial 167
Pare, pense e desenvolva a sua planilha de fluxo de caixa.... 168
Operando um fluxo de caixa no Excel: Fácil e útil........... 168
Muita atenção com as despesas 169
Gasto Direto com Pessoal 169
Impostos, Taxas e Contribuições e Investimentos 171
Despesas Gerais 171
Sumarizando os controles do fluxo de caixa............... 173
Demonstração do Fluxo de Caixa — Fluxo de Caixa Contábil 176
Apresentação do relatório de demonstração do
fluxo de caixa (contábil) 176
Definição da demonstração do fluxo de
caixa (cash flow statement) 177

xvi   Avaliação de Empresas Para Leigos

Detalhando a demonstração do fluxo de caixa. 178
Demonstração do fluxo de caixa 179
Fluxo de Caixa Livre — Free Cash Flow (FCF) 183
Diferença entre lucro, caixa e medidas de desempenho 185
Fluxo de Caixa Livre da Empresa — Free Cash Flow
to Firm (FCFF) 186
Diferença entre FCF e lucro líquido 191
Fluxo de Caixa Livre do Acionista — Free Cash
Flow to Equity (FCFE) 192
Comparativo entre o FCFF e o FCFE .194

CAPÍTULO 12: **Avaliação de Empresas pelo Método dos Múltiplos** 197

Avaliação de Empresa pelo Método dos Múltiplos 197
Quais os tipos de múltiplos usados em Valuation? 199
Uma aplicação simples à introdução e análise
da estrutura do Valuation por múltiplos. 201
Dados financeiros e operacionais 203
Metodologia de avaliação 204
Modelo de múltiplos de mercado 205
Caracterização técnica da avaliação .205
Metodologia e critérios adotados 206
Taxa de crescimento 206
Valor da empresa 206
Apuração final do valor da empresa .207
Uma síntese da avaliação por múltiplos 208

CAPÍTULO 13: **Um Caso Prático e Completo de Avaliação de Empresa** 211

Dois para Cá e Dois para Lá; Avaliando uma Empresa de A a Z . . .211
A KFG Vai Perder um Sócio 212
A Atividade Pecuária Empresarial. 213
Vamos Avaliar a KFG? Por Onde Começar? 213
Peças Contábeis Básicas; Informações Iniciais Essenciais 215
Lucro Operacional Líquido Depois dos Impostos (Noplat) 223
Fluxo de Caixa Livre da Empresa — Free Cash
Flow to Firm (FCFF) 225
Calculando a Taxa de Atratividade. 227
Custo do Capital de Terceiros. 228
Custo do Capital Próprio 230
E agora é calcular o WACC. 234
Estamos Perto do Fim, Agora É Calcular o Valor Presente
do Fluxo de Caixa 235
Cálculo do valor presente do fluxo de caixa projetado 236
Cálculo do valor presente do resíduo ou perpetuidade 240

Sumário XVII

PARTE 5: VALUATION FÁCIL — A PARTE DOS DEZ 245

CAPÍTULO 14: A Parte dos Dez 247

Seu Negócio Está em Fase de Startup? 248

Como você calcula a sua avaliação nas fases iniciais? 249

Como determinar a avaliação? 250

Você precisa de uma alta valorização? 252

Olhando os negócios sob a perspectiva do investidor 254

Fazer Valuation de startup realmente é importante? 255

Mas no Brasil, isso funciona? 257

Outros fatores que influenciam o Valuation 258

Você Está Vendendo Seu Negócio? 258

Sazonalidade do negócio, um cuidado a ser considerado 259

Problemas ambientais — seu pior pesadelo 261

Proteja a Sua Família 262

Por que demonstrações financeiras não dizem
muito sobre valor? 263

Avaliação do negócio da família: Por que é tão importante? .. 263

Razões para a realização de uma avaliação de
empresas familiares 264

O que precisa ser valorado e por que a avaliação
é necessária? 264

Acordos de compra e venda, instrumentos preciosos
para evitar aborrecimentos 265

Resultado operacional da empresa familiar 265

Planejamento de Negócios 266

O Planejamento de Aposentadoria 271

A Expansão do Negócio Pode Ser uma "Opção"? 272

Inputs para avaliar a opção de expandir o negócio 273

Avaliando uma opção para expandir 275

Mas cuidado, lá vai um conselho final 275

A Adição ou Saída de um dos Proprietários 276

Contencioso 277

Coisas para Lembrar sobre Avaliações de Negócios 278

Tudo sobre e como Construir um Negócio Valorizado 279

Leitura Recomendada 289

LEITURA RECOMENDADA 289

GLOSSÁRIO 291

ÍNDICE 299

Introdução

A valiação de empresas ou como se diz em inglês, "valuation", é uma maçaroca de conhecimentos de matemática financeira e comercial, valor do dinheiro no tempo e contabilidade. Nada muito complicado, pois os conceitos que apresentamos são básicos e elementares em todas as disciplinas abordadas.

A matemática comercial e financeira mantém uma relação incestuosa com o mundo dos negócios, sejam quais forem, tendo sido aperfeiçoada nos últimos anos e, sobretudo, se aproximado mais das pessoas a partir dos anos 1970, com o aparecimento das calculadoras e planilhas eletrônicas.

Acontece que do ponto de vista matemático, embora pareçam elementares, pois as operações mais difíceis encontradas neste ramo da matemática são potências, os cálculos eram muito difíceis de fazer, isso tudo sem falar que também eram imprecisos. Uma continha básica, como calcular o valor presente de uma dezena de prestações requeria o uso de tabelas previamente preparadas, interpolações e outras coisas muito complicadas.

Tão complicadas, que a disciplina era conhecida como Engenharia Econômica, seus cálculos mais sofisticados exigiam tanta destreza que apenas pessoas com sólida formação matemática, como os engenheiros, por exemplo, poderiam atrever-se a resolvê-los.

Mas, graças a Deus e à tecnologia, isso é história. Com a planilha e a calculadora, qualquer pessoa minimamente preparada pode executar todos os cálculos básicos.

Mas atenção, os mercados comerciais e financeiros especializaram-se muito nos últimos anos, notadamente o segundo, chegando a níveis espetaculares de sofisticação. Assim, quando a questão exigir muito detalhe e complexidade, peça ajuda para um consultor especializado.

Neste livro você irá encontrar os conceitos e fundamentos da matemática comercial e financeira e de contabilidade, num tom lúdico e alegre. Para ser bom, deve ser divertido. Procuramos explicar todos os detalhes, alguns até excessivamente, mas o intuito é fazer com que pessoas sem qualquer contato com a área, mas com um conhecimento geral mínimo, possam ler e entender o seu conteúdo.

Esperamos que você se divirta lendo este livro, assim como nos divertimos ao escrevê-lo. Lembre-se da música da Cyndi Lauper: "*girls and boys just want to have fun*" (os "boys" foram acrescentados por nossa conta).

Sobre Este Livro

Se você já trabalha na área de negócios, numa companhia minimamente organizada, provavelmente tem acesso a todas as informações necessárias de pagamento, financiamento, análise de investimentos e contabilidade.

Assim, vamos passando pelos conceitos, evitando fórmulas tanto quanto possível.

Sinceramente duvidamos que leia este livro de uma capa até outra. Pensando nisso, procuramos fazer com que o leitor possa "pular" assuntos que julga dominar. Aliás, esta modularidade é o ponto alto dos livros "Para Leigos".

Vale lembrar ao leitor que neste livro ora usaremos a "avaliação de empresas" na língua portuguesa, ora o faremos no seu formato original em inglês, denominado "valuation". Considere estas duas denominações como sinônimas.

Convenções Usadas Neste Livro

Este livro foi concebido para ser de fácil leitura e entendimento. Devemos confessar que o assunto não é difícil, mas, como tudo, precisa de certo treino. Os temas abordados são de extrema aplicação na vida pessoal, independentemente em que área trabalhe. Os assuntos são citados todos os dias em revistas e jornais, não apenas nos especializados, mas em todos.

Aqui não há necessidade de consultar nenhum dicionário, pois todas as citações, nomes, siglas e significados são explicados detalhadamente, de modo que qualquer um possa ler os textos e entendê-los. As explicações mais elaboradas estão nas caixas cinza, no índice remissivo ou no próprio corpo do livro. Ao final do livro, colocamos um glossário imenso com os conceitos em inglês.

As convenções, notações e símbolos adotados são os mais próximos do dia a dia, de modo geral. Será possível constatar que nos afastamos um pouco do rigor matemático técnico, usando os termos do Excel e das calculadoras financeiras, em especial da HP 12C.

O Que Você Não Deve Ler

Abordamos o assunto sobre as formas de avaliar quanto vale uma empresa de modo gradativo e completo. Quer dizer, antes de falar em avaliar uma companhia propriamente dita, fazemos um breve passeio de revisão dos conceitos de juro composto, taxas de juro e valor do dinheiro no tempo, por exemplo. Caso se julgue conhecedor destes conceitos, recomendamos passar à frente.

Entretanto, ao trabalhar com a matéria fim deste livro, poderá encontrar assuntos sobre os quais não lembre mais. Desta forma, sempre citaremos onde poderá encontrar um complemento teórico para o assunto abordado.

Espero que entenda, pois a nossa experiência como professor diz que conhecer o conceito de logaritmo é importante quando for calcular períodos de tempo. Mas você poderia dizer que o uso das calculadoras e do Excel simplificam estas questões nos dias de hoje. Eu tenho que concordar, entretanto, aquele que domina o conceito, pode muito mais assenhorar-se das ferramentas disponíveis e encontrar uma solução para o problema em estudo. Nossa vivência ensina ainda que os profissionais que dominam completamente o Excel e a calculadora, quando fundamentados em conceitos, são os que fazem diferença no mundo dos negócios.

Só de Passagem

Acreditamos que é difícil separar nossas experiências e colocações daquilo que poderia ser considerado como tolo. Ademais, tudo o que você considera tolice, os nossos anos de vivência na área poderiam considerar importantes, e vice-versa.

Imaginamos que deva ter acesso a uma planilha Excel, já que ela está em todos os computadores. Se não tiver uma calculadora financeira, compre logo a sua. Além de chique, dá certo status. Por pura desinformação, as pessoas acham que esta ferramenta é um instrumento para especialistas, mas não é verdade. Também não importa a profissão. É impossível viver sem calculadora hoje, ao menos que abdique de uma parte da sua realidade. Recomendamos: não faça como os comuns! Ao invés de somar alguma coisa na mão ou naquelas calculadoras xingling de R$1,99, alimentadas por bateria solar, some no Excel ou na HP 12C. Isso aumentará gradativamente os seus conhecimentos destas ferramentas espetaculares. Além disso, falando como executivo de empresas, se eu soubesse que nunca sequer olhou no Excel, mesmo que o estivesse contratando para um cargo de fisioterapeuta ou de psicólogo, você imediatamente estaria fora da lista. Estas profissões, como exemplo, são altamente dependentes da estatística, um dos pontos fortes de qualquer planilha.

Finalmente, a matemática e a contabilidade usadas neste livro nem mereceriam ser chamadas como tal, tão simples e elementares que são. Neste livro, tratamos de pura aritmética e contabilidade, o básico do básico. Mas, sobretudo, não se apavore. Sabemos que pode ler este livro. Tenha certeza que nos esmeramos para explicar todos os detalhes numa linguagem simples e acessível.

Requisitos para Ler Este Livro

Para uma boa leitura deste livro, não é preciso nenhuma das duas ferramentas: calculadora financeira ou Excel, pois todos os cálculos são minuciosamente explicados e representados por figuras e fórmulas. Em muitos casos, até uma figura da calculadora ou da planilha Excel é inserida no texto, de modo a permitir ao leitor ver como a equação foi resolvida.

Entretanto, sempre dizemos de forma muito transparente e direta aos nossos alunos das disciplinas de matemática financeira e comercial, finanças e contabilidade, que o uso da calculadora financeira é indispensável nas aulas. Sem ela não é possível acompanhar as classes, muito menos trabalhar. Caso não disponha da calculadora, isso pode ser compensado pelo uso do Excel, ou seja, se o aluno puder contar com a planilha em tempo integral, a aula poderá ser desenvolvida da mesma forma. É claro que em contraste com o mencionado no parágrafo anterior, a nossa afirmação se baseia no fato de o aluno da disciplina ser obrigado a treinar os cálculos, sem os quais não será possível fazer a prova e os exames finais, o que não é o caso do leitor.

A respeito de conhecimentos necessários, nada muito aprofundado é exigido, pois a matemática, as finanças e a contabilidade aqui desenvolvidas são básicas e a maior dificuldade está na racionalização e composição do problema. Entretanto, isso não está relacionado com as disciplinas, mas com a inteligência e vivência comercial do leitor, independentemente da área em que atue.

Como Este Livro Está Organizado

De início, o livro conta um pouco de conceitos de matemática financeira e comercial, finanças e contabilidade, com curiosidades e informações recebidas dos precursores. Os primeiros não tinham nada de gênios. Eram sim, excelentes observadores. Só de passagem, os gênios irão aparecer no século XXI.

É claro que estamos exagerando, mas você pode constatar isso por si mesmo.

Posteriormente, como consideramos que os executivos se iniciam no trabalho, anos após aprenderem as questões básicas, tomados por um impulso de ousadia, tentamos explicar algumas coisas fundamentais para o bom desempenho profissional, naquilo que costumamos chamar de "matemática comercial elementar".

Finalmente, após ter acesso ao básico, passamos a estudar o juro composto, perpetuidades, prestações e séries de pagamentos não uniformes. Em seguida, vamos aprender um pouco de conceitos básicos de contabilidade, projeção de demonstrações financeiras e contábeis, Balanço Patrimonial e Demonstração de Resultados do Exercício.

Mas a parte alta do livro é o uso do VPL e da TIR. Quando dominadas corretamente, estas duas técnicas, combinadas com o uso do Excel e da calculadora, poderão fazer uma diferença enorme na sua empregabilidade. Vamos aplicá-las em conjunto aos conceitos contábeis, descontando projeções financeiras e, assim, obtendo o valor de mercado de uma empresa.

Ícones Usados Neste Livro

É uma informação para você guardar, baseada na vivência do professor. Trata-se de algo para decorar e nunca mais esquecer.

Tome cuidado com as armadilhas da matemática financeira e comercial. Lembre-se que elas dependem muito de outras disciplinas e precisamos ter atenção com estes detalhes.

É um tema para refletir a respeito e, se possível, tentar aprofundar seus conhecimentos.

De Lá para Cá, Daqui para Lá

Os assuntos abordados neste livro são muitos. Dominá-los profundamente dará ao leitor uma habilidade inigualável no trabalho, aumentando a sua empregabilidade. Deste modo, sugerimos analisar os tópicos abordados aqui superficialmente, e se aprofundar naquilo que julgar mais importante para seus objetivos pessoais e profissionais.

De todas as maneiras, o livro foi construído para que possa ser lido em partes, sem necessariamente iniciar pela parte um e terminar na cinco. Evidentemente, ao ler o livro inteiro, um assunto ajuda a embasar o outro e poderá formar uma base sólida para trabalhar em negócios e finanças.

Assim, se julgar que as matemáticas financeiras e comerciais são pouco para a sua capacidade, passe para frente e leia as partes que acha necessário melhorar.

Se estiver trabalhando com este assunto e ele não for uma mera curiosidade, o conselho é que compre e leia outros livros Para Leigos sobre o mesmo tema. Se você tiver capacidade para ler na língua inglesa, aproveite e compre os livros nesta língua. Além de serem muito fáceis de entender, estão escritos em linguagem básica, são lúdicos e você ainda poderá "matar dois coelhos com uma só cajadada": aperfeiçoa a língua e estuda a avaliação de empresas.

6   Introdução

1
Bases Conce ituais

NESTA PARTE...

Nesta parte você irá encontrar uma breve introdução ao Valuation, bem como uma introdução simplificada dos métodos de avaliação, especialmente do Método do Fluxo de Caixa Descontado, ou, em inglês, como este termo é sempre empregado, Discount Cash Flow. Vamos também dar um pequeno exemplo de aplicação prática.

Vamos ainda fazer uma breve revisão de matemática financeira e métodos quantitativos aplicados ao Valuation. Afinal, isso nada mais é que uma poderosa combinação de conhecimentos, especialmente de matemática.

Pior, Valuation é uma ciência prática exercida por poucos, pois requer muitos conhecimentos diferentes, que normalmente não são encontrados em um único profissional, como matemática, informática, contabilidade e conjuntura econômica.

Finalmente, é nossa intenção apresentá-lo a mais maravilhosa ferramenta do século XX, o Excel. Realmente a planilha eletrônica revolucionou a contabilidade e as finanças do século passado, melhorando e simplificando os cálculos e os trabalhos dos especialistas em finanças. Mas cuidado, leia atentamente esta parte relacionada ao Excel, pois ele revela muitas surpresas e também é a causa dos erros mais grosseiros que encontramos nesta matéria.

> **NESTE CAPÍTULO**
>
> Como avaliar uma empresa; sempre é bom saber as metodologias
>
> Avaliações e precificações empresariais simplificadas
>
> O passo a passo do método DCF
>
> Afinal, vamos calcular o valor da empresa?

Capítulo 1

Uma Breve Introdução à Avaliação de Empresas

á alguns anos, quando lemos o livro *Business Valuation For Dummies*[1], escrito por Lisa Holton e Jim Bates, confessamos que ficamos preocupados logo na introdução, pois os autores diziam que a leitura do livro, com 320 páginas, não iria nos qualificar para avaliar qualquer empresa. Para executar esta façanha, o leitor deveria, segundo Holton e Bates, procurar um consultor qualificado e certificado. Trata-se, segundo eles, de uma tarefa altamente especializada, envolvendo enormes responsabilidades e riscos, que exige preparo técnico em áreas bastante diferentes como as expressas

---

[1] Vide o Link: >http://www.amazon.com/Business-Valuation-Dummies-Lisa-Holton/dp/0470344016 (conteúdo em inglês)

na Figura 1.1, não dominadas por qualquer um — mas eu não sou "qualquer um", pensamos.

FIGURA 1.1: Multifunções exigidas no Valuation.

Em face do exposto, agora um pouco mais maduros, temos que ser sinceros com você, meu caro leitor, e referendar a frase de Lisa Holton e Jim Bates.

Mas qual seria, então, a razão de ler semelhante livro?

Cremos que existem várias razões. Você pode estar pensando em comprar ou vender uma empresa e precisa ter noção de quanto ela vale e quais serão os processos de avaliação que os consultores irão adotar. Não é possível arriscar dinheiro na compra de um novo negócio, sem saber de que maneira a avaliação será realizada. O que conta? Quais os fatores que aumentam ou diminuem o valor?

Caso consulte a literatura sobre Valuation, mesmo em livros muito bem explicados como Samanez, Carlin e Martelanc[2], você ficará na dúvida de onde surgiram as fórmulas e conceitos. Se ler Damodaran ou Copeland terá mais dúvidas ainda, pois além de serem obras destinadas a profissionais, assim como as anteriormente citadas, têm como objetivo o leitor conceitualmente influenciado pela economia americana, fortemente baseada em raciocínio de caixa e sustentada num modelo baseado em ações. É claro que os autores mencionados não irão perder tempo explicando para o leitor que o valor aumenta quando dividido por um número menor que um, ou seja, quanto menor a taxa de juro usada na divisão, tanto maior o resultado.

Neste livro, por destinar-se a um público leigo, estas informações são a base do texto, ou seja, todas as formas de avaliação, suas fórmulas e explicações são minuciosamente detalhadas.

Tais justificativas, por si, já bastariam para você comprar o livro e ler de capa a capa. Além do mais, sempre damos um conselho para os nossos alunos, de todas as áreas, até mesmo daquelas consideradas insólitas, para se interessarem por finanças.

---

[2] Veja dados completos na Leitura Recomendada.

A conjuntura atual, seja para empresários ou executivos, exige ampla e geral especialização. Explicando melhor, ter bons conhecimentos de matemática financeira e comercial aplicadas; noções medianas de contabilidade, acompanhamento de informações conjunturais econômicas e, sobretudo, dominar ferramentas tecnológicas como Excel, por exemplo, são fatores-chave para o sucesso em qualquer profissão. Precisa de mais alguma razão para conhecer este assunto?

Como Avaliar uma Empresa?
Sempre É Bom Saber

Quero vender a minha empresa, como saber quanto ela vale?

Separei-me da minha esposa, como fazer uma divisão justa do negócio da família?

Eu e meu sócio decidimos trilhar caminhos diferentes, como estabelecer a parcela de cada um?

Estou interessado em expandir os meus negócios. Pretendo adquirir uma companhia concorrente, pois este é o método mais fácil de crescer. Como avaliar a firma a ser comprada?

As perguntas parecem ter a mesma dúvida, todavia contêm abordagens totalmente diferentes sob o ponto de vista econômico.

Quando vendemos alguma coisa, esperamos, no mínimo, obter o valor justo por aquilo que construímos e que agora estamos entregando para um terceiro. Deste modo, a avaliação deste ativo[3] considera unicamente fatores econômicos de mercado.

Por outro lado, quando um empreendedor está comprando uma empresa concorrente, algumas vezes unicamente para fechar, o valor de mercado desta firma não importa muito, pois o que está em jogo na verdade é a estratégia do negócio. Explicando melhor, o valor pago pela companhia é importante, mas os valores totais, dos dois negócios somados, a sua nova posição no mercado, sinergia, eliminação de um concorrente, etc., também devem ser considerados.

Assim, todas as abordagens de avaliação a que estamos nos referindo podem ter vieses ardilosos e abordagens econômicas e financeiras totalmente diferentes, pois, por exemplo, a última abordagem está contida numa posição estratégica maior.

---

[3] Em contabilidade, o Ativo tem significado como sendo os bens e direitos de uma firma. No mercado financeiro, todavia, ativo pode ser qualquer bem, que uma pessoa, física ou jurídica, possua.

CONCEITO DE VALOR E PREÇO

Valor não é alguma coisa que a organização ou as pessoas estabelecem. Os compradores e clientes, por exemplo, são os agentes que o determinam. Valor pode ser constituído por uma gama de componentes: imagem, percepção, visibilidade, disponibilidade e utilidade. Contudo, o preço está condicionado intrinsecamente ao dinheiro, a quanto vale o bem. Mas o valor só existirá se o ativo que estiver sendo vendido produzir algum benefício futuro ao comprador. Trata-se, portanto, de uma medida quantitativa. Mas, por outro lado, o valor pode variar conforme a pessoa, por manter uma relação direta com o grau de necessidade e utilidade do indivíduo.

E tem mais uma coisa importante na enorme diferença entre preço e valor. Na área de Valuation, por exemplo, não é raro o empresário reclamar ao Perito-Contador com esta frase: mas como você avaliou esta empresa por apenas R$10 milhões se apenas este terreno onde estamos instalados vale R$20 milhões? Acontece que o Valuation avalia a operação e mais, em 99% dos casos, o faz pela capacidade de geração de caixa futuro; não se trata de um inventário de bens. O empresário citado poderia vender o terreno em questão e instalar o negócio em outro lugar.

Analisar financeiramente uma entidade ou organização requer conhecimentos de mercado, da conjuntura, do setor, de matemática financeira e, principalmente, de contabilidade; tudo sob uma perspectiva estratégica e atributos técnicos. Mas os resultados obtidos por qualquer avaliação podem ser variáveis, já que não há uma forma definitiva e única de cálculo, muito menos algum padrão para ser seguido (Figura 1.2). A literatura do assunto é vasta e variada, com boas opções também em língua portuguesa. Confira no final do livro, na parte "leitura recomendada".

FIGURA 1.2: Formas de avaliação de uma empresa.

DICA

Assim, é importante o empresário dominar e conhecer que fatores são levados em conta para avaliar seu negócio, considerando os riscos e as oportunidades envolvidas. Além disso, existe uma lei em finanças que estabelece que o comprador seja realmente quem determina o quanto vale um bem.

---

[4] Vide o link: >https://endeavor.org.br/valuation-como-calcular-o-valor-da-sua-empresa/

Desta forma, Valuation consiste em um processo, portanto, sistematizado, de se avaliar uma empresa. Normalmente, este processo é baseado em modelos quantitativos conhecidos como do Método do Fluxo de Caixa Descontado (Figura 1.2), sendo a imensa maioria deles desenvolvidos pelo próprio avaliador, utilizando uma simples planilha Excel. A literatura descreve vários modelos, contudo, não há uma forma única. Por isso, qualquer avaliação contém um determinado grau de subjetividade já que não há uma "regra padrão" para realizar os cálculos.

IMPORTANTE

Nos anos 1960 havia uma propaganda que dizia: "nove entre dez estrelas do cinema usam sabonete Lux". Nós dizemos que 9,9 entre 10 consultores usam o Discounted Cash Flow — DCF (fluxo de caixa descontado) para avaliar organizações e negócios e, entre os muitos tipos, o FCFE e o FCFF são os mais usados e serão a tônica deste livro.

» FCFE — Free Cash Flow To Equity — (fluxo de caixa livre para o acionista). É a medida de quanto em dinheiro pode ser pago aos acionistas ou cotistas (capital próprio) depois de pagas todas as despesas, o reinvestimento e as dívidas.
» FCFF — Free Cash Flow To Firm — (fluxo de caixa livre para a empresa). Uma medida de desempenho financeiro que expressa a quantidade líquida de caixa que é gerada para a empresa, que consiste em despesas, impostos e mudanças na necessidade de capital de giro e investimentos.

Como dissemos, para avaliar uma empresa é preciso reunir uma pequena lista de conhecimentos: matemática financeira e comercial, contabilidade, expertise técnico e estratégico do segmento empresarial a ser analisado, condições específicas operacionais, economia e conjuntura e, muita, mas muita mesmo, prática contábil.

Metodologias para Avaliar uma Empresa

Você poderá estranhar que, logo na introdução do livro, um assunto tão complexo está sendo colocado. Explicamos mais à frente que as técnicas de valuation utilizam largamente os conceitos e as ferramentas de matemática financeira e comercial, pois como dissemos, o modelo de avaliação predominante é o Fluxo de Caixa Descontado. Na sua maioria, os cálculos exigem que, depois de finalizadas, as projeções contábeis da empresa, objeto de avaliação, sejam consolidadas num único momento. Para tanto, será preciso descontá-los a uma determinada taxa de atratividade e depois somar. A isso, chamamos valor presente (veja mais sobre valor presente no Capítulo 2). Assim, após ler o Capítulo 2, você encontrará as explicações e, principalmente, uma revisão sobre o uso das técnicas do Valor Presente e do Valor Presente Líquido.

Considerando que o assunto exige alta especialização, o mercado procura soluções alternativas e simplificadas para avaliar, por exemplo: quer saber quanto vale uma empresa? Multiplique seu EBITDA por cinco ou o lucro anual por "xis" vezes.

Daí sobrevém várias perguntas: mas e se não tiver lucro? É possível confiar na contabilidade? O que é EBITDA? Estas questões serão respondidas ao longo dos capítulos, mas, genericamente, a resposta consiste em que o processo de avaliação deve ser realizado por um contador consultor especializado, como os do SEBRAE, por exemplo.

Mas qual a razão de usar um consultor? Isso apenas não irá encarecer o projeto de venda? Lembre-se que o barato sempre custa caro e qualquer que seja o valor a ser pago para uma consultoria, nada se compara ao valor de uma empresa, ou seja, deixe para fazer economia em outra coisa. O consultor, uma figura externa, independente, irá sabatinar a empresa, examinar seus mínimos detalhes, fazer várias projeções considerando condições econômicas de mercado, e você, comprando ou vendendo, irá se sentir muito mais seguro para fazer o negócio.

EBITDA — EARNINGS BEFORE INTEREST, TAXES, DEPRECIATION AND AMORTIZATION

O EBITDA — Earnings Before Interest, Taxes, Depreciation and Amortization (lucro antes de juros, impostos, depreciação e amortização — LAJIDA) é uma medida contábil que representa o lucro, antes de despesas financeiras, impostos, depreciação e amortização; na realidade, o verdadeiro lucro da operação, ou seja, o quanto de lucro a firma gera com seus ativos e operações sobre os produtos que vende ou serviços que presta. Ainda que o EBITDA não seja uma medida financeira reconhecida em princípios contábeis geralmente aceitos, é amplamente utilizado nas áreas de finanças ao avaliar o desempenho de uma empresa, permitindo a comparação da rentabilidade entre diferentes companhias; descontando os efeitos de pagamentos de juros das diferentes formas de financiamento, questões fiscais (por ignorar impostos), conjunto de ativos (por ignorar a depreciação). O EBITDA é amplamente usado em fusões e aquisições de empresas de pequeno e médio porte. EBITDA negativo indica que uma empresa tem problemas fundamentais com rentabilidade e fluxo de caixa. Já positivo, por outro lado, não significa necessariamente que o negócio gera dinheiro. Isso ocorre porque o EBITDA ignora mudanças no capital de giro (normalmente necessárias para crescer um negócio), em despesas de capital (necessárias para substituir ativos), em impostos e em juros. A margem EBITDA (%) se refere ao EBITDA dividido pela Receita Operacional Líquida.

Avaliações e Precificações Empresariais Simplificadas

Como dissemos anteriormente, um formato fácil de avaliação é atrelar o valor da empresa à receita anual ou ao EBITDA. Estes métodos simples são muito utilizados, pois diferentemente do Valuation pelo fluxo de caixa descontado, eliminam uma série de variáveis, tornando a conta mais acessível. Assim, alguém poderia avaliar uma empresa, baseado na soma de três receitas anuais, por exemplo. Já o EBITDA, outro indicador fácil de estimar, também pode ser usado como múltiplo (veja mais sobre Valuation com o uso de múltiplos no Capítulo 12).

Contudo, cuidado: não os recomendamos em hipótese nenhuma. Como você sabe, o barato sai caro. Sempre é melhor estudar e entender o assunto com profundidade.

Pior ainda, lembre-se que indicadores dependem dos gestores. O lucro, por exemplo, um produto direto da gestão, depende da qualidade da contabilidade e dos gerentes; empresas pouco organizadas costumam economizar (erroneamente) nestes quesitos. O avaliador, contudo, fará um "business plan" e irá olhar o mercado com uma perspectiva estratégica de longo prazo e a empresa como um rol de possibilidades. Ele pode descobrir que a empresa é muito melhor do que o dono imagina. Assim, um negócio que na sua mão vale R$100,00, com as vistas e a capacidade do analista, pode ter valor de R$200,00.

Estes métodos simplificados estão sob constantes testes nos Estados Unidos, mas não têm boa aplicação no Brasil. Acontece que aqui, em terras tupiniquins, a bolsa de valores é muito pequena e os valores das ações das companhias sofrem constantes oscilações. Isso sem contar a volatilidade natural da nossa economia, tudo o que desejamos evitar quando estamos trabalhando com este tipo de valoração. É claro que existem os chamados outliers (fora de série), tanto para mais quanto para menos, mas prefira sempre um bom e experiente contador. Faça todas as contas à exaustão, nos mínimos detalhes.

Métodos Teóricos de Avaliação de Empresas

Já falamos que o método mais consagrado para avaliar uma empresa ou negócio é o DCF. Trata-se de um modelo teórico, internacionalmente reconhecido como a prática que melhor se aplica na tradução do valor econômico de uma companhia, cujos detalhes você irá encontrar no Capítulo 11. O DCF baseia-se no conceito de que uma empresa vale tanto quanto consegue produzir de caixa projetado, na linguagem dos financistas, na sua "capacidade de geração de caixa livre futuro", ano a ano. Para isso, leva em consideração: condições mercadológicas, ativos, posição, localização, história, marcas, credibilidade, fidelidade de clientes e fornecedores. Desta combinação de fatores vem a chamada "geração de caixa". E, o mais importante, o analista irá mostrar a capacidade da firma, usando o DCF, sem considerar apenas a eficiência da administração. É o potencial futuro da economia e do mercado no qual a firma atua que está em jogo, não palavras e muito menos promessas.

Assim, o modelo DCF projeta a receita operacional, a capacidade de gerar lucros provenientes do próprio negócio, também conhecido como LAJIDA — Lucro Antes de Juros, Imposto, Depreciação e Amortização e Lucro Líquido, mais consagrado pelo acrônimo em inglês EBITDA e o Lucro Líquido do Exercício, em inglês, chamado de Bottom line (última linha). Simplificadamente, pode-se dizer que iremos projetar o Balanço Patrimonial e a Demonstração de Resultados do Exercício (DRE) e depois fazer alguns ajustes para transformar tais projeções em geração de caixa.[5]

O Passo a Passo do Método DCF

As projeções que nos referimos anteriormente, baseadas na DRE e em ajustes, são feitas dentro de um período de tempo, normalmente, de dez anos. O objetivo destas projeções é calcular, ano a ano, o Fluxo de Caixa Livre — FCL (Free Cash Flow). Para calcular o FCF primeiro é necessário fazer uma projeção das receitas, custo da mercadoria vendida, despesas administrativas, financeiras e depreciação, até chegar no Noplat[6] (saiba mais sobre o Noplat no Capítulo 10).

Depois de calcular o Noplat, será preciso reinserir os valores econômicos do balanço, como a depreciação e amortização e descontar os investimentos de capital (Capex[7]) e os investimentos realizados em ativos circulantes, como estoques, recebíveis, por exemplo, na Tabela 1.1.

Tabela 1.1   **Fluxo de Caixa Livre**

	2016	2017		2023	2024
Receita Operacional Bruta	237.568,00	241.131,52	////	260.038,72	263.679,26
(-) Impostos sobre Vendas	(32.768,00)	(33.259,52)		(35.867,41)	(36.369,55)

---

[5] Vide o Link: >https://www.passeidireto.com/pergunta/1481784/como-se-calcula-o-valorvaluation-de-uma-empresa.Artigo de autoria de Maria Cipriani.

[6] Noplat = Net operating profit after taxes (lucro operacional líquido depois dos impostos)

[7] Capex = Capital expenditures (despesas de capital ou simplesmente investimentos)

(=) Receita Operacional Líquida	204.800,00	207.872,00		224.171,31	227.309,71
(-) Custo da Mercadoria Vendida	(81.920,00)	(83.148,80)		(89.668,52)	(90.923,88)
(-) Depreciação	(10.240,00)	(10.393,60)		(11.208,57)	(11.365,49)
(-) Despesas Operacionais	(11.264,00)	(11.432,96)		(12.329,42)	(12.502,03)
(-) Imposto de Renda sobre as Operações	(31.961,09)	(32.759,11)		(35.442,87)	(35.442,87)
(=) Noplat	69.414,91	70.137,53		75.521,93	77.075,44
(+) Depreciação	10.240,00	10.393,60		11.208,57	11.365,49
(-) Capex	(8.336,00)	(8.461,04)		(9.124,47)	(9.252,22)
(-) Investimentos em Capital de Giro	(20.168,00)	(20.369,68)		(21.966,87)	(22.274,41)
(=) FCFF	51.150,91	51.700,41		55.639,15	56.914,30
(-) Despesas Financeiras (juros)	(7.372,80)	(7.500,29)		(8.146,03)	(8.274,57)
(+) Benefício Fiscal dos Juros (34%)	2.506,75	2.550,10		2.769,65	2.813,35
(=) FCFE	46.284,86	46.750,22		50.262,77	51.453,08

Testando o Modelo do Fluxo de Caixa Livre

Para o deleite daqueles que são aficionados da contabilidade, para testar o modelo, vamos fazer este cálculo de outro modo.

Tabela 1.2   **Fluxo de Caixa Livre**

	2016	2017	////////	2023	2024
(=) Noplat	69.414,91	70.137,53	////////	75.521,93	77.075,44
(+) Despesas Financeiras (juros)	7.372,80	7.500,29	////////	8.146,03	8.274,57
(+) Imposto de Renda sobre as Operações	31.961,09	32.759,11	////////	35.442,87	35.442,87
(+) Depreciação	10.240,00	10.393,60	////////	11.208,57	11.365,49
(+) EBITDA	118.988,80	120.790,53	////////	130.319,40	132.158,36

A Tabela 1.2 parte do Noplat para reconstituir o EBITDA que é o lucro antes dos impostos, juros e depreciação, ou seja, o verdadeiro lucro produzido pelas operações da firma. Consultando muitos autores que se dedicam à literatura mais especializada, percebe-se que muitos fazem os cálculos do FCFF e do

FCFE a partir do EBITDA, mas sem muitas explicações e detalhes, pois estes professores consideram desnecessário explicar os "detalhes" ao público.

Caso o leitor procure calcular o FCFF, a partir do EBITDA, bastaria fazer o caminho de volta e excluir alguns elementos, conforme exemplificado na Tabela 1.3. Evidentemente, como este tipo de cálculo requer um conhecimento aprofundado de contabilidade, a sua realização não poderá prescindir da ajuda de um perito contador.

Tabela 1.3   Fluxo de Caixa Livre

	2016	2017	////////	2023	2024
(+) EBITDA	118.988,80	120.790,53	////////	130.319,40	132.158,36
(-) Imposto de Renda sobre as Operações	(31.961,09)	(32.759,11)	////////	(35.442,87)	(35.442,87)
(-) Capex	(8.336,00)	(8.461,04)	////////	(9.124,47)	(9.252,22)
(-) Investimentos em Capital de Giro	(20.168,00)	(20.369,68)	////////	(21.966,87)	(22.274,41)
(-) Despesas Financeiras (juros)	(7.372,80)	(7.500,29)	////////	(8.146,03)	(8.274,57)
(=) FCFF	51.150,91	51.700,41	////////	55.639,15	56.914,30

Afinal, Vamos Calcular o Valor da Empresa?

Para poder expressar toda esta sopa de letrinhas num único número e assim calcular o valor da empresa, é preciso descontar o FCFF ou o FCFE a uma determinada taxa de atratividade e calcular o seu valor presente no ano de 2016.

ATENÇÃO

Você já percebeu que a taxa de desconto será um fator crucial para obter o valor da firma. Assim, para não usar qualquer taxa de desconto, vamos trabalhar com o custo médio ponderado de capital, mais conhecido como WACC (Weighted Average Cost of Capital). Ufa, depois de ter feito tudo isso, temos o valor presente do Fluxo de Caixa Livre no horizonte de projeção? (Saiba mais sobre o WACC no Capítulo 4.)

Não, pois a firma não irá encerrar suas atividades em 2025. Mas onde estão os valores do caixa gerados após o ano de 2025, já que a empresa é um ente perene?

Muito bem perguntado! Vamos então calcular quanto de caixa esta empresa geraria se o número de períodos fosse infinito. Este valor vamos chamar de valor residual. Explicando melhor: é o resíduo de caixa gerado após 2025, mas considerando o número de períodos como se fosse infinito (saiba mais sobre perpetuidades e valor residual no Capítulo 5).

Finalmente, para podermos traduzir esta capacidade de geração de caixa livre futuro em um único número, descontamos os valores futuros a uma determinada taxa para trazermos o valor deste caixa livre de todos os anos para o Valor Presente e somamos ao valor residual (perpetuidade).

Como dissemos, obviamente esta taxa de desconto adequada ao negócio tem alto impacto no valor presente, e, portanto, uma metodologia é necessária para estabelecer a taxa mais apurada possível. Utilizamos o WACC (saiba mais sobre o WACC lendo o Capítulo 4).

$$EV = \frac{FC}{(1+i)^1} + \frac{FC}{(1+i)^2} + \frac{FC}{(1+i)^3} + \frac{FC}{(1+i)^n} \cdots \cdots$$

Onde:

EV = Valor da Empresa (Enterprise Value)

FC = Valor Presente do Fluxo de Caixa Livre no horizonte de projeção (presente value)

i = taxa de desconto (WACC)

Você percebeu que colocamos vários termos em inglês. Acontece que no mundo financeiro as palavras são muito influenciadas pela língua saxônica, assim, pensamos que poderíamos ajudar nos seus conhecimentos se apresentássemos em duas linguagens, pois na vida real é isso que usamos.

Ótimo, assim temos o valor presente dos fluxos de caixa projetados (Tabela 1.1). Entretanto, ainda é preciso calcular o valor presente da perpetuidade (valor residual), com o uso da seguinte fórmula (veja a dedução e explicação desta fórmula no Capítulo 5):

Valor presente da perpetuidade (Valor Residual) = FC / (i - g)

Onde:

g = taxa de crescimento

Uma vez calculado o valor presente do Fluxo de Caixa Livre e também do Valor Residual, a última parte é calcular o valor da empresa, pela seguinte fórmula:

$$EV = VP_{fcl} + VP_p$$

Onde:

EV = Valor da Empresa (Enterprise Value)

PV_{fcl} = Valor Presente do Fluxo de Caixa Livre no horizonte de projeção (presente value)

PV_p = Valor Presente do Valor Residual, após o horizonte de projeção

Não desista, estamos quase no fim.

Calculado o Valor da Empresa ou, em inglês, o Enterprise Value (EV), podemos agora valorar a última parte do processo e assim determinar qual o valor deste Ativo (Equity ou Equity Value), ou seja, o "valor final" da empresa, da seguinte forma:

Resumindo tudo até aqui:

> » Projeta-se o fluxo de caixa livre (Tabela 1.1).
> » Calcula-se a taxa de atratividade (WACC do Capítulo 4).
> » Calcula-se o valor presente do fluxo de caixa livre (Tabela 1.1), usando como taxa de atratividade "i", o WACC.
> » Calcula-se o valor presente da perpetuidade (valor residual).
> » Somam-se os dois valores: valor presente do fluxo de caixa livre e valor presente da perpetuidade.

Terminou? Não, tem mais uma última continha:

Equity Value = EV - Dívida Líquida

A Dívida Líquida é o endividamento total da firma, já descontado dos valores disponíveis em caixa. Com toda esta calculeira, chegamos ao Valuation da companhia pelo modelo do Fluxo de Caixa Descontado[8].

Devemos esclarecer ao leitor que estas explicações têm finalidades apenas ilustrativas. Na verdade, queremos introduzi-lo em alguns assuntos importantes que iremos estudar um pouco mais adiante, como o estabelecimento do fluxo de caixa livre, o cálculo do valor presente, a importância da taxa de atratividade (WACC) e o uso do Excel.

Tenha paciência e, sobretudo, persistência. Ao terminar de ler este livro de capa a capa, sua vida profissional vai dar uma guinada.

Assim, nos próximos capítulos vamos desmitificar algumas ferramentas essenciais para que você possa calcular o fluxo de caixa (DCF) e finalmente estabelecer o valor da empresa baseado nestes números, rever conceitos e fazer todos os cálculos detalhadamente.

---

[8] Vide o Link: >https://www.passeidireto.com/pergunta/1481784/como-se-calcula-o-valorvaluation-de-uma-empresa. Artigo de autoria de Maria Cipriani.

NESTE CAPÍTULO
O valor do dinheiro no tempo
Juro simples e juro composto
A fórmula básica do juro composto
Série de pagamentos uniformes e não uniformes

Capítulo 2

Uma Rápida Revisão de Matemática Aplicada às Finanças

O Valor do Dinheiro no Tempo

A matemática aplicada às finanças tem algumas regras básicas, que somos obrigados a seguir. Confira:

1. **Não existe empréstimo de pai para filho, ou seja, as pessoas apenas emprestam dinheiro se, no futuro, puderem receber a mesma quantia, acrescida de uma espécie de aluguel, que comumente chamamos de juro;**

2. **Não consideramos a possibilidade de não receber o dinheiro emprestado. É claro que empréstimos têm, implicitamente, um risco associado, todavia, de uma forma ou de outra, o emprestador sempre irá receber o que lhe pertence, nem que para isso ele seja obrigado a incluir uma pequena "taxa de risco", a ser paga pelos demais emprestadores;**

3. **Não se podem comparar duas quantias monetárias, ao menos que elas estejam no mesmo instante de tempo. Baseado neste conceito, em algumas situações, seremos obrigados a "mover" o dinheiro no tempo, do mês 2 para o mês 7, por exemplo, e;**

4. **De acordo com o item 1 acima, só é possível mover o dinheiro no tempo, do mês 2 para mês 7, por exemplo, se associarmos uma taxa de juro.**

Na sequência dos capítulos deste livro você entenderá como e quando tais conceitos se encaixam no tema que estamos estudando: Valuation.

Juro Simples e Juro Composto

A diferença entre juro simples e composto é que, no caso do primeiro, os rendimentos sempre estão atrelados ao valor do principal e este nunca muda, mesmo com o passar do tempo. Observe na Tabela 2.1, que decorridos alguns períodos, a base de cálculo não se altera, permanecendo em R$1.000,00. O sistema de juro simples tem larga aplicação no mundo financeiro, especialmente em operações de curtíssimo prazo.

Tabela 2.1   Cálculo de Juro

Períodos	Juro simples			Juro composto		
	Base de cálculo	Cálculo do juro	Cálculo do montante	Base de cálculo	Cálculo do juro	Cálculo do montante
1	R$1.000,00	R$100,00	R$1.100,00	R$1.000,00	R$100,00	R$1.100,00
2	R$1.000,00	R$100,00	R$1.200,00	R$1.100,00	R$110,00	R$1.210,00
3	R$1.000,00	R$100,00	R$1.300,00	R$1.210,00	R$121,00	R$1.331,00
4	R$1.000,00	R$100,00	R$1.400,00	R$1.331,00	R$133,10	R$1.464,10
5	R$1.000,00	R$100,00	R$1.500,00	R$1.464,10	R$146,41	R$1.610,51
6	R$1.000,00	R$100,00	R$1.600,00	R$1.610,51	R$161,05	R$1.771,56

Já as operações financeiras de longo prazo são quase em sua totalidade realizadas no formato de juros compostos. Assim, todos os cálculos que iremos fazer na avaliação de empresas serão neste modo. Em juros compostos, contrariamente ao juro simples, a base de cálculo muda a todo período de capitalização de juro, ou seja, o juro do período seguinte é calculado considerando-se o montante de capital inicial mais juro do período anterior (Figura 2.1). Observando a Tabela 2.1, percebemos que no primeiro período os dois modelos são iguais, todavia, a partir do segundo, o cálculo do juro é feito sobre o montante e o juro do período anterior. No período número 2, por exemplo, o capital inicial, para fins de cálculo do juro, passou a ser R$1.100,00, ou seja, o capital inicial do período 1 de R$1.000,00, mais o juro calculado neste período de R$100,00 (R$1.000,00 x 0,1), totalizando um montante de R$1.210,00.

FIGURA 2.1: Conceito de juro composto.

Hoje   Ano que vem: Juro   Daqui a dois anos: Juro sobre juro + Principal

Alguém menos avisado diria que, de agora em diante, só faria operações de crédito baseado em cálculos de juro simples. Tolo engano, pois os bancos não fazem isso por conta de ganhar mais ou menos. Tudo se trata de uma questão de custos. Explicando melhor, se o custo do banco para manter sua rentabilidade, riscos assumidos, impostos a serem pagos e custos administrativos a serem cobertos for de R$771,56 e a conta tiver que ser feita com juro simples, ao invés de composto, ele simplesmente aumentará a taxa. Acontece que o juro simples é muito mais fácil de aplicar na prática e, por conta disso, também para o cliente entender.

A Mágica É Gerar Lucros e Reinvestir no Próprio Negócio

Juro composto pode ajudar a maximizar grandes retornos ao longo do tempo[1]. Quase sempre os empreendedores são surpreendidos ao saber quanto o capital investido pode aumentar, se os retornos são reinvestidos no longo prazo. A mágica é gerar lucros e reinvestir no próprio negócio. Deve-se ter em mente que os investidores estão se sacrificando por definição, pois abrem mão do consumo corrente hoje, em troca de poderem realizar um consumo futuro maior.

Compreender o conceito do valor do dinheiro no tempo e o crescimento exponencial criado pelo juro composto são essenciais para os investidores otimizarem sua alocação de renda e riqueza.

Juro composto é, portanto, um método eficaz para empreendedores construírem riqueza. Capital investido no início de um ano gera retorno em uma base anual, assumindo tratar-se de um investimento com rendimento fixo e sem risco de inadimplência. Se este mesmo capital for reinvestido, no próximo período produzirá rendimentos sobre o capital e os rendimentos do período anterior. É o chamado efeito "bola de neve", ou juro sobre juro.

Juro composto produz crescimento exponencial, ou seja, acelera retornos ao longo do tempo. Isto tem implicações especialmente importantes para a poupança e planejamento de negócios. É claro que apenas funciona se o empreendedor não sacar os lucros do negócio, mas reinvesti-los sistematicamente na própria empresa.

Consideremos uma reaplicação de 5% de juro sobre o investimento de R$100,00. Se a receita de juro gerada sobre o principal é removida da conta a cada ano e colocada em uma conta sem juros em separado, a conta irá acumular R$100,00 após 20 anos e os ativos totais do investidor, ao final, seriam de R$200,00, ou seja, R$100,00 de capital inicial, mais R$100,00 de juro.

No entanto, se o rendimento de juro foi reinvestido no mesmo ritmo, o total de ativos após 20 anos seria de R$265,00 ((R$100,00 x (1 + 0,05)20). Uma elevação substancial.

O crescimento exponencial produz maiores retornos no final da vida do investimento. Isso acontece pela sua natureza. O juro composto baseia-se na reaplicação do capital mais o juro gerado no período anterior. Isto coloca importância extra na poupança no início de um ano de geração de renda.

---

[1] Vide o Link: >http://www.investopedia.com/articles/investing/060816/investment-101-why-investors-care-about-value-compound-interest.asp#ixzz4BI5BoAPX (conteúdo em inglês). Texto adaptado a partir do artigo elaborado por Ryan Downie em 8 de junho de 2016 para Investopedia.

O crescimento exponencial do juro composto também é importante na mitigação dos fatores que corroem a riqueza. A inflação é uma fonte importante na redução do poder de compra durante prazos longos. O custo de vida geralmente deverá aumentar durante os períodos futuros, de modo que quantidades maiores de capital são necessárias na operação empresarial para manter o mesmo nível de atividade. A aceleração do crescimento criado pela capitalização do juro, como é chamado o juro pago sobre o juro do período anterior, ajuda um investimento a valorizar mesmo após a diminuição do poder de compra.

Juro composto também funciona contra os empreendedores que não poupam. Quando o crédito cria poupança negativa, o indivíduo deve pagar juro composto sobre quaisquer saldos não liquidados. Tal situação leva a um passivo em crescimento exponencial, impactando negativa e severamente o valor líquido da firma na medida em que o tempo passa. Além disso, o pagamento do juro crescente, necessário para o serviço da dívida, não pode ser reinvestido, o que leva à perda de oportunidade, pois o capital não está sendo posto para trabalhar e gerar retornos. Esta é outra aplicação da teoria do valor temporal do dinheiro e é conceitualmente essencial para os investidores que estão adotando a boa prática da poupança e do reinvestimento dos lucros no próprio negócio.

A Fórmula Básica do Juro Composto

Segundo o conceito de juro composto, o capital inicial aplica-se apenas para o primeiro período, ou seja, a partir do período 2, o capital inicial passa a ser o montante do período anterior. Vejamos um exemplo, no qual o principal é de R$1.000,00 e a taxa de juro é de 10%.

DICA

Não esqueça que para aplicar a taxa de juro na prática, sempre usamos o formato decimal, ou seja, 1% é igual a 0,01, 5% é igual a 0,05 e 20% é igual a 0,20. Para encontrar a taxa de juro no formato decimal basta apenas dividi-la por 100 = 5% ÷ 100 = 0,05.

Cálculo do montante = Principal + Juro = Montante

Cálculo do montante = Principal + Principal x Taxa de Juro

Cálculo do montante = R$1.000,00 + R$1.000,00 x 0,10

Cálculo do montante = R$1.000,00 + R$100,00

Cálculo do montante = R$1.100,00

Deste cálculo deduzimos a fórmula básica do juro composto:

$$VF = VP + (VP + i)^n$$

Onde:

Montante é = VF (valor futuro) ou FV (future value)

Principal é = VP (valor presente) ou PV (present value)

Taxa de juro é = i (interest)

Período de tempo é = n (número de períodos) ou n (number)

Você deve ter percebido que colocamos algumas das palavras da notação da fórmula em inglês. Não se trata de falta de patriotismo, mas em finanças, muitos termos são apresentados em inglês, como "valuation", por exemplo, e, alguns deles, sequer têm uma tradução apropriada em português, como "goodwill" ou "benchmarking". Além disso, muitas vezes o próprio Excel ou a calculadora estão escritos em inglês, como é o caso da espetacular calculadora financeira HP 12C. Observe na Figura 2.2.

FIGURA 2.2: Imagem da HP 12 C, valor presente.

Continuando o raciocínio. Ora, se você estiver trabalhando com mais de um período de tempo, basta ir somando os valores acumulados.

$$VF = VP + (VP + i)^1$$

Para não escrever VP novamente na fórmula, na parte do cálculo do juro, que está dentro dos parênteses, vamos substituir VP por "**1**".

DICA

Embora não se escreva, lembre-se que a parte que está entre os parênteses é sempre elevada a **1**. Isso será fundamental no nosso próximo raciocínio.

$$VF = VP \times (1 + i)^1$$

Com múltiplos períodos é só ir multiplicando pelo valor acumulado no período anterior.

$$VF = VP \times (1 + i)^1 \times (1 + i)^1$$

Entretanto, a propriedade dos expoentes diz que não é necessário repetir todo o cálculo, basta repetir a base e somar os dois expoentes:

$$VF = VP \times (1 + i)^{1+1}$$

Assim, é possível deduzir: se fossem "n" expoentes é só elevar a equação (1 + i) a estes "n" expoentes. E, uau, temos a fórmula completa do juro composto.

$$VF = VP \times (1 + i)^n$$

Onde:

VF = valor futuro (montante = VF ou FV — future value)

VP = valor presente (principal VP ou PV — present value)

i = taxa de juro (interest)

n = número de períodos (number)

E para calcular o valor presente de uma quantia futura, basta inverter o sinal do expoente e trocar as variáveis de posição:

$$VP = VF \times (1 + i)^{-n}$$

Nada é mais elementar nos cálculos de juro composto que este conceito. Tudo o mais que ler ou estudar a respeito, sempre será uma "facilitação" desta fórmula.

Partindo da fórmula acima, quando estiver de posse de um número de prestações e quiser calcular o valor presente, use:

$$VP = PMT\left(\frac{1 - (1 + i)^{-n}}{i}\right)$$

Onde:

PMT = valor da prestação (payment)

VP = valor presente (principal VP ou PV — present value)

i = taxa de juro (interest)

n = número de períodos (number ou número de prestações)

Como este não é o nosso objetivo, não deduzimos a fórmula, tampouco iremos usá-la para calcular prestações ou, como também são chamadas, as séries de pagamentos uniformes. Todos os cálculos serão efetuados na calculadora ou no Excel, como veremos a seguir (caso queira saber mais a respeito, leia: Antonik, Luis Roberto. *Matemática Financeira e Comercial Para Leigos.* Rio de Janeiro, Editora Alta Books, 2017).

Série de Pagamentos Uniformes e Não Uniformes

Para calcular os elementos da Tabela 1.1 (Fluxo de Caixa Livre) será necessário recorrer ao Excel. É possível, em casos mais simples, realizar estas contas com o uso da calculadora eletrônica, todavia, como você irá, necessariamente, trabalhar com o Excel para compor o Fluxo de Caixa Livre, então é só aproveitar as funções financeiras do Excel e calcular o valor presente do fluxo de caixa.

CAPÍTULO 2 **Uma Rápida Revisão de Matemática Aplicada às Finanças** 27

Reproduzindo os valores da Tabela 1.1, na Figura 2.3, de modo gráfico, temos que levar todos os valores para o presente, instante "zero", a uma determinada taxa de atratividade. Você poderia fazer isso pela fórmula que acabamos de deduzir, calculando o valor presente de cada um dos anos, um a um, e depois, somando todos eles.

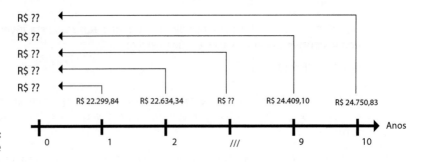

FIGURA 2.3: Fluxo de caixa livre.

Vejamos um exemplo, com o uso da fórmula que acabamos de deduzir, com uma taxa de atratividade (WACC) de 10% ao ano:

VP = VF x $(1 + i)^{-n}$

VP = 24.750,83 x $(1 + 0,10)^{-10}$

VP = 24.750,83 x $(1,10)^{-10}$

VP = 24.750,83 x 0,38554

VP = 9.542,44

Assim, o valor presente do FCF do instante R$24.750,83, quando descontado em dez anos a taxa de juro de 10% ao ano, é de R$9.542,44. Para calcular o valor da empresa, teríamos que fazer este cálculo para cada um dos anos e somar. Uma tremenda trabalheira. Além de muito trabalhoso, as chances de cometer um erro no meio de todas estas contas são grandes.

Esta mesma conta poderia ser realizada com o uso da HP 12C. Ao final do cálculo, é somar tudo.

n	i	PV	PMT	FV	Modo
10	10	????	0	24.750,83	FIM

Uma terceira maneira de fazer esta conta é com o uso do fluxo de caixa da calculadora HP 12C. Veja como ficaria na Tabela 2.2:

Tabela 2.2   **Função Fluxo de Caixa da HP 12C**

Valor	Tecla auxiliar	Função
0	g	CFo
22.299,84	g	CFj
22.634,34	g	CFj
/////	g	CFj
24.409,10	g	CFj
24.750,83	g	CFj
10		i
	f	NPV
Resposta	NPV = R$??????	

O meio mais fácil e prático de fazer esta conta é usando as funções financeiras do Excel. Veja na Figura 2.4:

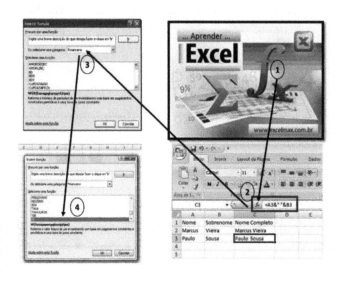

FIGURA 2.4: Funções financeiras do Excel.

Para este exemplo vamos calcular o valor presente (VP ou PV) do fluxo de caixa da Tabela 2.3, à taxa de 10%.

CAPÍTULO 2 **Uma Rápida Revisão de Matemática Aplicada às Finanças**   29

Tabela 2.3 **Fluxo de Caixa em Excel**

	A	B	C	D	E	F
1		0	0			
2		1	R$12.400,00			
3		2	R$12.300,00			
4		3	R$13.350,00			
5		4	R$13.200,00			
6		5	R$14.450,00			

Como demonstramos anteriormente, caso você fosse calcular estes valores um a um, pela fórmula, teria uma trabalheira enorme para, ao final, somar tudo:

$$VP = VF \times (1 + i)^{-n}$$

Valor do período 1: $VP = R\$ 12.400,00 \, (1,10)^{-1} = R\$ 11.272,73$

Valor do período 2: $VP = R\$ 12.300,00 \, (1,10)^{-2} = R\$ 10.165,29$

Valor do período 3: $VP = R\$ 13.350,00 \, (1,10)^{-3} = R\$ 10.030,05$

Valor do período 4: $VP = R\$ 13.200,00 \, (1,10)^{-4} = R\$ 9.015,78$

Valor do período 5: $VP = R\$ 14.450,00 \, (1,10)^{-5} = R\$ 8.972,31$

Perceba que descontamos os cinco valores à taxa de 10% e depois somamos, obtendo como resultado R$49.456,16.

$VP = R\$11.272,73 + R\$10165,29 + R\$10.030,05 + R\$9.015,78 + R\$8.972,31 = R\$49.456,16$

A segunda maneira de fazer esta conta é com o uso do fluxo de caixa da calculadora HP 12C. Veja como ficaria na Tabela 2.4:

Tabela 2.4 **Função Fluxo de Caixa da HP 12C**

Valor	Tecla auxiliar	Função
0	g	CFo
12.400,00	g	CFj
12.300,00	g	CFj
13.350,00	g	CFj
13.200,00	g	CFj
14.450,00	g	CFj
10		i

30   PARTE 1 **Bases Conceituais**

Valor	Tecla auxiliar	Função
	f	NPV
Resposta	NPV = R$49456,16	

Para os casos de Valuation, as contas que levarão a composição do FCF são muito complexas e trabalhosas. Mesmo com o uso da calculadora, não é possível fazer no papel. Assim, já que iremos fazer estes cálculos no Excel e depois calcular o valor presente, ficará ainda mais fácil executar na planilha e teremos todos os dados dentro de um único documento.

Tabela 2.5 ## Fluxo de Caixa em Excel

	A	B	C	D	E	F
1		0	0			
2		1	R$12.400,00		VPL	R$49.456,16
3		2	R$12.300,00		WACC	10%
4		3	R$13.350,00			
5		4	R$13.200,00			
6		5	R$14.450,00			

Abra uma planilha Excel e digite os dados (Tabela 2.5). Na coluna B, coloquei o número de períodos que começa com "zero" (B1) e na célula B6, o período 5. Depois digitei os valores na coluna C. Em seguida, fui inserindo os demais valores, todos positivos, até o último valor de R$14.450,00 (célula C6). Escreva a palavra WACC (taxa de desconto), na célula E3. Digite a taxa de desconto na célula F3. Escreva a palavra VPL na célula E2 (pode ser em qualquer célula), posicione o cursor na célula F2 e clique em funções ($\int$x). A função financeira irá aparecer (caso a tenha usado por último), corra a barra de navegação até encontrar o VPL, clique sobre ela e uma caixa de diálogo perguntando qual é a taxa se abrirá. Clique sobre a tecla F3, em seguida ela irá perguntar quais são os valores. Marque com o mouse os valores C2 até C6 e tecle enter, o valor presente de R$49.456,16 aparecerá na célula F2.

É muito fácil. Com um pouquinho de treino você ficará um expert no assunto, aumentando muito a sua empregabilidade.

Este mesmo procedimento será usado para calcular o valor presente do valor residual.

Para entender o processo de avaliação, será indispensável dominar completamente os cálculos de valor presente de uma quantia futura e de uma série de pagamentos não uniformes, usando a técnica do Valor Presente Líquido no Excel.

CAPÍTULO 2 **Uma Rápida Revisão de Matemática Aplicada às Finanças** 31

32   PARTE 1 **Bases Conceituais**

NESTE CAPÍTULO
Esta ferramenta maravilhosa chamada Excel
Calculando o valor presente do fluxo de caixa no Excel
Um ponto de atenção para os iniciantes do Excel

Capítulo 3

Calculando o Valor Presente Líquido com as Ferramentas do Excel

Esta Ferramenta Maravilhosa Chamada Excel

Conforme estudamos no Capítulo 2, não é possível somar dois valores monetários ao menos que eles estejam no mesmo instante de tempo.

Observando a Tabela 3.1, do fluxo de caixa livre (saiba mais sobre como compor o fluxo de caixa livre no Capítulo 11), percebemos que depois de construído o fluxo de caixa, os valores ficaram dispostos em anos.

Nosso objetivo será somá-los, pois, desta adição, obteremos quanto vale a empresa avaliada (Valuation). Assim, será preciso levar tais valores para o mesmo instante de tempo, ou seja, o ano de 2016, da Tabela 3.1. Feito isso, podemos então somar.

Lembre-se que o valor do FCF de R$24.700,00 já está no ano de 2016. Assim, não precisaremos trabalhar com ele. Apenas, ao final dos cálculos, vamos somá-lo simplesmente junto aos outros valores.

Conforme vimos acima, poderíamos descontar os valores usando a fórmula do valor presente, um a um, e depois somá-los. Todavia, se fizermos isso, nosso professor nos atribuiria nota zero. Isso sem falar que o gerente da empresa que trabalhamos irá notar tamanha tolice e nos despediria. Para manter a empregabilidade, vamos fazer este cálculo no Excel. Gente chique só faz contas no Excel.

Observe que não estamos, ainda, tratando de como fazer o Fluxo de Caixa Livre. Isso será um assunto que abordaremos mais tarde no Capítulo 11.

Calculando o Valor Presente do Fluxo de Caixa no Excel

Inicialmente é preciso abrir uma nova planilha dentro do Excel, na mesma pasta onde fizemos os cálculos do fluxo de caixa livre, projetando os dados da contabilidade como Ativo, Passivo e Resultados. O leitor deve perceber que para elaborar estas projeções será necessária a ajuda de um profissional de contabilidade muito qualificado.

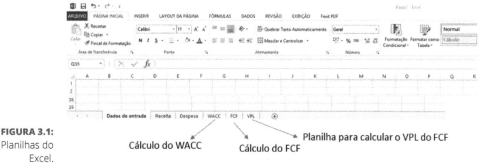

FIGURA 3.1: Planilhas do Excel.

Nesta fase do projeto, já abrimos várias planilhas na mesma pasta do Excel para:

- Dados de entrada
- Projeção da Receita
- WACC
- Fluxo de caixa livre
- Valor presente líquido

Depois de muito trabalho, concluímos a planilha descrita na Figura 3.1. Veja que também já calculamos o WACC (para saber mais sobre como calcular o WACC, leia o Capítulo 4).

A planilha descrita na Figura 3.1 é a síntese de todo trabalho. Nela abrimos várias outras planilhas, todas dentro da mesma pasta. Assim, as informações estão todas interligadas. Agora, é só calcular o valor presente líquido da linha 12 do Excel, descrita como Fluxo de Caixa Livre (FCF) da Figura 3.2.

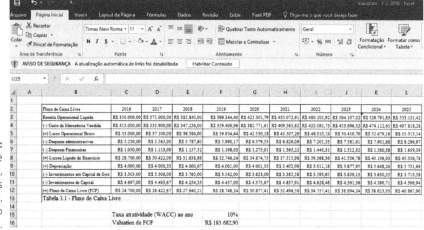

FIGURA 3.2: Fluxo de Caixa Livre, planilhas do Excel, cálculo do FCF.

CAPÍTULO 3 **Calculando o Valor Presente Líquido com as Ferramentas do Excel**

Vamos calcular o Valor Presente Líquido da Figura 3.2, passo a passo.

Por conta disso, na linha C15, escreva "Taxa de atratividade (WACC) ao ano" e na célula F15, coloque a taxa, que neste exemplo foi estabelecida em 10%. Na célula C16 escreva "Valuation do FCF". É nesta célula que vamos calcular o valor presente do FCF dos anos de 2016 até 2025, os mesmos valores da Figura 3.2.

Para fazer estes cálculos, siga os passos descritos abaixo.

Na célula F15, insira, automaticamente, o valor do WACC que calculou na planilha correspondente. Nunca digite este número, mas faça o link dele com a planilha do VPL, pois uma vez que altere alguma informação no cálculo do WACC, o valuation automaticamente será recalculado.

Agora, finalmente, vamos calcular o valor da empresa.

Posicione o cursor na célula F16, clique em funções (fx), a função financeira irá aparecer (caso a tenha usado por último), corra a barra de navegação até encontrar o VPL, clique sobre ela e aparecerá uma caixa de diálogo perguntando qual é a taxa. Vá até a célula F15 (taxa do WACC) e clique sobre ela, em seguida a planilha irá lhe perguntar quais são os valores. Marque com o mouse os valores das células D12 até L12 e tecle enter. O valor presente de R$183.682,90 aparecerá na célula F16, representada na Figura 3.2.

Um Ponto de Atenção para os Iniciantes do Excel

Atenção para um erro que muitos cometem.

Observe que estamos calculando o valor presente e o nosso instante zero é o ano de 2016. Veja acima que quando o Excel pediu os números, marcamos com o mouse as células D12 até L12 e não C12 até L12. Por quê? Como dissemos, o valor de R$24.700,00, já está no presente, se o marcarmos, o Excel irá descontá-lo de um período. Mas o que fazer com o valor de 2016? Simplesmente faça a soma deste valor com o resultado. Assim, na célula do VPL você terá o valor de R$208.382,90 (R$183.682,90 + R$24.700,00).

Reconhecemos que estamos insistindo muito no assunto, mas apenas porque é importante. Como professores, queremos lhe dar uma dica que é causa de erros constantemente. Pense onde quer calcular o VPL, ou seja, em que instante de tempo? Pois se você marcar o valor do instante "0" e o fluxo de caixa apresentar valor neste instante, o Excel irá calcular o VPL para o instante "-1" (menos um). Esta pequena tolice irá causar uma diferença enorme no resultado e, se você tiver sorte, vai lhe custar apenas o emprego. Confira e reflita sobre os dois exemplos a seguir: o primeiro para a HP 12C e o segundo para o Excel.

Alternativa A — calculando o VPL no instante "0"

Tabela 3.1 Fluxo de Caixa da Alternativa A

0	1	2	3	4	5	6
R$100,00	R$100,00	R$100,00	R$100,00	R$100,00	R$100,00	R$100,00

Nesta alternativa, quando o Excel pedir os valores, marque as células de "1" até "6". Depois que obtiver o VPL, some com o valor do instante "0". Se a taxa de atratividade for de 10% ao período, você terá o VPL de R$535,53 (valor correto).

Entretanto, se você marcar as células de "0" até "6", o VPL será de R$486,84 (valor errado). Uma diferença bárbara.

Alternativa B — calculando o VPL no instante "0"

Tabela 3.2 Fluxo de Caixa da Alternativa B

0	1	2	3	4	5	6
R$0,00	R$100,00	R$100,00	R$100,00	R$100,00	R$100,00	R$100,00

Do mesmo modo, nesta Alternativa B, que não tem valores no instante zero, a marcação será indiferente. Confira, e quando o Excel pedir os valores, marque as células de "1" até "6" e o VPL está pronto, obtendo o VPL de R$434,53. Não esqueça que este é um valor do instante "0", muito embora você tenha informado ao Excel os valores do instante "1" até o instante "6".

Do mesmo modo, se você marcar as células de "0" até "6", o resultado será o mesmo, pois não haverá nada para descontar no instante "0". Assim, o valor do VPL também será de R$435,53.

DICA

Mas não é tudo, vamos a mais uma dica. Quando estiver trabalhando com fluxo de caixa do Excel ou funções financeiras da HP 12C, se não houver valor em um determinado instante, coloque "0", assim como fizemos na Alternativa B e C.

As contas utilizando fluxo de caixa, principalmente em calculadoras como a HP 12C, sempre apresentam este erro. Mas por que eu faria isso? Observe o fluxo abaixo, da HP 12C. Se eu não tivesse digitado "0" no PMT e por acaso houvesse um valor antigo ali registrado, este valor entraria na conta e o resultado estaria errado. É, mas eu limpo a calculadora sempre antes de fazer uma conta. Nossa! Não conte isso para ninguém, pois é outra tolice. A grande sacada da HP 12C é a pilha operacional, onde os valores ficam registrados. Você vai girando estes valores e evita digitações desnecessárias. Se limpar a calculadora a cada conta, perderá a maior facilidade que ela oferece. Confie no professor! Não está usando uma célula ou tecla? Digite zero nela.

n	i	PV	PMT	FV	Modo
6	10	????	0	R$100,00	FIM

Veja a seguir o estrago que faria se estivesse trabalhando com o fluxo de caixa da HP 12C. Tomemos como exemplo a alternativa C. Observe atentamente e confira que não existem valores nos instantes "2", "3" e "4".

Alternativa C — calculando o VPL no instante "0"

Tabela 3.3 ## Fluxo de Caixa da Alternativa C

0	1	2	3	4	5	6
R$100,00	R$100,00	R$0,00	R$0,00	R$0,00	R$100,00	R$100,00

Inserindo estes valores no fluxo de caixa da calculadora, também com uma taxa de atratividade (desconto) de 10% por período, encontramos um VPL de R$309,45.

Tabela 3.4 ## Função Fluxo de Caixa da HP 12C

Valor	Tecla auxiliar	Função
R$100,00	g	CFo
R$100,00	g	CFj
R$0,00	g	CFj
R$0,00	g	CFj
R$0,00	g	CFj
R$100,00	g	CFj
R$100,00	g	CFj
10		i
	f	NPV
Resposta	NPV = R$309,45	

Caso não tivéssemos inserido os valores R$0,00 nos instantes "2", "3" e "4", ao pedir para a calculadora operar o VPL, teríamos recebido o valor de R$348,69 (valor errado). Por que isso aconteceu? Ora, como poderia a calculadora adivinhar que não existem valores nestes tempos? Ela teria interpretado que o fluxo de caixa estava sem os três valores dos instantes "2", "3" e "4" e teria feito a seguinte conta; imagine o desastre.

38   PARTE 1 **Bases Conceituais**

Tabela 3.5 Função Fluxo de Caixa da HP 12C

Valor	Tecla auxiliar	Função
R$100,00	g	CFo
R$100,00	g	CFj
R$100,00	g	CFj
R$100,00	g	CFj
10		i
	f	NPV
Resposta	NPV = R$348,69	

Ficou chocado? Mas o pior ainda está por vir. Caso esta mesma conta tivesse sido feita no Excel, o resultado também teria sido desastrosamente errado, pois o cálculo do VPL sobre a Alternativa D (valor errado) também teria dado R$348,69. Confira que nesta Alternativa D, não colocamos valores nos instantes de tempo "2", "3" e "4". E por qual raios deveria o Excel saber que não existem valores lá?

Alternativa D — calculando o VPL no instante "o"

Tabela 3.6 Fluxo de Caixa da Alternativa D

0	1	2	3	4	5	6
R$100,00	R$100,00				R$100,00	R$100,00

Confira finalmente na Tabela 3.7, na qual resumimos os VPLs das alternativas C e D, calculadas pelo Excel. Observe atentamente que a planilha Excel, como não tinha como saber os valores, no caso da Alternativa D, calculou o VPL como se os valores estivessem nos instantes de tempo "1", "2" e "3", o que não é verdade.

Tabela 3.7 Fluxo de Caixa do Excel

Tempo/VPL	Alternativa C		Alternativa D	
0	R$100,00	R$100,00	R$100,00	R$100,00
1	R$100,00 x (1,01)^1	R$90,91	R$100,00 x (1,01)^1	R$90,91
5	R$100,00 x (1,01)^5	R$62,09	R$100,00 x (1,01)^2	R$82,64
6	R$100,00 x (1,01)^6	R$56,45	R$100,00 x (1,01)^3	R$75,13
VPL		R$309,45		R$348,69

Ufa! Finalmente Vamos Calcular o Valuation?

Espetacular, não achou? Mas calma, estamos apenas nos introduzindo no assunto. Mais à frente, você verá em detalhes como fazer isso.

Você deve pensar: "Ufa, finalmente a conta terminou!".

Nada disso.

Se considerarmos terminada, estamos dizendo que a empresa irá finalizar suas atividades no ano de 2025, o que não é verdade, pois empresas são atemporais, perenes. Mas o que fazer? Bom, em geral, com a ajuda dos contadores, o mercado financeiro desenvolveu uma técnica para superar esta deficiência, chamada de cálculo do valor presente da perpetuidade da empresa. Ou seja, os valores econômicos produzidos além do ano de 2025 serão estimados por meio da aplicação do valor presente de uma perpetuidade. Logo à frente, no Capítulo 5, vamos analisar como se calculam as perpetuidades, com detalhes. Mas já que falamos no assunto, vamos calcular a perpetuidade do fluxo de caixa da Figura 3.2, como uso da seguinte fórmula:

$$PV = \frac{FV}{i}$$

Ou seja:

PV é o valor presente

FV é o valor futuro no instante 2025

i = é a nossa taxa de atratividade (WACC)

$$Valor\ presente\ da\ perpetuidade = \frac{R\$\ 40.867,96}{0,10} = R\$\ 408.679,60$$

Mais uma coisa importante: ao aplicar a fórmula do valor presente do resíduo ou perpetuidade, encontramos o valor do mesmo no instante 9, ou seja, no ano de 2024. Assim, para poder somar ao valor de R\$208.382,90, que já está no ano de 2016, será preciso fazer mais uma conta. Confira, usando a fórmula que aprendemos no Capítulo 2:

$$VP = VF \times (1 + i)^{-n}$$
$$VP = R\$\ 408.679,60 \times (1 + 0,10)^{-9}$$
$$VP = R\$\ 173.320,05$$

Não esqueça que o expoente é 9, pois estamos "levando" de 2024 para 2016. Este é um erro muito comum, inclusive até encontrado em livros, ou seja, divide o valor pela taxa e traz ao valor presente com expoente 10 (2025), o que está errado.

Agora sim, podemos calcular o valor final da empresa, ou seja, somando o valor do FCF ao valor da perpetuidade ou resíduo:

Valuation = R$208.382,90 + R$173.320,05
Valuation = R$381.702,95

À primeira vista, pode parecer complicado, mas na verdade é muito fácil, pois o Excel tem a propriedade de interligar todos os dados. Assim, caso tenha que alterar ou atualizar alguma coisa, todo o resto atualiza automaticamente. Além disso, as funções financeiras do Excel também irão ajudar no cálculo do valor presente (VPL); em última palavra, o valor da empresa.

O que tem de difícil? Estabelecer o FCF, pois esta tarefa exige profundos conhecimentos de contabilidade. Uma vez feito isso, o resto é técnica.

Nestes exemplos, colocamos os conceitos de forma simplificada. Não se preocupe ainda com a elaboração do FCF, receitas, despesas e WACC; isso veremos em detalhes mais à frente.

Apenas para que fique claro, este capítulo tem a finalidade de consolidar os conceitos de valor do dinheiro no tempo e mostrar como fazer as contas usando o Excel, para obter o Valor Presente Líquido.

Mais uma coisa: você irá perceber que estamos frequentemente repetindo conceitos dos quais já falamos anteriormente. Acontece que eles são muito importantes. Assim, para melhor entender, fica mais fácil repetir, pois o leitor não necessariamente necessita voltar às páginas para ver do que se trata. Lembramos que o processo de aprendizado do ser humano é por repetição, deste modo, quanto mais ler, maior será a possibilidade de guardar as regras.

42   PARTE 1 Bases Conceituais

2

Os Primeiros Passos do Valuation na Prática

NESTA PARTE...

Para começar, vamos estudar a parte mais importante do Valuation: como estabelecer a taxa de atratividade para descontar os fluxos de caixa (DCF). Dependendo da taxa de atratividade, os valores da empresa podem variar bastante.

Para o custo dos financiamentos vamos usar as taxas dos empréstimos da empresa, e para o Capital Próprio, usaremos o CAPM, um método espetacular e bastante complexo de calcular quanto os proprietários do capital exigem para colocar o seu dinheiro em risco na empresa. Depois de apurar estes dois custos da empresa, vamos ponderar tudo, calculando o custo médio ponderado de capital, que, na prática do mercado, é mais conhecido por seu acrônimo WACC (Weighted Average Capital Cost).

Em seguida, vamos estudar as perpetuidades, também conhecidas como valor residual, ou seja, as empresas não podem ter seus valores calculados a prazos fixos, pois elas foram constituídas para durar para sempre. Assim, após calcular o valor presente dos fluxos de caixa, vamos verificar quanto a empresa produziria de caixa num período perpétuo.

Finalmente, para fechar com chave de ouro, vamos estudar o que é uma diligência, ou, em inglês, a Due Diligence. Ou seja, uma completa verificação de todos os aspectos das empresas, como tentativa de saber o que de fato acontece com ela e evitar surpresas no futuro.

NESTE CAPÍTULO

Como calcular o custo de empréstimos e financiamentos (dívidas), seu custo de mercado versus custo contábil

Custo do Capital Próprio — CAPM, um modelo de precificação de ativos financeiros

Misturando custo de dívidas, Capital Próprio e calculando o WACC

Capítulo 4

Como Estabelecer uma Taxa de Atratividade para Descontar o FCF

Aqueles que trabalham com análise de projetos, investimentos empresariais e Valuation sempre se deparam com um dilema crucial:

- » Qual taxa de rentabilidade é mais conveniente para a empresa?
- » Como estabelecer a taxa de retorno ideal?
- » Que taxa de retorno não traria prejuízos para o atual nível de rentabilidade da firma?
- » Qual taxa melhor representa os anseios de mercado para fins de desconto do FCF e de parâmetro para análise de investimentos?

Realmente, eis aqui uma questão nada trivial. Todavia, nem tudo está perdido. Duas alternativas muito eficientes para estabelecer a taxa de retorno, todas muito disseminadas: a primeira chamada WACC e a outra CAPM, ambas igualmente úteis. Vamos analisar os dois métodos e suas respectivas aplicações.

- » WACC — Weighted Average Capital Cost (custo médio ponderado de capital)
- » CAPM — Capital Asset Pricing Model (modelo de precificação de ativos financeiros)

Você irá conferir, de acordo com a Figura 4.1, que a empresa tem, basicamente, dois capitais que financiam suas operações e que irão nos interessar neste caso de avaliação: o Capital de Terceiros, representado pelas dívidas em bancos (empréstimos e financiamentos) e o Capital Próprio ou o dinheiro que os sócios investiram (Figura 4.1).

Para calcular o custo das dívidas (Capital de Terceiros) é muito fácil, pois vamos utilizar as taxas que a companhia está pagando para os bancos, fazendo uma média ponderada dessas taxas.

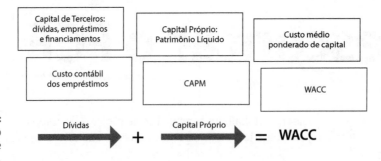

FIGURA 4.1: Ponderação do custo de capital.

Entretanto, no caso do Capital Próprio, isto é, do dinheiro que os sócios colocaram no negócio, vamos usar o CAPM. Isso será um pouco mais complicado, porém muito divertido.

Mas e o WACC entra onde? Ora, vamos usar os conceitos do WACC para calcular quanto é o custo médio ponderado de "todos" os capitais que a firma usa, usando as taxas encontradas nos pagamentos aos bancos e aos proprietários ou acionistas.

Capital de Terceiros, Como Calcular o Custo de Empréstimos e Financiamentos (Dívidas)

O custo de empréstimos e financiamentos mede quanto a firma pagou de juro (taxa) para financiar seus projetos de investimento e operações. Em linhas gerais, estas transações financeiras são afetadas por algumas variáveis:

» Se os níveis de taxas de juros da economia (SELIC[1], TJLP) tiverem um viés de alta, o custo de empréstimos e financiamentos também crescerá.

» Quando o risco de inadimplência da empresa aumentar, o custo de tomar dinheiro emprestado de bancos também crescerá. As últimas taxas de juro pagas pela companhia, por seus empréstimos, poderão fornecer uma medida do seu risco de inadimplência.

» A firma deve perguntar ao gerente do banco qual é o valor da taxa para empréstimos ou financiamento desta natureza para a sua empresa.

» As empresas optantes pelo regime de imposto de renda sobre o lucro real[2] devem considerar os benefícios fiscais associados aos empréstimos e financiamentos. Como assim? Considerando que o juro é dedutível do imposto de renda, o custo da dívida após tributação é uma função da alíquota fiscal. O benefício fiscal decorrente do pagamento de juro reduz o custo das dívidas dedutíveis no IRPJ. Vamos estudar este assunto com mais detalhes adiante.

DICA

Antes de iniciar os cálculos, vale a pena lembrar que os teóricos, professores e consultores, todos ensinam que as empresas optantes pelo regime de tributação do lucro real, portanto, aquelas que executam as complexas operações da declaração do imposto de renda, devem descontar os efeitos deste tributo quando calcularem as taxas de juros efetivamente pagas. Isso se deve ao fato de que os juros pagos pelos empréstimos e financiamentos são dedutíveis e assim devem ser descontados.

---

[1] Vide o link: >https://pt.wikipedia.org/wiki/Taxa_SELIC. A taxa SELIC (Sistema Especial de Liquidação e de Custódia)é um índice pelo qual as taxas de juros cobradas pelos bancos no Brasil se balizam. A taxa é uma ferramenta de política monetária utilizada pelo Banco Central do Brasil para atingir a meta das taxas de juros estabelecida pelo Comitê de Política Monetária (Copom). A taxa *overnight* (SELIC) é a taxa média ponderada pelo volume das operações de financiamento por um dia, lastreadas em títulos públicos federais e realizadas no SELIC, na forma de operações compromissadas. A taxa é expressa na forma anual (anualizada).

[2] Vide o link: >http://www.receita.fazenda.gov.br/pessoajuridica/dipj/2000/orientacoes/lucroreal.htm. É a base de cálculo do imposto sobre a renda apurada segundo registros contábeis e fiscais efetuados sistematicamente de acordo com as leis comerciais e fiscais. A apuração do lucro real é feita na parte A do Livro de Apuração do Lucro Real, mediante adições e exclusões ao lucro líquido do período de apuração (trimestral ou anual) do imposto e compensações de prejuízos fiscais autorizadas pela legislação do imposto de renda, de acordo com as determinações contidas na Instrução Normativa SRF nº 28, de 1978, e demais atos legais e infralegais posteriores.

Em linhas gerais, o IRPJ tem alíquota de 25% e a Contribuição Social sobre o Lucro Líquido tem alíquota de 9%. Deste modo, a alíquota usada pelos profissionais de Valuation, geralmente, é de 34% (25% + 9%).

Para calcular o valor final da taxa de juro paga em operações de empréstimos e financiamentos, após os efeitos redutores do imposto de renda, use a fórmula abaixo:

Custo da dívida após tributação = Custo da dívida antes de tributação (1 - alíquota do IRPJ).

Vejamos um exemplo: a KFG fez uma operação de financiamento no valor de R$55.000,00, com a taxa de juro efetiva de 18,89% ao ano; considerando que a alíquota do IRPJ que a firma paga é de 21%[4], o custo da dívida após a tributação será de 14,92% ao ano.

Custo da dívida após tributação = 0,1889 (1 - 0,21)
Custo da dívida após tributação = 0,1889 x 0,79
Custo da dívida após tributação = 14,92%

DICA

Mais uma dica, desta vez sobre uma situação controversa. Alguns autores dizem que o custo da dívida não pode ser a taxa de juro contratada, muito menos as taxas que foram obtidas no passado, as quais estão registradas na contabilidade. Assim, aquela firma que escriturou débitos quando as taxas de juro estavam baixas não pode dizer que os custos dos seus passivos são baixos, se as suas taxas de inadimplência subiram neste espaço de tempo. Neste sentido, uma corrente de professores ensina que o custo da dívida deve levar em conta a taxa de mercado de hoje e não o valor registrado na contabilidade.

TAXA DE JUROS DE LONGO PRAZO (TJLP)

A Taxa de Juros de Longo Prazo (TJLP) é um indexador econômico instituído pela MP nº 684/1994. Foi criada visando estimular e regulamentar os investimentos a longo prazo em infraestruturas (usinas hidrelétricas, portos, aeroportos, sistemas de telecomunicações, ferrovias, rodoviárias, rede de distribuição de água e tratamento de esgoto, etc.) e no setor de consumo. Também são regulados pela TJLP os financiamentos a longo prazo concedidos pelo BNDES. Seu cálculo é baseado nos seguintes parâmetros: (i) meta da inflação: tem como índice padrão o IPCA; (ii) prêmio de risco: quanto maior a probabilidade de perda de investimento de um título público em relação a outro investimento considerado seguro, maior deverá ser o prêmio de risco. O responsável pela fixação trimestral da TJLP é o Conselho Monetário Nacional e a divulgação, do Banco Central do Brasil.[3]

---

[3] Vide o link: >http://www.bacen.gov.br
[4] O exemplo é meramente ilustrativo, normalmente, a taxa de imposto de renda paga pelas empresas é de 34%.

Capital de Terceiros ou Custo de Mercado da Dívida (Empréstimos e Financiamentos) versus Custo Contábil

Os custos atribuídos à dívida precisam ser baseados em valor de mercado, não em valor contábil, dizem alguns pesquisadores. Este conceito está relacionado na volatilidade que existe no Brasil, à inflação, à situação econômica e custos financeiros.

Veja, por exemplo, se em final de 2012 a empresa tivesse contratado um empréstimo referenciado na taxa SELIC. Naquela época, o COPOM[5] estabeleceu a SELIC em 7,25% ao ano (Figura 4.2). Contudo, ao final de 2015, o juro pago pelos títulos do Governo, baseado na mesma taxa, alcançou estratosféricos 14,25%.

Desta forma, se para calcular o custo das suas dívidas a firma usar os contratos originais, registrados na contabilidade, poderá errar em muito, trazendo sérios prejuízos para a qualidade do trabalho que está executando.

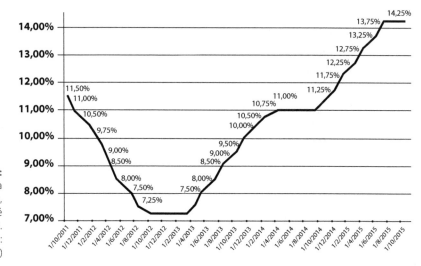

FIGURA 4.2: Evolução da taxa Selic, 10/2011 até 10/2015. (Fonte: BACEN)

---

[5] COPOM, Comitê de Política Monetária, órgão do Banco Central do Brasil, responsável pelo estabelecimento da Taxa Selix.

Todavia, existem argumentos contra a utilização de valor de mercado[6]. Vamos destacar dois: (i) o valor contábil é mais confiável por não ser tão volátil; (ii) foi o valor da taxa contratada (histórico) que produziu o FCF e será assumido pelos compradores.

Embora seja verdade que o valor contábil não se altera tanto quanto o de mercado, os contrários argumentam que na economia tudo muda ao longo do tempo devido às alterações conjunturais, e estas são frequentes no Brasil. Assim, o valor de mercado, por ser volátil, constituiu um reflexo muito melhor.

Um Exemplo Simplificado de Custo de Dívidas

Conforme você pode observar pela Tabela 4.3, o Passivo da KFG, no total de R$57,9 milhões, está sendo financiado por várias fontes, dentre elas:

>> Empréstimos bancários
>> Fornecedores
>> Salários e encargos sociais
>> Impostos
>> Debêntures
>> Impostos devidos
>> Patrimônio líquido

Considerando o que falamos anteriormente, vamos calcular o custo médio ponderado de apenas duas fontes: dívidas e capital próprio. Embora a lista acima tenha outras fontes, como: fornecedores, salários e impostos, não iremos considerá-las para este fim.

Nesta parte, como estamos calculando o custo das dívidas, a Tabela 4.3, mostra que a KFG tem dois tipos de dívidas: empréstimos bancários de curto prazo (menos de 360 dias do vencimento) e longo prazo, representado por uma emissão de Debêntures. Entretanto, vamos desconsiderar esta distinção. Confira na Tabela 4.1:

---

[6] Vide o link: >https://pt.wikipedia.org/wiki/Custo_do_capital

Tabela 4.1 ## Balanço Patrimonial

KFG — Balanço Patrimonial — Valores Correntes de 31/12/XX (Real milhões)			
Ativo	Valor	Passivo	Valor
Caixa	1.811,25	Empréstimos Bancários	8.100,00
Bancos	3.015,00	Banco A	3.000,00
Disponível	4.826,25	Banco B	2.000,00
Duplicatas a receber	10.035,00	Banco C	3.100,00
(-) PDD	(303,75)	Fornecedores	3.060,00
(-) Duplicatas Descontadas	(2.418,75)	Salários e encargos sociais	787,50
Estoques	5.456,25	Impostos	1.305,00
Matéria-prima	1.575,00	Passivo Circulante	13.252,50
Produtos em Processo	1.215,00		
Produtos Acabados	2.666,25	Debêntures	18.112,50
Ativo Circulante	20.317,50	Impostos	2.362,50
Duplicatas a receber	5.163,75	Passivo não circulante	20.475,00
Empréstimos a Controladas	2.250,00		
Realizável a Longo Prazo	7.413,75	Patrimônio Líquido	54.153,75
Imobilizado	60.150,00		
Total do Ativo	87.881,25	Total do Passivo	87.881,25

Uma verificação na contabilidade mostrou o valor das dívidas assumidas, bem como as taxas contratadas (Tabela 4.2). Mas, conforme falamos anteriormente, vamos verificar os custos destas dívidas no mercado, pois elas podem ter variado.

Tabela 4.2 ## Resumo de Dívidas segundo a Contabilidade

Dívida	Valor	Prazo dias	Taxa efetiva anual contratada
Empréstimo Banco A	3.000,00	180	32%
Empréstimo Banco B	2.000,00	270	22%
Empréstimo Banco C	3.100,00	180	30%
Debêntures	18.112,50	720	17%

Efetivamente, empréstimos nas mesmas condições tiveram alterações substanciais, especialmente motivadas pelos aumentos da inflação e dos níveis de inadimplência (Tabela 4.3).

Tabela 4.3   # Resumo de Dívidas a Preços de Mercado

Dívida	Valor	Taxa efetiva anual atualizada
Empréstimo Banco A	3.000,00	44%
Empréstimo Banco B	2.000,00	44%
Empréstimo Banco C	3.100,00	45%
Debêntures	18.112,50	12%

Uma vez constatados os valores das taxas de juro praticadas no mercado, resta agora calcular quanto, em média, é o custo das dívidas da firma. Confira na Tabela 4.4 que a taxa média paga pelos empréstimos e debêntures[7] é de 27%. Confira na Tabela 4.4 a conta para as debêntures: R$18.112,50 x 0,69 x 0,12 = 8%. Já para calcular a proporção das debêntures em relação ao total, simplesmente dividimos R$18.112,50 pelo total da dívida de R$26.212,50, encontrando 69%. Ao final, na coluna custo ponderado, somamos tudo, encontrando 22%.

Tabela 4.4   # Resumo de Dívidas ponderadas, a Preços de Mercado

Dívida	Valor	Proporção	Taxa efetiva anual	Custo ponderado
Empréstimo Banco A	3.000,00	11%	44%	5%
Empréstimo Banco B	2.000,00	8%	44%	3%
Empréstimo Banco C	3.100,00	12%	45%	5%
Debêntures	18.112,50	69%	12%	8%
Total da dívida	26.212,50	100%		22%
Custo total da dívida após os efeitos do IRPJ (21%)				17%

A empresa é optante pelo IRPJ calculado sobre o lucro real? Se for, resta mais uma continha, considerando o imposto de 21%.

Custo da dívida após tributação = 0,22 (1 - 0,21)

Custo da dívida após tributação = 0,22 x 0,79

Custo da dívida após tributação = 17%

---

[7] Títulos de crédito lançados por grandes empresas constituídas sob o formato de sociedades anônimas, as quais têm como garantia o seu patrimônio.

Custo do Capital Próprio — CAPM, um Modelo de Precificação de Ativos Financeiros

Em finanças, o modelo de precificação de ativos financeiros (Capital Asset Pricing Model — CAPM) é uma medida utilizada para determinar a taxa teórica que melhor represente o retorno de um ativo, considerando o risco oferecido pelo mesmo.

Os investidores, como regra geral, sempre procuram a melhor taxa de retorno. Se houvesse amplo acesso a todas as informações mercadológicas, demonstrações financeiras e crédito irrestrito, esta regra de mercado financeiro perfeito seria aplicada. Todavia, no mundo concreto as coisas não acontecem exatamente assim. Os investidores, por definição, são repulsivos a qualquer espécie de risco e, quando o assumem, exigem uma compensação por isso, chamada prêmio[8].

DICA

O leitor deve lembrar que para um investimento ser considerado arriscado, não significa ter baixo retorno; não é nada disso, trata-se de uma aposta incerta, imprevisível. É claro que, quanto mais risco, mais retorno; todavia, considere também provável maior prejuízo.

Em administração, risco significa a combinação entre a probabilidade de ocorrência de um determinado evento (aleatório, futuro e independente da vontade humana) e os impactos (positivos ou negativos) resultantes, caso ele ocorra[9]. Quando o empresário aposta num novo investimento, que supostamente lhe daria um retorno de 15% ao ano, há uma probabilidade de que este lucro não ocorra nesta proporção; esta variação pode ser para mais ou para menos.

Mas a volatilidade depende do quê? De vários fatores. Contudo, genericamente, o risco em finanças pode ser dividido em duas partes: risco do negócio e risco conjuntural, como demonstrado na Figura 4.3.

FIGURA 4.3: Conceito de risco.

---

[8] Vide o link: >http://avaliacaodeempresa.com.br/adm/uploads/106pdf0-Modelo-CAPM.pdf
[9] Vide o link: >https://pt.wikipedia.org/wiki/Risco_(administra%C3%A7%C3%A3o)

Para mitigar estas incertezas, os investidores tentam inúmeras técnicas e, dentre as principais, a diversificação de riscos é sempre a mais utilizada. Ou seja, ao investir todos os recursos em ações de uma petroleira, ele estará assumindo totalmente o risco da indústria do óleo. Todavia, se colocar a metade dos recursos na petroleira e os outros 50% em uma indústria de alimentos, ele já diversificou seu risco. O objetivo é o seguinte: diversificando, se ganha em uns e perde-se em outros, mas na média, se ganha.

Baseado neste conceito, o capitalista poderia ir "abrindo" e diversificando cada vez mais; distribuindo suas aplicações por setores, até praticamente eliminar todo o risco do mercado de ações. Mas não para por aí, pois, além disso, é possível aplicar em imóveis, títulos, commodities, etc., como por exemplo, a Tabela 4.5, na qual o capitalista aplicou seus recursos, no total de R$1.250.000,00, diversificadamente.

Tabela 4.5 ## Carteira de Investimentos Diversificada

Espécie de ativo	Valor	Proporção
Mercado de ações	R$250.000,00	20%
Títulos de renda fixa	R$250.000,00	20%
Debêntures	R$250.000,00	20%
CDB	R$125.000,00	10%
Fundos de moedas	R$125.000,00	10%
Imóveis	R$250.000,00	20%
Total da Carteira	R$1.250.000,00	100%

CAPM — CAPITAL ASSET PRICING MODEL

O CAPM foi introduzido por Jack Treynor (1961, 1962), William F. Sharpe (1964), John Lintner (1965) e Jan Mossin (1966) de forma independente, com base no trabalho anterior de Harry Markowitz na diversificação e teoria moderna de portfólios de ações. Sharpe, Markowitz e Merton Miller, receberam conjuntamente o Prêmio Nobel 1990 em Economia, por esta contribuição para o campo da economia financeira. Fischer Black (1972) desenvolveu outra versão do CAPM, chamado Black CAPM ou zero-beta CAPM, que não assume a existência de um ativo livre de risco.[10] Milhares de teses de mestrado e doutorado foram apresentadas sobre o assunto em todo o mundo, mas em especial nos Estados Unidos. Trata-se do modelo de precificação de ativos mais debatido, criticado e consolidado do planeta, usado por 10, entre 10 consultores, analistas e professores.

---

[10] Vide o link: >https://en.wikipedia.org/wiki/Capital_asset_pricing_model (conteúdo em inglês)

Assim, com a utilização das técnicas de diversificação de risco, é possível reduzir praticamente a zero a possibilidade de perda daquilo que os financistas chamam de risco do negócio (Figura 4.3).

Todavia, qualquer investimento tem uma parcela de risco conhecido como "risco sistemático" ou "risco de mercado", que não pode ser diversificado, pois a sua previsão é praticamente impossível: um terremoto, uma seca, por exemplo (Figura 4.3).

Deste modo, o CAPM considera a sensibilidade do ativo ao risco não diversificável, representando-o por um indicador chamado de beta (β). A taxa que as empresas pagaram aos bancos por empréstimos ou aos investidores que aplicam no seu capital é associada diretamente ao retorno esperado pelo mercado, levando em conta o risco que esta firma oferece.

Para o caso brasileiro, com pouca tradição de investimento em bolsa, muito diferente do que acontece nos Estados Unidos, não temos cálculos de Beta para as empresas fora da Bovespa. Portanto, para fins de análise, na realidade tupiniquim, este tipo de avaliação é limitado, devido ao número de empresas com betas calculados ser insignificante. Assim, sempre que o modelo CAPM é utilizado, o Beta é estimado.

Mas nem tudo está perdido, pois os estudos indicaram que muito embora os valores e os percentuais sejam diferentes do Brasil para os Estados Unidos e a Europa, as tendências das curvas, quando analisadas por setores, são iguais.

Será? Pense conosco: o que você acha que teria maior risco: aplicar no setor de bancos múltiplos ou no setor de software? Mesmo sem serem especialistas em investimentos, todos sabem que o setor bancário é muito sólido e estável. Já software e internet estão sujeitos a várias intempéries, uma fortíssima concorrência e variam constantemente. Mas por quê? Isso envolve tamanho, tradição, arrojo, mas, sobretudo, volatilidade. Então estamos perdidos? Nem tanto, pois temos uma saída interessante e inteligente.

Acontece que os setores são mais ou menos iguais no mundo todo (Tabela 4.6). Além disso, em linhas gerais, eles se comportam da mesma maneira naquilo que respeita a volatilidade e, consequentemente, ao risco. Suas curvas e tendências são iguais em qualquer lugar do planeta.

Por conta disso, os analistas brasileiros também usam basear suas estimativas procurando sites internacionais especializados, que disponibilizam tipos de betas para todos os setores e mercados do mundo. Estes dados, embora não sejam brasileiros, podem ajudar muito na estimação dos níveis de risco. Mas, insistimos, é como se costuma dizer: "não tente fazer isso sozinho em casa". Tal tipo de estimação só pode ser realizado por um profissional experiente, como um contador ou um técnico do SEBRAE, por exemplo. Confira algumas das fontes de informação para pesquisar a respeito do Beta:

- » Value Line [11]
- » Investopedia[12]
- » Stern — New York University — página do professor Damodaran[13]
- » Yahoo Finance[14]

Contudo, por uma questão de facilidade, aconselhamos consultar o banco de dados do Professor Aswath Damodaran, o papa mundial do Valuation. O nome do professor é complicado, mas ele é genial. Confira neste link da NYU[15] a quantidade de informações gratuitas disponíveis: http://pages.stern.nyu.edu/~adamodar/pc/archives/ (conteúdo em inglês).

Tabela 4.6   **Exemplos de Beta**

Tipo de indústria	Número de empresas pesquisadas	Beta	Dívida / PL	Beta não alavancado
Aço	36	1.43	91.75%	0.79
Autopeças	65	1.29	32.91%	0.99
Autos e caminhões	19	0.96	128.04%	0.44
Bancos	9	1.11	216.41%	0.43
Calçados	11	0.82	6.79%	0.78
Energia	73	0.80	83.44%	0.49
Indústria química	42	1.17	61.95%	0.74
Óleo e gás, produção e exploração	351	1.63	82.48%	0.91
Publicidade	44	1.08	56.26%	0.70
Rádio e TV	29	1.29	94.73%	0.74
Seguros	20	1.04	42.76%	0.78
Software (Internet)	308	1.34	4.43%	1.28
Telefonia celular	19	1.48	150.55%	0.62
Total do mercado	7480	1.13	71.49%	0.69

Deste modo, o Índice Beta (β) mede a sensibilidade da empresa[16], por intermédio da reação dos seus papéis (ações, debêntures, etc.) relacionados com o mercado financeiro como um todo. Explicando melhor: é a variação do retorno do papel da firma, quando comparado com a variação do mercado.

---

[11] Value Line — Vide o link: >http://www.valueline.com/About/Ranking_System.aspx

[12] Investopedia — Vide o link: >http://www.investopedia.com/terms/i/index.asp

[13] Stern — Vide o link: >http://pages.stern.nyu.edu/~adamodar/New_Home_Page/datafile/Betas.html

[14] Yahoo Finance — Vide o link: >https://biz.yahoo.com/ic/ind_index.html

[15] Vide o Link: >http://pages.stern.nyu.edu/~adamodar/New_Home_Page/datafile/Betas.html)

[16] Vide o link: >https://hcinvestimentos.com.

Por exemplo: compara o desempenho da ação da Souza Cruz em relação ao Ibovespa. Neste caso, o risco não diversificável é dado pela percepção do mercado, pois se a bolsa cai 2% em determinado dia e a ação da empresa cai 1%, quer dizer que os investidores ficam mais assustados com a queda da bolsa do que com a da Souza Cruz. Da mesma forma, se a bolsa subiu 5% e o papel da companhia se manteve estável, isso quer dizer que a companhia é imune aos humores conjunturais. Os analistas do mercado confiam mais no desempenho da companhia do que na economia. Veja como funciona na Figura 4.4.

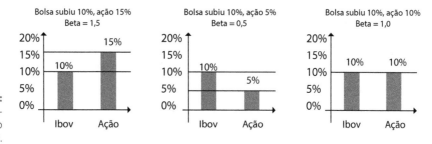

FIGURA 4.4: Comportamento do Beta.

Imagine que o Ibovespa subiu ou caiu 10% e a ação de uma companhia listada naquela bolsa, no mesmo período, subiu ou desceu 15%. Neste caso, o Beta é 1,5, ou seja, pelo histórico, o investidor sabe que este papel "oscila", na média, 50% a mais que a bolsa como um todo. Já se a ação da companhia, no período estudado, variar 10% para mais ou para menos, e o Ibovespa igualmente variar mais ou menos a mesma coisa, o Beta é neutro, ou seja, é igual a 1. Neste caso, o risco da firma é o mesmo que o risco da bolsa. Finalmente, algumas empresas, por exemplo, independem dos humores da bolsa, ou seja, a sua variação foi de 5% para mais ou para menos, enquanto o Ibovespa variou 10%. Neste caso, o Beta é de 0,5.

O PAPA DO VALUATION — ASWATH DAMODARAN

O indiano Aswath Damodaran é professor de Finanças da Stern School of Business, na Universidade de Nova York. Ensina finanças corporativas e avaliação de ações e empresas. É mais conhecido como autor de vários livros e textos acadêmicos e práticos sobre avaliação, finanças corporativas e manejo de investimentos. Damodaran é muito bem cotado como avaliador do mercado de capitais, com uma "grande reputação como professor e autoridade". Escreveu vários livros sobre avaliação do mercado de capitais, bem como finanças corporativas e investimentos. Também é famoso por suas publicações em periódicos importantes de finanças como The Journal of Financial and Quantitative Analysis, The Journal of Finance, The Journal of Financial Economics, e Review of Financial Studies. Visite sua home page: http://pages.stern.nyu.edu/~adamodar/ (conteúdo em inglês).

Portanto, o Beta representa um prêmio que o banco, por exemplo, cobraria para emprestar para a sua empresa, considerando o risco que ela oferece, quando comparado com o mercado como um todo. Veja como fica na fórmula:

$K_i = R_f + \beta \times (R_m - R_f)$.

Onde:

K_i = taxa de juro a ser paga pela empresa

R_f = taxa de juro livre de risco

R_m = taxa de juro pago pelo mercado

$R_m - Rf$ = prêmio por risco; diferença entre a taxa livre de risco e a taxa de mercado

β = Beta ou medida do risco do ativo em relação a uma carteira de ações padrão

Você poderia dizer que, no caso brasileiro, esta forma de definição da taxa de atratividade é arbitrária. É verdade, temos que concordar um pouco. Todavia, mesmo nesta situação, quando a taxa de atratividade é arbitrada por um profissional, como, por exemplo, um analista do SEBRAE, o nível de certeza se aproxima muito da realidade e passa a ser uma forma inteligente de estabelecer a taxa que irá descontar os fluxos de caixa.

Simplificando o Cálculo do Custo do Capital Próprio

Veja, por exemplo, se aplicarmos dinheiro em letras do Tesouro Nacional, com rendimento atrelado à SELIC (primeira linha da Tabela 4.7), em doze meses, este investimento rendeu bruto 12,63%. Se descontado o imposto de renda de 15% (válido para uma aplicação superior a 24 meses), o investidor teria um rendimento líquido de 10,74% (12,63 x 0,85). Descontando uma inflação projetada de 6,5% ao ano, temos um lucro real de 4,24% ao ano.

Ora, assim, por meros 4,24% ao ano, não vale a pena abrir um negócio, correr o risco do mesmo — além de possibilidades de problemas conjunturais e de inadimplência — ter os enormes incômodos que os empresários normalmente têm com impostos e empregados. Assim, é melhor investir em títulos com rendimento igual à SELIC, encostar a cabeça no travesseiro e não se incomodar com nada.

Para que esse investimento faça sentido, o empresário precisa ganhar um pouco mais, ou seja, obter um rendimento extra pela coragem que demonstrou. Na linguagem dos financeiros, é receber "um prêmio" acima das taxas de juro das aplicações, que os economistas chamam de "taxa livre de risco".

Tabela 4.7   **Evolução das Aplicações Financeiras — Rentabilidade no Período em % — Acumulado (set/2015)**

Renda Fixa	No ano de 2015*	Em 12 meses**
Selic	10,22%	12,63%
CDI	10,19%	12,58%
CDB (1)	9,93%	11,35%
Poupança (2)	6,62%	7,78%
RENDA VARIÁVEL		
Ibovespa	-5,54%	-16,73%
Índice Small Cap	-15,42%	-28,09%
IBrX 50	-4,56%	-15,40%
Dólar Ptax - BC	44,71%	62,09%
Dólar Comercial - Mercado	45,49%	61,86%
Dólar Paralelo	41,26%	59,09%
Euro - BC (4)	35,31%	43,27%
Ouro BM&FBovespa	43,98%	48,42%
INFLAÇÃO		
IPCA	7,64%	9,49%
IGP-M	6,34%	8,35%

* Rendimento até o dia 16/10/15. ** Até setembro (1) rendimento bruto do 1º dia útil do mês (2) rentabilidade do 1º dia do mês — depósitos até 03/05/12. MP nº 567 de 03/05/12. (4) Variação sobre o Real. Fonte: Cetip, BM&FBovespa, FGV, BC, IBGE e CMA. Elaboração: Valor Data — Fonte: Jornal Valor de 18/10/2015.

Deste modo, vamos usar as informações da Tabela 4.7 como exemplo e fazer uma conta simples para saber quanto deveria ser a taxa de juro que compensaria o investimento de risco empresarial em um novo negócio.

Fazendo a média das três taxas (SELIC, CDI e CDB) chegamos a 12,19% ao ano ((12,63% + 12,58% + 11,35%)/3). Diminuindo a inflação medida pelo IGP-M/FGV (setembro de 2015), desta taxa obtemos uma taxa de juro livre de risco de 3,84% (12,19% – 8,35%).

Tabela 4.8 Aplicações Financeiras, Setembro de 2015

Referência	Ano*	12 meses**
SELIC	10,22%	12,63%
CDI	10,19%	12,58%
CDB (1)	9,93%	11,35%
IGP-M	6,34%	8,35%
Taxa média menos inflação		3,84%

Com estes elementos, vamos tentar construir uma lógica de quanto deveria ser o rendimento do empresário, fato que o levaria a colocar suas economias num negócio com risco médio, sobre o qual ele exigiria, por exemplo, uma taxa de compensação (prêmio) acima da taxa livre de risco, de 50%. Veja como fica:

Retorno esperado pelo empresário = Inflação + (taxa livre de risco + taxa livre de risco x 50%).

Retorno esperado pelo empresário = 8,35% + (3,84% x 1,50).

Retorno esperado pelo empresário = 8,35% + 5,76

Retorno esperado pelo empresário = 14,11% ao ano

Você poderia dizer que 14,11% de retorno num investimento empresarial é muito pouco perante uma taxa de retorno de 12,19% livre de risco. É verdade. Todavia, eu responderia que então a sua percepção de risco é maior que a arbitrada acima, ou seja, de 50%. Assim, o multiplicador que usamos de 1,50 (100% mais 50%, ou seja, 1,00 + 0,50) é baixo.

Muito bem, mas devemos explicar outra coisa para você: este multiplicador de 1,50, chamado pelos financeiros de "Beta", trata-se de um conceito de risco largamente utilizado. Embora complicado, nos atrevemos a tentar simplificar o máximo possível do seu significado, pois isso é muito importante e todos devem conhecê-lo, nem que seja superficialmente. Iremos falar dele um pouco mais à frente, ainda neste capítulo.

Usar ou Não Usar a Inflação? Eis a Questão!

DICA

Ao menos que você tenha uma razão muito forte para usar a inflação em cálculos financeiros de valuation e análise financeira, nunca use.

Por quê? Mas não acabamos de ver um exemplo com inflação? Ele tinha apenas a finalidade de alertar o leitor para a questão.

Ora, na esmagadora maioria dos casos, a inflação afeta todos os elementos do fluxo de caixa igualmente, ou seja, seus efeitos maléficos atingem as receitas e despesas. Deste modo, é de se imaginar que ao final o resultado seja nulo. Nove entre dez consultores não usam a inflação nestas contas.

Assim, aplicando esta lógica sobre o exemplo acima, sugiro que você o desenvolva simplesmente, desta forma:

Retorno esperado pelo empresário = (taxa livre de risco + taxa livre de risco x 50%).

Retorno esperado pelo empresário = (3,84% x 1,50).

Retorno esperado pelo empresário = 5,76%

Repetindo, 5,76% de taxa de lucro real é excelente, todavia depende muito do negócio e, principalmente, do seu porte. Empresas pequenas precisam ter um retorno maior, pois têm maior risco associado, e você viu anteriormente: mais risco, mais retorno.

Portanto, para as Pequenas e Médias Empresas (PME), aconselho a buscar um retorno muito maior, trabalhando com taxas reais de retorno de 20%.

Os riscos envolvidos, a incerteza e a volatilidade das PMEs são muito grandes, exigindo taxas de retorno maiores.

Então isso é uma opinião sua? Não, a teoria também mostra e comprova que, no geral, os investidores de todos os lugares do mundo exigem taxas de retornos maiores para empresas menores. Qual a razão? O risco envolvido.

NYSE — NEW YORK STOCK EXCHANGE

A NYSE — New York Stock Exchange (Bolsa de Valores de Nova York) é o principal mercado de valores mobiliários do mundo. Fundada em 1792, localiza-se no coração da ilha de Manhattan, em Wall Street — o principal centro financeiro global. Cerca de 7 mil ações das principais empresas dos Estados Unidos da América são negociadas no pregão da NYSE. Já a bolsa de valores eletrônica NASDAQ — National Association of Securities Dealers Automated Quotations (Associação Nacional dos Corretores de Títulos Mobiliários) é a evolução do mercado de capitais norte-americano. Fundada em 1971, a NASDAQ é a segunda maior bolsa de valores em valor de mercado do mundo, logo atrás da NYSE. A NASDAQ pertence ao conglomerado NASDAQ OMX Group, que também controla outras oito bolsas de valores localizadas nos países nórdicos europeus. Milhares de empresas pertencentes à chamada nova economia são listadas no mercado de ações da NASDAQ.

Por exemplo, o Beta da NYSE é sempre melhor que o da NASDAQ e, por consequência, do Ibovespa. Pode observar uma série histórica e verá que quando a NYSE subir 2% a NASDAQ subiu 2,2% e a Ibovespa 3%.[17]

Por meio de uma simples análise visual da Figura 4.5, o leitor pode perceber a comparação entre os índices da Bovespa (linha superior) e da NYSE (linha inferior) nos anos de 2014 e 2015, mostrando a volatilidade da bolsa brasileira, bastante superior ao Down Jones[18] (a linha do gráfico é praticamente reta). Isso nos permite concluir que no Brasil a bolsa oferece risco maior, desta forma, mais suscetível às oscilações do mercado.

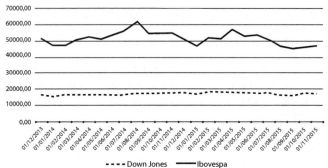

FIGURA 4.5: Índices.

Como Calcular o Custo de Capital Próprio, Completo e com Inflação?

De acordo com o professor Sérgio de Carvalho[19], a aplicação do CAPM precisa de uma adaptação às condições econômicas do Brasil. Ensina ainda que, mesmo utilizando os elementos estatísticos americanos, é possível chegar a um resultado satisfatório do custo do capital próprio brasileiro, fazendo alguns ajustes na fórmula tradicional do CAPM, que estudamos anteriormente:

$K_i = R_f + \beta (R_m - R_f)$.

---

[17] Vide o Link: >http://br.advfn.com/bolsa-de-valoreside
[18] Assim como no Brasil o índice da Bolsa chama Ibovespa, o nome do índice da NYSE é Down Jones.
[19] Sérgio de Carvalho, economista, consultor em finanças corporativas, mestre em Economia pela UCAM-RJ e mestre em Contabilidade pela PUC-RJ. Autor, professor e especialista em avaliação de empresas.

CONCEITO DE BETA

O beta é a medida numérica da correlação das ações da empresa em relação ao mercado de ações como um todo. "Um beta zero significa que não há correlação entre as ações da empresa e o mercado; um beta positivo significa que as ações da companhia se movem na mesma direção do mercado e um beta negativo significa que as ações da empresa estão inversamente correlacionadas com o mercado (movem-se na direção oposta)." Um beta desalavancado indica o movimento das ações de uma empresa sem considerar os efeitos da dívida. Já o beta alavancado considera esta variável. Em linhas gerais, simplificadamente, pode ser representado por:

$$\beta\,alavancado = \beta\,desalavancado\,x\left[1+\frac{D\acute{\imath}vida}{Patrim\^onio\,L\acute{\imath}quido}\,x\left(1-\%IRPJ\right)\right]$$

Dívida = R$100.000,00

Patrimônio Líquido = R$400.000,00

Beta desalavancado = 0,80

Taxa do IRPJ = 21%

$$\beta\,alavancado = 0,80\,x\left[1+\frac{R\$100.000,00}{R\$400.000,00}\,x\left(1-0,21\right)\right] = 0,96$$

O beta baseia-se na variação do retorno das ações, que é influenciado diretamente pelo lucro líquido obtido pela empresa. Então, o grau de endividamento influi no lucro através das despesas financeiras, e, portanto, no valor do beta. Por este motivo, as publicações fornecem estatísticas de beta com dívida (alavancado) e sem dívida (desalavancado).

Estes ajustes se justificam pela falta de informações financeiras individuais a respeito do mercado empresarial brasileiro. Para contar tal restrição, é preciso incorporar mais alguns elementos à fórmula básica, como:

» Prêmio pelo tamanho da empresa (porte)
» Prêmio pelo risco Brasil
» Diferença entre a taxa de inflação do Brasil e dos Estados Unidos.

Assim, o formato tradicional do CAPM, incorporando estes elementos, assume a seguinte formulação matemática:

$$K_i = R_f + \beta x \left(R_m - R_f\right) + Ppp + Prb + \#if$$

Onde:

CAPÍTULO 4 **Como Estabelecer uma Taxa de Atratividade para Descontar o FCF**   63

K_i = taxa de juro a ser paga pela empresa

R_f = taxa de juro livre de risco

R_m = taxa de retorno de portfólio de mercado

R_m-R_f = prêmio por risco; diferença entre a taxa livre de risco e a taxa de mercado

β = Beta, medida do risco do ativo em relação a uma carteira de ações padrão

Ppp = Prêmio pelo tamanho da empresa (porte)

Prb = Prêmio pelo Risco Brasil

#if = Diferença entre a taxa de inflação do Brasil e dos Estados Unidos.

Analisando a fórmula, percebemos três elementos adicionais. No primeiro, conforme vimos anteriormente, empresas menores exigem, pelos investidores, uma taxa de retorno maior pelo risco que oferecem. Não existem publicações no Brasil sobre estas estatísticas financeiras, mas conforme já estudamos anteriormente, os dados americanos podem ser utilizados, já que o importante é a tendência setorial. Estes riscos variam entre 1% e 5% ao ano. Para saber mais sobre estes índices sugerimos que consulte o IbbotsonSBBI Valuation Yearbook[20]. O clássico livro anual da IbbotsonSBBI é uma das referências padrão do mercado para determinar o risco da empresa e custo de capital[21], largamente utilizado na avaliação de negócios, como base de cálculo das taxas de desconto e de capitalização.

Já o Prêmio de Risco Brasil é uma taxa extra exigida pelos investidores para emprestar para empreendedores brasileiros. Imagine o leitor que um banco europeu está emprestando para uma empresa Suíça a uma taxa de 4% ao ano. Seria correto usar as mesmas cifras se a companhia estivesse situada na América Latina? É claro que não; aqui no hemisfério sul os riscos são totalmente diferentes e a taxa de juro deveria ser mais alta. Mas quanto? Como calcular? Várias instituições fazem este tipo de cálculo, entretanto, o mais conhecido e reconhecido é o calculado pelo banco JP Morgan, baseado na precificação de títulos de mercados emergentes. Confira em www.acionista.com.br[22].

Finalmente, como terceiro elemento, resta calcular a diferença da taxa de inflação entre os Estados Unidos e o Brasil.

Vejamos um exemplo prático usando os conceitos da fórmula explicada anteriormente.

---

[20] Vide o link: >http://www.nacva.com/store_product.asp?prodid=37

[21] SBBI, acrônimo de Stocks, Bonds, Bills, and Inflation (ações, bonds, notas e inflação).

[22] Vide o link: >http://www.acionista.com.br/graficos_comparativos/080715-risco-brasil-embi+-mensal.jpg. O EMBI+ — Emerging Market Bonds Index Plus ou Índice de Títulos da Dívida de Mercados Emergentes é um índice desenvolvido pelo JP Morgan, baseado nos bônus emitidos pelos maiores países latino americanos e outros emergentes, para medir a capacidade do país de saldar o montante dos títulos da sua dívida.

>> R_f = taxa de juro livre de risco. Os títulos do Tesouro dos EUA são instrumentos emitidos para financiar a dívida pública nacional. Existem quatro tipos de títulos do Tesouro, todos muito líquidos e fortemente negociados no mercado secundário. É considerado o investimento mais seguro do mundo. Para este caso, iremos considerar que a taxa de juro livre de risco oferecida é de 5,23% ao ano[23].

>> R_m = taxa de juro médio, pago pelo mercado pelo investimento em um portfólio de ações. Neste exemplo vamos considerar que a taxa de retorno de um portfólio de investimentos, a preços de mercado com retorno de 11,41% ao ano[24].

>> β = Beta alavancado, medida do risco do ativo em relação a uma carteira de ações padrão. Tomaremos os valores da Tabela 4.11, setor de autopeças, com beta de 1,29[25].

>> Ppp = Prêmio pelo tamanho da empresa (porte). Elemento-chave na avaliação de empresas de qualquer tamanho; é a avaliação de risco. No método de fluxo de caixa descontado, é preciso capturar esse risco. Como neste caso trata-se de uma empresa pequena, o risco estimado é de 3,19%[26].

>> Prb = Prêmio pelo Risco Brasil de 2,85%[27].

>> #if = Diferença entre a taxa de inflação do Brasil e dos Estados Unidos de 5%[28].

Tabela 4.9 Cálculo do CAPM

CAPM ajustado para cálculo do custo de Capital Próprio		
Rf	Taxa de juro livre de risco	5,23%
β	Beta, medida do risco do ativo em relação a uma carteira de ações padrão	1,29
Rm	Taxa de retorno de portfólio de mercado	11,41%

(continua)

---

[23] Vide o Link: >http://pages.stern.nyu.edu/~adamodar/ (conteúdo em inglês) — trata-se da média aritmética de 1928 até 2015, atualização do dia 5 de janeiro de 2016, do US Treasury Bond para 10 anos. Fonte Aswath Damodaran.

[24] Vide o Link: >http://pages.stern.nyu.edu/~adamodar/ (conteúdo em inglês) — trata-se da média aritmética de 1928 até 2015, atualização do dia 5 de janeiro de 2016, do retorno anual do investimento no S&P 500 (Standard & Poor's Composite Index) para 10 anos. Fonte Aswath Damodaran.

[25] Vide o Link: >http://pages.stern.nyu.edu/~adamodar/ (conteúdo em inglês) — trata-se da média aritmética de 65 empresas listadas na NYSE, atualização de janeiro de 2016, do setor de Autopeças (Auto Parts). Fonte Aswath Damodaran.

[26] Vide o Link: >http://conferences.pionline.com/uploads/conference_admin/The_Dimensions_ of_Popularity_in_the_Stock_Market_Ibbotson.pdf (conteúdo em inglês). Fonte: Ibbotson SBBI Classic 2015 Yearbook: Market results for Stocks, Bonds, Bills, and Inflation, 1926–2014, Morningstar, Inc.

[27] Vide o Link: >http://www.acionista.com.br/graficos_comparativos/embi-us$-mensal.htm. Tomamos o valor de maio de 2015, por considerar que o valor atual é muito afetado pela crise, todavia, no futuro, este deverá regredir.

[28] Vide o Link: >http://pt.global-rates.com/estatisticas-economicas/inflacao/indice-de-precos-ao- consumidor/ipc/estados-unidos.aspx (conteúdo em inglês). Em dezembro de 2015 a taxa de inflação no Brasil alcançou estratosféricos 10,67% e nos Estados Unidos 0,73%. Considerando que a taxa Brasileira deverá baixar futuramente, para fins deste exemplo, consideramos 5% ao ano, como sendo a diferença de taxa entre os países.

(continuação)

CAPM ajustado para cálculo do custo de Capital Próprio		
Rm - Rf	Prêmio por risco; diferença entre a taxa livre de risco e a taxa de mercado	6,18%
Ppp	Prêmio pelo tamanho da empresa (porte)	3,19%
Prb	Prêmio pelo risco Brasil	2,85%
#if	Diferença entre a taxa de inflação do Brasil e dos Estados Unidos.	5,00%
Ki	Custo do capital próprio	24,24%
	Expectativa de inflação no Brasil	6,50%
Ki	CAPM real, líquido de inflação	17,74%

O custo do capital próprio invariavelmente se mostra superior ao custo das dívidas (empréstimos e financiamentos). Neste exemplo, afetado pelos efeitos da inflação, alcançou o valor anual de 24,24% (Tabela 4.9).

Embora seja sempre mais fácil explicar um fluxo de caixa com inflação, apesar de ser infinitamente muito mais difícil de projetar, aconselhamos evitar envolver a inflação no mesmo. Considerando o elevado grau de subjetividade que os métodos de Valuation apresentam, notadamente o FCF (Free Cash Flow), adicionar a inflação no processo de projeção é aumentar em muito a possibilidade de acrescentar ainda mais volatilidade.

Desconsiderando a inflação, o valor do Custo do Capital Próprio fica estabelecido em 17,74% (24,24% - 6,5%), conforme indica a Tabela 4.9.

Calculando o WACC — Custo Médio Ponderado de Capital

O custo médio ponderado de capital, conhecido apenas por WACC (do inglês weighted average cost of capital), é a taxa de juro que as empresas pagam pela utilização dos diversos capitais que a financiam, sejam estes próprios ou de terceiros (Figura 4.6). Doravante, iremos nos referir a esta taxa apenas por WACC.

Calcular a taxa do WACC é indispensável nos projetos de determinação do valor da empresa, o chamado Valuation, pois será a taxa de referência utilizada para descontar os seus fluxos de caixa, e finalmente estabelecer quanto vale a companhia. Esses cálculos também são comuns nos processos de aquisição, incorporação, "merger"[29], integração e venda de ações. Finalmente, o WACC também é referência para uso como taxa de atratividade, na análise de investimentos e projetos empresariais.

O WACC é, então, a taxa que a firma deverá pagar, em média, a todos aqueles que de uma forma ou outra "colocaram" dinheiro na empresa, sejam estes: bancos, fornecedores ou proprietários, isso para financiar seus ativos (Figura 4.6).

---

[29] Merger, termo em inglês que significa fusão de empresas.

66   PARTE 2 **Os Primeiros Passos do Valuation na Prática**

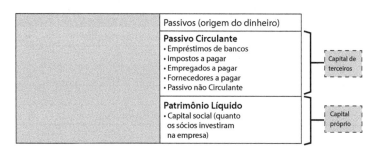

FIGURA 4.6: Diversos capitais que financiam a empresa.

O WACC é normalmente referido como o custo de capital. Ele representa o retorno mínimo esperado, considerando sua base de ativos e passivos, para satisfazer credores, proprietários e fornecedores; se assim não for, estes irão investir seus ativos em outras oportunidades[30]. É importante observar que o valor desta taxa (WACC) é estabelecido por fatores externos à empresa e não pela sua administração.

Neste contexto, podemos dizer que as firmas "levantam dinheiro" a partir de um número de fontes: ações ordinárias, ações preferenciais, capital dos sócios, dívida direta com bancos, fornecedores, empregados, impostos, e assim por diante (Figura 4.6). Diferentes títulos, que representam estas diversas fontes de financiamento, deverão gerar retornos também diversos. O WACC é calculado por grupos de fontes de financiamento (próprias ou de terceiros) e depois ponderado pelos seus respectivos pesos relativos, dos componentes da estrutura de capital. Quanto mais complexa for a estrutura de capital, mais trabalhoso é calcular o WACC.

Para este exemplo, vamos usar uma estrutura de Balanço Patrimonial simplificada, com dívidas de R$45.000,00 (Capital de Terceiros) e Patrimônio Líquido (Capital Próprio) de R$95.000,00. Confira na Tabela 4.10.

Tabela 4.10   Balanço Patrimonial

Balanço Patrimonial — Valores Correntes de 31/12/XX (milhões de Reais)			
Ativo	Valor	Passivo	Valor
Disponível	4.826,25	Empréstimos A	10.000,00
Duplicatas a receber	30.035,00	Empréstimos B	15.000,00
Estoques	25.456,25	Empréstimos C	20.000,00
Ativo Circulante	60.317,50	Fornecedores	13.060,00
		Passivo Circulante	58.060,00
Ativo não circulante	13.067,50		

(continua)

---

[30] https://en.wikipedia.org/wiki/Weighted_average_cost_of_capital (conteúdo em inglês)

(continuação)

Balanço Patrimonial — Valores Correntes de 31/12/XX (milhões de Reais)			
		Passivo não circulante	20.475,00
Imobilizado	100.150,00		
		Patrimônio Líquido	95.000,00
Total do Ativo	173.535,00	Total do Passivo	173.535,00

Definição do WACC

O custo médio ponderado do capital é definido como a média ponderada dos diversos capitais que financiam uma firma, representado matematicamente por:

$$WACC = Ke\left(\frac{E}{D+E}\right) + Kd\left(\frac{D}{D+E}\right)$$

Onde:

WACC = Custo médio ponderado de capital

Ke = Custo de capital dos proprietários

Kd = Custo das dívidas

E = Patrimônio Líquido da empresa (Equity)

D = Dívidas da empresa (debt)

Observe na Tabela 4.11 que inicialmente ponderamos os três tipos de dívidas no valor de R\$45.000,00, as quais têm um custo médio de 11,28% e um peso de 32,14% sobre o total de R\$140.000,00. Por outro lado, o Capital Próprio tem um custo de 17,74% e um peso de 67,86%. Assim, ponderando os custos das dívidas e do Capital Próprio, temos um custo médio ponderado de capital (WACC) de 15,66%, conforme Tabela 4.11.

Tabela 4.11 **Cálculo do WACC**

Tipo de capital	Valor	Custo	Peso	Custo Ponderado	Peso	WACC
CAPITAL DE TERCEIROS (DÍVIDA)						
Dívida A	10.000,00	18,00%	22,22%	4,00%		
Dívida B	15.000,00	16,00%	33,33%	5,33%		
Dívida C	20.000,00	19,00%	44,44%	8,44%		
	45.000,00		100,00%	17,78%		
Desconto da taxa de inflação considerada				6,50%		
Custo real do capital de terceiros				11,28%	32,14%	3,63%

68   PARTE 2 **Os Primeiros Passos do Valuation na Prática**

Tipo de capital	Valor	Custo	Peso	Custo Ponderado	Peso	WACC
CAPITAL PRÓPRIO						
Capital Próprio	95.000,00	17,74%	100,00%	17,74%	67,86%	12,04%
Total	140.000,00				100,00%	15,66%

Repetindo Tudo e Calculando o WACC

Para exemplificar numericamente esta fórmula, vamos calcular um exemplo prático, usando os dados da Tabela 4.13. Você irá perceber que esta conta está repleta de subjetividades. Mesmo assim, é preciso usar o bom senso, daí a importância de contratar um consultor para fazer este trabalho. Em um ambiente destes, a vivência e a experiência do analista será muito relevante para alcançar os objetivos da tarefa, que consiste em avaliar quanto vale uma companhia.

Antes de iniciar propriamente os exemplos numéricos da ponderação dos custos que financiam as empresas, vejamos algumas observações sobre o WACC. Vamos começar pelo cálculo do custo do capital próprio, de acordo com o calculado na Tabela 4.11, ou seja, 17,74%.

Não estamos considerando a inflação nestes cálculos. Fizemos todas as contas e, ao final, descontamos a taxa de inflação presumida de 6,5% ao ano.

Em dezembro de 2016, a KFG, uma indústria de esquadrias, tinha um custo de Patrimônio Líquido de 17,74% (capital próprio) e um custo de dívida após o pagamento de impostos de 11,28% (capital de terceiros). Do total do financiamento da empresa, o Patrimônio Líquido representava 67,86% (em termos de valor de mercado) do *mix* de financiamento e as várias dívidas representavam os 32,14% restantes. O custo do capital para a KFG pode então ser calculado conforme se segue.

$$Proporção\,do\,Patrimônio\,Líquido = \left(\frac{E}{D+E}\right)$$

$$Proporção\,do\,Patrimônio\,Líquido = \left(\frac{R\$95.000,00}{R\$45.000,00 + R\$95.000,00}\right) = 67,86\%$$

$$Proporção\,do\,Capital\,de\,Terceiros = \left(\frac{D}{D+E}\right)$$

$$Proporção\,do\,Capital\,de\,Terceiros = \left(\frac{R\$45.000,00}{R\$45.000,00 + R\$95.000,00}\right) = 32,14\%$$

$$Ke = 11,28\% \quad e \quad Kd = 17,74\%$$

Ora, se temos a proporção e os custos destes capitais, basta aplicar a fórmula e calcular o WACC.

$$WACC = Ke\left(\frac{E}{D+E}\right) + Kd\left(\frac{D}{D+E}\right)$$

WACC = (11,28% x 0,3214) + (17,74% x 0,6786) = 15,66%

Como já dissemos, o custo do capital próprio tem um valor subjetivo, mas devemos considerar que ele possui igualmente um custo de oportunidade para aqueles que estão dispostos a investir dinheiro no negócio e correr seus riscos. Podemos usar a expressão "custo de oportunidade", pois estes capitalistas poderiam investir seus recursos em outros ativos, mais ou menos rentáveis. Se nos basearmos neste conceito, a primeira coisa a fazer para calcular o custo do Capital Próprio é inicialmente levantar como estão os rendimentos de determinadas aplicações e quais são os valores atuais de algumas taxas de juro, pelo menos as mais conhecidas, como as exemplificadas na Tabela 4.8.

Misturando custo de dívidas, capital próprio e calculando o WACC

Como já calculamos os custos, em termos de taxas, para o Capital Próprio, que foi de 17,74% (Tabela 4.9) e o custo da dívida, que foi de 11,28% (Tabela 4.11), podemos então ponderar o custo de capital da firma em 15,66% ao ano. Esta conta está expressa na Tabela 4.12, ou seja, 15,66% ao ano.

Tabela 4.12   Cálculo do WACC

	Valor	Proporção	Custo	Ponderação	WACC
Capital Próprio (PL)	95.000,00	67,86%	17,74%	67,86% x 17,74%	3,63%
Capital de terceiros (empréstimos e financiamentos)	45.000,00	32,14%	11,28%	32,14% x 11,28%	12,04%
Total do Passivo	140.000,00	100,00%			15,66%

> **NESTE CAPÍTULO**
>
> **Aplicações de perpetuidades em processos de avaliação e Valuation**
>
> **Free Cash Flow — FCC, base conceitual e aplicações**
>
> **Cálculo do valor presente da perpetuidade pelo método de crescimento constante acelerado**

Capítulo 5

Brincando com Fluxos de Caixa e Perpetuidades

Aplicações de Perpetuidades em Processos de Avaliação (Valuation)

Quando falamos de uma série de pagamentos perpétua, estamos dizendo que uma dívida ou receita se repete em infinitas prestações. Mas como é possível? Nada é para sempre?

Dívida infinita existe? É claro que existe! Veja como exemplo: as compras de ações e alguns títulos, principalmente públicos, têm duração especialmente longa ou infinita. Também há o caso de outros conjuntos de rendas ou prestações, cujo número não pode ser estabelecido exatamente, pois são muito grandes e, assim, tendem ao infinito, com os projetos de melhorias que geram aumentos de receitas ou redução de despesas, dentre outros.

Neste capítulo, o objetivo é calcular o valor de um bem ou de uma empresa na data zero, ou seja, o valor hoje, valor atual, valor presente ou simplesmente o VPL.

Vamos explicar isso um pouco melhor. Para estabelecer o valor da empresa é preciso calcular os valores presentes dos FCFF e do valor residual, ou seja, aquele valor que supostamente seria gerado após o período de estudo, como exemplificado na Tabela 1.1 (após o ano de 2024). Desta maneira, as aplicações de perpetuidade são usadas principalmente em análises de investimentos e *Valuation* (precificação ou avaliação de empresas).

Todos sabem que as empresas produzem fluxos de caixa infinitos, pois foram feitas para durar para sempre. Deste modo, para estabelecer quanto vale uma companhia, por exemplo, é preciso conhecer a soma do valor atual dos infinitos valores futuros que ela gera.

Utilizar perpetuidades significa adicionar mais subjetividades na avaliação dos negócios. Assim, para minimizar as restrições e torná-la mais aceitável será preciso assumir como verdadeiras algumas premissas:

- » A empresa deve manter seu status quo.
- » Os resultados operacionais não podem variar ao longo do tempo.
- » Os resultados econômico-financeiros são distribuídos aos acionistas em sua totalidade, na forma de dividendos, de modo que nenhum deles é reinvestido.
- » A empresa não mostra nenhum tipo de crescimento, assim, suas necessidades de capital operacional permanecem também inalteradas.
- » As empresas crescem a taxas arbitradas ou baseadas em desempenhos passados.
- » Todos os valores decorrentes de depreciação são reinvestidos, repondo bens desgastados, isso tudo com impacto neutro no fluxo de caixa.
- » O risco dos ativos também permanece inalterado.

Para calcular o valor presente de uma série de pagamentos perpétua (valor residual) como a descrita na Figura 5.1, utilizaremos o mesmo conceito de cálculo do valor presente descrito no Capítulo 1. Todavia, no exemplo da Figura 5.1, não existe um período de tempo definido, ou seja, a série de pagamentos do fluxo de caixa continua em direção ao infinito.

FIGURA 5.1: Série de pagamentos infinitos — perpetuidade.

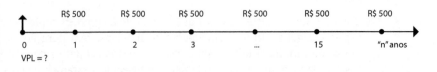

Mas como calcular o valor presente se o "n" (número de períodos) for infinito? Pesquisando a literatura, descobrimos que o valor presente (PV) de um pagamento futuro (FV), considerando uma determinada taxa de juro (i), pode ser calculado pela seguinte fórmula[1]:

$$PV = \frac{FV}{(1+i)^n}$$

Deste modo, usando o conceito do valor presente para uma série de pagamentos futuros, podemos fazer este cálculo com a seguinte fórmula:

$$PV = \frac{VF}{(1+i)} + \frac{VF}{(1+i)^2} + \frac{VF}{(1+i)^3} + \frac{VF}{(1+i)^4} + \ldots$$

Colocando o valor futuro em evidência temos:

$$PV = VF \; x \left[\frac{1}{(1+i)} + \frac{1}{(1+i)^2} + \frac{1}{(1+i)^3} + \frac{1}{(1+i)^4} + \ldots \right]$$

Por outro lado, se assumirmos que a parcela da fórmula que está entre parênteses poderá ser igualada a "X", será possível reescrevê-la da forma abaixo:

$$PV = VF^* \; X, \quad \text{onde X é igual a} \left[\frac{1}{(1+i)} + \frac{1}{(1+i)^2} + \frac{1}{(1+i)^3} + \frac{1}{(1+i)^4} + \ldots \right]$$

Depois, multiplica-se "X" por (1 + i), obtendo:

$$(1+i)^*X = 1 + \frac{1}{(1+i)} + \frac{1}{(1+i)^2} + \ldots]$$

Subtraindo X de (1 + i) x X, resulta:

$$(1+i)^*X - X = 1 - \frac{1}{(1+i)} + \frac{1}{(1+i)} - \frac{1}{(1+i)^2} + \frac{1}{(1+i)^2} - \ldots \Rightarrow i^*X = 1 \Rightarrow X = \frac{1}{i}$$

Ufa! Logo, ao substituirmos X na equação do valor presente (VP), obtemos a fórmula para calcular o valor presente da perpetuidade, ou seja, basta dividir o valor futuro pela taxa. Simples assim:

$$PV = \frac{FV}{i}$$

---

[1] Exemplo de dedução de valor presente de uma perpetuidade, citado em: Antonik, Luis e Muller, Aderbal. *Matemática Financeira — Instrumentos Financeiros para a Tomada de Decisão em Administração, Economia e Contabilidade.* São Paulo, Editora Saraiva, 2012.

Pensamos em colocar esta dedução aqui neste livro para servir de referência nas suas futuras consultas. Embora se trate de um livro com conceitos e ensinamentos básicos, você terá informações relevantes e, caso precise esmiuçar o assunto, será mais fácil procurar por bibliografias mais aprofundadas.

DICA

Você deve ter percebido que o valor presente de uma série perpétua é inversamente proporcional à taxa de juro utilizada, pois quanto menor a taxa de juro, maior será o valor presente e, por consequência, mais valorizada a empresa avaliada.

Free Cash Flow — FCC, Base Conceitual e Aplicações

No Capítulo 2, dissemos que o *Free Cash Flow to the Firm* — FCFF (Fluxo de Caixa Livre para a Empresa) é uma medida de desempenho financeiro. O FCFF mostra a capacidade de geração de caixa da firma, ajustando uma série de informações, a partir do Lucro Líquido do Exercício. Ademais, o FCFF, para casos de avaliação de empresas, também mostra o potencial de a firma produzir caixa após a expansão dos seus ativos (investimentos) e cobrir todas as despesas de manutenção e operação. Não se desespere (ainda), pois no Capítulo 11, iremos analisar o FCFF com mais detalhes.

Assim, o FCFF é uma importante ferramenta financeira à disposição dos analistas e empresários; serve para a venda de uma empresa e também na sua aquisição. Mas não é apenas isso, ele se aplica igualmente para desenvolver novos produtos, pagar dividendos e fazer aplicações em projetos de investimentos da companhia. Trata-se, portanto, de um importante indicador financeiro, capaz de mostrar oportunidades de investimentos disponíveis e como estes irão afetar a rentabilidade e a geração de caixa, sob o ponto de vista dos donos. Simplificadamente, o FCFF é calculado seguindo o ritual descrito na Tabela 5.1 (caso tenha dúvidas releia o Capítulo 1, Tabela 1.1):

Tabela 5.1   Fluxo de Caixa Livre

Noplat
(+) Depreciação
(-) Investimento no Capital Circulante Líquido
(-) Investimentos em Capital Fixo
(=) Fluxo de Caixa Livre para o Acionista ou Free Cash Flow (FCF)

Fluxo de Caixa, o Melhor Amigo dos Financeiros

Para melhor compreender esta importante ferramenta, vamos antes analisar o que é um fluxo de caixa, para depois poder entender um segundo conceito importante, já abordado no Capítulo 2 e esmiuçado no Capítulo 11: o fluxo de caixa descontado.

O *Discounted Cash Flow* — DCF (fluxo de caixa descontado) consiste de uma série de pagamentos, dispostos no tempo. No Capítulo 1, dissemos que uma premissa básica de finanças é que dois valores nunca podem ser comparados (somados, por exemplo) se não estiverem no mesmo instante de tempo. Ora, os pagamentos e recebimentos de uma empresa, independentemente da natureza da conta contábil — receita, despesa, investimento ou resultado — são frequentes e dispostos em vários períodos de tempo, aquilo que chamamos em contabilidade de valores correntes ou nominais.

Entretanto, quando estamos comprando ou vendendo uma empresa ou analisando um projeto de investimento, estes valores nominais precisam ser comparados, caso contrário, seria impossível determinar a taxa de retorno.

Veja, por exemplo, um empresário que investiu R$250.000,00 num projeto e, ao final de 3 anos, recebeu líquido após cobrir todas as despesas, R$400.000,00. Em valores nominais ou correntes, ele teve um lucro de R$150.000,00 (R$400.000,00 - R$250.000,00). Entretanto, falando em taxa de juro, qual foi a sua rentabilidade?

Primeiro, para poder melhor raciocinar, vamos dispor destas quantias financeiras em termos de "fluxo de caixa". Sempre dizemos para os nossos alunos: se você conseguir montar o fluxo de caixa, o problema está resolvido. Neste caso, é muito fácil: temos apenas dois valores, um positivo (entrada de caixa de R$400.000,00) e outro negativo (saída de caixa de R$250.000,00). Confira na Figura 5.2.

FIGURA 5.2: Fluxo de caixa.

Usando uma calculadora financeira HP 12C, obtemos o resultado de 16,96% ao ano.

n	i	PV	PMT	FV	Modo
3	???	-250.000,00	0	400.000,00	FIM

CAPÍTULO 5 **Brincando com Fluxos de Caixa e Perpetuidades**

Como os professores adoram complicar as coisas, vamos também fazer esta conta pelo fluxo de caixa da HP 12C, Tabela 5.2.

Tabela 5.2   Função Fluxo de Caixa da HP 12C

Valor	Tecla auxiliar	Função
-250.000,00	g	CFo
0	g	CFj
2	g	Nj
400.000,00	g	CFj
	f	IRR
Resposta	IRR = 16,96%	

Ora, podíamos simplesmente ter feito a conta no papel: (R$250.000,00 / R$400.000,00 − 1) x 100), obtendo a taxa de retorno de 16.96% ao ano. É, mas sempre é melhor fazer a conta na máquina, ou no Excel, pois coisas fáceis assim quase nunca estão presentes na vida real. Além do mais, você estará ganhando fluência no Excel.

Analisando um exemplo um pouco mais complexo, na Figura 5.3, fizemos um fluxo de caixa no Excel. Ele tem 5 períodos de um ano cada e a nossa tarefa é calcular o seu valor presente, usando uma taxa de atratividade (WACC) de 15% ao ano. Confira na Figura 5.3.

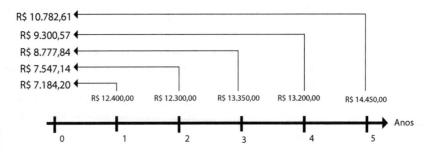

FIGURA 5.3: Fluxo de caixa.

Entretanto, para que você visualize melhor o que estamos fazendo, dispusemos o mesmo fluxo de caixa da Tabela 5.3 em formato gráfico na Figura 5.3, pois acreditamos ser melhor para "enxergar" o que está acontecendo com os números.

Para calcular o valor presente, é preciso "levar" todos os cinco valores das suas respectivas datas para a data "zero". Veja a soma dos valores − R$10.782,61 + R$9.300,57 + R$8.777,84 + R$7.547,14 + R$7.184,20 = R$42.592,36.

Isso é importante? Muito. Logo mais à frente, no Capítulo 13, você terá que executar esta mesma tarefa em meio a uma maçaroca de números para poder calcular o Valuation, pois para estabelecer o valor da empresa (comprada ou vendida), será preciso saber o valor presente do FCF. E, pedimos perdão pela sinceridade: não será possível fazer estas contas no papel; você até pode, mas seria uma perda de tempo, além do que ficaria mal para você.

Então, abra uma planilha Excel (Tabela 5.3) e digite os dados da Figura 5.3. Na coluna B, coloque o número de períodos que começa com "zero" (B1) e na célula B6, o período 5. Depois digite os valores na coluna C. Em seguida, vá inserindo os demais valores, todos positivos, até o último valor de R\$14.450,00 (célula C6). Escreva a palavra TAXA (taxa de desconto, WACC), na célula E3. Digite a taxa de desconto na célula F3. Escreva a palavra VPL na célula E2 (mas neste caso pode ser em qualquer célula), posicione o cursor na célula F2 e clique em funções ($\int$x). A função financeira irá aparecer (caso a tenha usado por último), corra a barra de navegação até encontrar o VPL (ela está em ordem alfabética), clique sobre ela e se abrirá uma caixa de diálogo perguntando qual é a taxa. Clique sobre a tecla F3, em seguida ela irá perguntar quais são os valores. Marque com o mouse os valores C2 até C6 e tecle enter. O valor presente de R\$43.592,36 aparecerá na célula F2.

É muito fácil, com um pouquinho de treino você ficará um expert no assunto, aumentando muito a sua empregabilidade.

Tabela 5.3   **Fluxo de Caixa em Excel**

	A	B	C	D	E	F
1		0	0			
2		1	R\$12.400,00		VPL	R\$43.592,36
3		2	R\$12.300,00		TAXA	15%
4		3	R\$13.350,00			
5		4	R\$13.200,00			
6		5	R\$14.450,00			

Avaliações de Títulos Públicos e Ações Usando Perpetuidades

Agora que sabemos como trabalhar com um fluxo de caixa, vamos verificar para que mais servem as perpetuidades.

Quando um investidor faz um investimento em ações, não pode esperar um rendimento certo. Este tipo de aplicação tem duas possibilidades de ganho: valorização da ação e rendimento produzido pela ação (dividendo).

A valorização da ação é impossível de predizer. Ela não tem data de vencimento. Talvez uma análise grafista pudesse mostrar, para um período de tempo pequeno de três a cinco anos, um indicativo possível de como irá se comportar o valor do papel. Todavia, este tipo de projeção é totalmente subjetivo e bastaria qualquer fator atribuído ao "risco não diversificável" para que o valor da ação fosse afetado, para cima ou para baixo (saiba mais sobre risco diversificável no Capítulo 4).

Com os dividendos, entretanto, acontece um fator um pouco diferente. Usando uma premissa de que eles não deverão variar para menos, que permanecerão estáticos ou ainda que manterão um crescimento refletindo o comportamento histórico, é possível calcular o valor presente deste tipo de rendimento.

Mas e o grau de subjetividade e presunção? Você poderia dizer: é o mesmo que acontece com o valor da ação. É verdade, mas não é bem assim.

Muitas empresas, quando analisadas as suas séries históricas de dividendos pagos, mantêm uma taxa fixa de crescimento destes valores. E por que elas fazem isso? Ora, são empresas sérias e que enxergam no mercado financeiro uma fonte fiel de financiamento de suas atividades. Portanto, para manterem-se nesta linha, têm tradição de pagar dividendos com taxas crescentes.

Baseado no conceito que expusemos acima, é possível calcular o valor presente dos dividendos decorrentes pagos por uma determinada ação. Vejamos um exemplo para um papel que produz dividendos anuais de R$132,40 por lote de 1.000 ações, ou seja, cada ação paga R$0,1324. Como o período de tempo é indefinido, ou perpétuo, para calcular o seu valor presente precisamos aplicar a fórmula que acabamos de deduzir:

$$PV = \frac{FV}{i}$$

Mas também é necessário associar uma taxa de atratividade. Neste caso usaremos a taxa de 13,5% ao ano.

$$PV = \frac{R\$132,40}{0,135} = R\$980,74$$

Deste modo, o valor presente do lote de 1.000 ações é de R$980,74.

Na vida real, estas coisas não são tão simples como parecem nos livros de teoria financeira. O leitor deve considerar que "os pagamentos de dividendos pelas empresas têm variações ocasionadas por razões de mercado, que fogem das respectivas políticas de dividendos, mesmo que as companhias se esforcem ao máximo para manter tais rendimentos constantes aos acionistas"[2].

---

[2] Antonik, Luis e Muller, Aderbal. *Matemática Financeira — Instrumentos Financeiros para a Tomada de Decisão em Administração, Economia e Contabilidade*. São Paulo, Editora Saraiva, 2012.

DDM — DIVIDEND DISCOUNT MODEL

O dividend discount model — DDM (modelo de desconto de dividendos) é um método de valoração do preço das ações de uma companhia com base na teoria de que sua ação vale a soma de todos os seus pagamentos de dividendos futuros, descontados ao seu valor presente. Explicando de outro modo: o valor da ação é estabelecido com base no valor presente líquido dos dividendos futuros, mais uma taxa de crescimento. A teoria mais utilizada é chamada de Modelo de Crescimento de Gordon, assim denominado após o professor Myron J. Gordon, da Universidade de Toronto, Canadá, ter publicado um trabalho juntamente com seu colega Eli Shapiro, estabelecendo as bases desta importante teoria. O estudo dos professores Gordon e Shapiro ganhou as universidades e se espalhou pelo mundo, tendo sido aperfeiçoado desde então para milhares de modelos, sempre baseados em seus conceitos iniciais.[3]

No exemplo anterior, fizemos os cálculos de rendimento dos dividendos, olhando para o futuro. Desta vez, vamos analisar a mesma questão, todavia, mirando no passado, ou seja, levando em conta os dividendos pagos anteriormente e a sua respectiva taxa de crescimento de que falávamos acima. O melhor método para fazer este estudo é o consagrado Método de Gordon.

Por outro lado, desta vez olhando para os resultados do passado e não para o futuro como fizemos anteriormente (mas projetando o futuro), o clássico método de Gordon poderia também ilustrar a questão.

O modelo de avaliação com crescimento constante, como é chamado o Modelo de Gordon, estabelece que o valor da ação é o valor atual dos dividendos previsto num horizonte infinito de tempo, devidamente acrescido do fator de crescimento anual destes mesmos dividendos (logo à frente vamos aplicar este conceito às perpetuidades do FCF).

$$Pa = \frac{D1}{C - g}$$

Onde:

Pa = Preço da ação

D1 = dividendo pago no período atual

C = taxa de atratividade

g = taxa de crescimento médio percentual dos dividendos nos últimos 5 anos

Neste caso, para calculamos o valor dos dividendos, com a metodologia introduzida pelo Modelo de Gordon, de uma ação que nos últimos 5 anos teve sua taxa de dividendos pagos crescendo a 2% ao ano, o valor é de R$487,81.

CAPÍTULO 5 **Brincando com Fluxos de Caixa e Perpetuidades**   79

$$Pa = \frac{R\$50,00}{0,1225 - 0,02} = R\$487,81$$

É possível observar que o grau de subjetividade é muito elevado, entretanto, não restam alternativas para valorar um fluxo de caixa como o exemplificado. O leitor pode aplicar o mesmo raciocínio para o caso de títulos públicos, sem vencimento definido.

Avaliação de Medidas Administrativas e Operacionais com o Uso de Perpetuidades

Agora vamos falar sobre perpetuidades e FCF?

Ainda não, é preciso solidificar um pouco mais os conceitos, vendo outras aplicações desta ferramenta.

Todos os dias, as empresas tomam medidas administrativas operacionais que aparentemente têm um pequeno impacto financeiro. Tais medidas, pelo baixo valor, geralmente não são mostradas para a administração superior.

Entretanto, utilizando-se do conceito de perpetuidade, pode-se dar uma caracterização mais profissional à medida, exibindo um valor mais realístico, mesmo que contenha certa dose de subjetividade.

Veja o exemplo de um contrato comercial de prestação de serviços de telefonia, como os de PABX, links integradores de unidades e filiais remotas, serviços de acesso à internet, telefonia celular, conexão com bancos, troncos de entrada para o serviço de atendimento ao cliente (0800), dentre outros.

Entretanto, o serviço de telefonia móvel e acesso à internet com mobilidade, usado especialmente pelos vendedores que se deslocam dentro da cidade equipados com notebooks, é prestado por um segundo fornecedor.

Com vistas a otimizar os custos, foram estudadas várias alternativas, sendo proposta uma integração de serviços, com uma solução única que juntou todos os sistemas, transformando as chamadas intraempresa, mesmo as geradas pelo PABX, em chamadas internas. Pelo porte do novo contrato, também foi possível obter um desconto maior, que resultou numa economia mensal geral de R\$47.350,00. Isso tudo sem mencionar os outros inúmeros benefícios operacionais para o pessoal que utiliza os serviços e também para os que controlam os gastos.

Ora, levar para a informação da diretoria que conseguimos uma redução de gastos desta ordem, embora importante, parece pouco. Entretanto, observando a questão de outro ângulo, a economia pode se tornar mais realisticamente representativa.

Tabela 5.4 ## Resumo de Medida Administrativa

Economia	Valor
Mensal	R$47.350,00
Anual (x12)	R$568.200,00
10 anos (x120)	R$5.682.000,00

O quadro acima mostra que o valor a ser economizado no prazo de 10 anos é extremamente representativo, ou seja, cerca de R$5,7 milhões. Embora expressivo, ele contém tanta subjetividade que dificilmente poderia ser levado a sério, pois muitas coisas irão mudar no espaço de um ano. Em três anos é possível que o PABX não mais exista. Resumindo, apresentar a simples multiplicação dos números mensais para dez anos, dificilmente seria levada a sério.

Deste modo, mostrar os valores futuros em forma de perpetuidades, embora também com alguma subjetividade, tem mais credibilidade. Todas as pessoas, mesmo com um mínimo de cultura, sabem tratar-se de um valor de referência, sujeito a algumas restrições, mas com alta dose de profissionalismo, além de ser reconhecido como medida gerencial em todo o mundo. Dito isso, baseado no valor anual e a uma taxa de atratividade de 8,25% ao ano, recalculamos a tabela anterior.

Tabela 5.5 ## Resumo de Medida Administrativa

Economia	Valor
Mensal	R$47.350,00
Perpetuidade (i = 8,25% ao ano)	R$573.939,39

O valor da perpetuidade, a taxa de juros de 8,25% ao ano, foi encontrada de acordo com o cálculo abaixo:

$$PV = \frac{R\$\ 47.350,00}{0,0825} = R\$\ 573.939,39$$

Valuation de Empresas com o Uso do Free Cash Flow e Perpetuidades

Agora, chega de conversa e vamos ao que interessa.

Existem inúmeras maneiras de avaliar o valor de uma empresa, independentemente do propósito: fusão, aquisição ou lançamento de ações. Este processo é denominado pela palavra em língua inglesa "Valuation", que poderia ser traduzida por "avaliação de empresa".

O leitor deve considerar que a literatura é totalmente voltada para o caso de empresas constituídas na forma de sociedades anônimas. Isso se justifica, pois embora o quadro brasileiro esteja mudando rapidamente, estima-se que no Brasil existam cerca de 100 mil empresas constituídas neste formato, das quais menos de 600 com capital aberto e ações vendidas na bolsa. Nos Estados Unidos, apenas na NYSE, são mais de sete mil.

Se levarmos em conta que o Brasil tem mais de 7 milhões de empresas constituídas sob as três formas possíveis pela legislação (SA, companhia limitada e pessoa jurídica individual), a SA tem praticamente nenhuma participação relativa no número, ou seja, cerca de 1,5%, apenas. Por outro lado, em termos de valores de patrimônio e faturamento, tais empresas têm representação significativa. Apenas para se ter uma ideia, as pouco mais de 500 empresas listadas na BOVESPA têm valor de mercado igual ao do Produto Interno Bruto brasileiro.

Entretanto, por sorte nossa, como veremos adiante, o método do FCF (Fluxo de Caixa Livre) é perfeitamente utilizável para qualquer tipo de empresa. Embora os exemplos da literatura sejam sempre de sociedades anônimas, ele se aplica muito bem para as MPEs.

Dentro de tal quadro, temos mais uma razão para determinar o valor de uma empresa pelo método do FCF. Embora as informações das companhias que estão fora da lista da BOVESPA não sejam tão confiáveis (nível de contabilidade, falta de auditoria externa, inexistência da CVM para controlar, etc.), o FCF sugere uma metodologia que atende a todos os segmentos, mesmo àqueles sem tanta transparência.

Valuation e o Uso de Perpetuidades

A metodologia do Free Cash Flow (FCF) ensina que o valor de uma empresa é o valor presente dos fluxos de caixa produzidos. Pois o FCF é uma medida que revela quanto o negócio em si é capaz de gerar riquezas, crescer e, sobretudo, pagar dividendos aos acionistas (lucro aos proprietários, nos casos das empresas limitadas).

Os investidores perceberam ao longo do tempo que o FCF é mais seguro que os demais métodos de avaliação, pois trata-se de uma medida mais completa e, portanto, mais difícil de ser manipulada pelos gestores. Tal questão é colocada em contrapartida ao método de múltiplos do Lucro Líquido do Exercício, por exemplo.

Quando falamos em manipulação, pensamos que o Lucro Líquido do Exercício pode ser aumentado ou diminuído considerando-se manobras contábeis, como as provisões, apenas para ilustrar a questão. Como consequência, na atualidade, as empresas sérias estão cada dia mais adotando sistemas de auditoria externa, mesmo não sendo obrigadas a fazê-lo por normas legais.

Evidente: quanto maior for a transparência da administração, menor será a possibilidade de manipulação e tanto maior será o valor da firma.

Projetado um fluxo de caixa livre (veja detalhes da elaboração do Fluxo de Caixa Livre no Capítulo 11) como o exemplificado na Tabela 5.6, finalmente vamos calcular o valor presente do FCF e da perpetuidade, tudo com o uso de uma planilha eletrônica Excel, por ser mais fácil e preciso.

Isso é muito importante, assim, vamos analisar a Tabela 5.6 exaustivamente, por partes.

Primeira parte

Escrutinando os dados da contabilidade e ponderando os custos do Capital Próprio e Capital de Terceiros, constatamos que o custo médio de capital da firma é de 17,74%, de acordo com a Tabela 4.11 (cálculo do WACC no Capítulo 4).

Segunda parte

Na primeira parte calculamos a taxa de atratividade (WACC).

Agora, projetamos a Demonstração de Resultados da companhia dos anos de 2016 até 2025. No horizonte de projeção, os analistas usam entre cinco e dez anos, mas a esmagadora maioria prefere o prazo de uma década.

Para fazer tal projeção, consideram uma série de fatores: conjuntura, possibilidades, ganhos, sinergias, dados econômicos e tendências, dentre outros. Observe que além do profundo conhecimento de contabilidade, o analista que projetou este caixa tem um grande domínio de inúmeras fontes de informações. Mais uma razão para que as empresas procurem sempre um contador habilitado e de comprovada experiência. O número que mais nos interessa nesta projeção é a última linha denominada "Fluxo de Caixa Livre (FCFF — Free Cash Flow do Firm)".

Tabela 5.6 Fluxo de Caixa Livre

Fluxo de Caixa Livre	2016	2017	2018	2019	2020
Receita Operacional Líquida	440.615,00	449.427,30	458.415,85	467.584,16	476.935,85
(-) Custo da Mercadoria Vendida	352.105,75	359.541,34	366.735,23	374.068,78	381.548,28
(-) Depreciação	4.406,50	4.494,73	4.584,58	4.675,42	4.769,58
(-) Despesas Administrativas	6.601,98	6.742,21	6.873,69	7.012,31	7.154,44
(-) Imposto de Renda sobre as Operações	40.976,85	41.796,28	42.632,25	43.485,75	44.354,81
(=) Noplat	36.523,93	36.852,74	37.590,10	38.341,90	39.108,74
(+) Depreciação	4.406,50	4.800,40	4.800,80	4.801,20	4.801,60
(-) Investimentos em Capital de Giro	3.963,60	4.207,20	4.518,00	4.250,40	4.347,60
(-) Investimentos de Capital	5.636,40	5.392,40	5.081,20	5.348,40	5.250,80
(=) Fluxo de Caixa Livre (FCFF)	31.330,43	32.053,54	32.791,70	33.544,30	34.311,94

Fluxo de Caixa Livre	2021	2022	2023	2024	2025
Receita Operacional Líquida	486.474,56	496.204,05	506.128,14	516.250,70	526.575,71
(-) Custo da Mercadoria Vendida	437.827,11	446.583,65	455.515,32	464.625,63	473.918,14
(-) Depreciação	48.647,46	49.620,41	50.612,81	51.625,07	52.657,57
(-) Despesas Administrativas	7.297,12	7.443,06	7.591,92	7.743,76	7.898,64
(-) Imposto de Renda sobre as Operações	1.459,42	1.488,61	1.518,38	1.548,75	1.579,73
(=) Noplat	39.890,91	40.688,73	41.502,51	42.332,56	43.179,21
(+) Depreciação	4.899,01	5.200,10	5.584,25	5.253,49	5.373,63
(-) Investimentos em Capital de Giro	4.875,23	5.174,86	5.557,14	5.227,99	5.347,55
(-) Investimentos de Capital	6.966,59	6.665,01	6.280,36	6.610,62	6.489,99
(=) Fluxo de Caixa Livre (FCFF)	32.948,11	34.048,97	35.249,25	35.747,44	36.715,31

Para calcular o valor presente do FCFF da Tabela 5.6, basta usar as funções financeiras do Excel, marcar os valores de 2017 (R$32.053,84) até o valor de 2025 (R$36.715,31). Como taxa de atratividade, vamos usar a taxa que

84 PARTE 2 **Os Primeiros Passos do Valuation na Prática**

calculamos no Capítulo 4, expressa na Tabela 4.11 (cálculo do WACC), ou seja, 15,66% ao ano.

Mas e o valor de 2016? O gato comeu? Como já dissemos anteriormente, este é um erro que você não pode cometer. O nosso valor presente será calculado no instante zero, neste caso representado pelo ano de 2016. Assim, se incluirmos na conta o valor de R$31.330,43, estaremos descontando todo o fluxo de caixa um ano a mais. Como contornar isso? Ora, depois de calcular o VPL, basta somar o valor de R$31.330,43, por fora. Se você tem dúvidas a respeito, consulte a HP 12C; perceba que nesse caso a calculadora irá separar os valores, perguntando primeiramente o montante do instante "zero" (CFo) e, em seguida, o valor dos demais períodos (CFj). Mas no Excel, uma ferramenta mais profissional, isso não irá acontecer.

Agora resta calcular o valor presente do fluxo de caixa livre da Tabela 5.6. Perceba que marcamos os anos de 2017 até 2025, obtendo um VPL de R$157.030,49. Todavia, para chegar ao VPL final, resta ainda somar o valor correspondente ao ano de 2016, de R$31.330,43, totalizando R$188.360,92 (R$157.030,49 + R$31.330,43).

Confira as contas na Tabela 5.7:

Tabela 5.7 **VPL do FCF**

Valor Presente do Fluxo de Caixa	
Taxa atratividade (WACC) ao ano	15,66%
Valuation do FCF	R$157.030,49
Valor do instante zero (2016)	R$31.330,43
VPL do FCF em 2016	R$188.360,92

Terminou? Ainda não, falta calcular o valor presente da perpetuidade e depois somar tudo.

Terceira parte

Aqui uma parte especial, de quebrar a cabeça. Vamos analisar com cuidado, pois os detalhes conceituais são importantes.

FIGURA 5.4: Fluxo de caixa livre.

Observe que o valor que iremos utilizar como perpetuidade está no ano dez (2025). Nossa missão é levá-lo para 2016 (ano zero), deste modo, ao aplicar a fórmula do VPL da perpetuidade, estaremos levando o valor para 2024 (Figura 5.4):

$$VP\ da\ perpetuidade = \frac{Perpetuidade}{WACC\%}$$

Todavia, resta ainda levar este valor para o ano de 2016, nosso instante "zero". Deste modo, vamos acrescentar mais um dado na fórmula. Observe com atenção o denominador $(1 + WACC)^{n-1}$:

$$VP\ da\ perpetuidade = \frac{Perpetuidade/WACC}{(1+WACC)^{n-1}}$$

Como isso é muito importante, vamos conferir para ver se você entendeu. Veja na Figura 5.5:

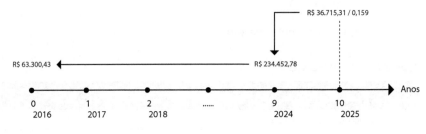

FIGURA 5.5: Fluxo de caixa livre.

Para calcular o valor presente da perpetuidade vamos usar o valor do FCF do ano de 2025, ou seja, R$36.715,31. O valor presente da perpetuidade é encontrado pela aplicação da fórmula clássica, ou seja: R$60.300,43. Não esquecer que as taxas usadas são apresentadas sempre no formato centesimal.

$$VP\ da\ perpetuidade = \frac{R\$36.715,31/0,1566}{(1,1566)^9}$$

$$VP\ da\ perpetuidade = \frac{R\$234.452,78}{(1,1566)^9} = R\$63.300,43$$

Vamos repetir, passo a passo, para você não esquecer nunca mais esta conta:

$$VPL\ da\ perpetuidade = \frac{R\$36.715,31}{0,1566} = R\$234.452,78$$

Calculado a primeira parte, vamos à segunda:

$$VP\,da\,perpetuidade = \frac{R\$234.452,78}{(1,1566)^9} = R\$63.300,43$$

Tabela 5.8 **VPL do FCF**

Valor Presente da Perpetuidade	
Taxa atratividade (WACC) ao ano	15,66%
Valor da perpetuidade	R$36.715,31
Valor da perpetuidade em 2025	R$234.452,78
VPL da perpetuidade em 2016	R$63.300,43

Quarta parte

Como ponto final, resta somar os valores das duas parcelas para encontrarmos o valor presente do FCF e da perpetuidade, resultando o valor da empresa, ou seja R$251.661,36.

Tabela 5.9 **VPL do Valuation**

Valor Presente do FCF	
VPL do FCF em 2016	R$188.360,92
VPL da perpetuidade em 2016	R$63.300,43
VPL total (soma do VPL do FCF e da perpetuidade)	R$251.661,36

No apêndice deste livro, na internet, você pode conferir todos estes cálculos com o uso do Excel.

Mas e se a perpetuidade tiver crescimento constante?

Você percebeu que o FCF do ano de 2016 é de R$31.330,43 e o de 2025 tem valor de R$36.715,31, ou seja, eles apresentam uma taxa de crescimento anual médio, nestes dez anos, de 1,599% ao ano.

$$Taxa\,de\,crescimento\,do\,FCF = \left(\left(\frac{36.715,31}{31.330,43}\right)^{\frac{1}{10}}\right) - 1 = 1,599\%\,ao\,ano$$

Mas e a perpetuidade? Ela não cresce? Muitos fluxos de caixa são projetados com o crescimento da perpetuidade. Assim, para transferir este crescimento do FCF para a perpetuidade ou mesmo atribuir outra taxa, você teria que usar o artifício de diminuir a taxa de crescimento do WACC. Veja na fórmula:

$$VP\,da\,perpetuidade = \frac{Perpetuidade\,/\,(WACC - taxa\,de\,crescimento)}{(1+WACC)^n - 1}$$

Vamos ver como isso fica na prática:

$$VP\,da\,perpetuidade = \frac{R\$36.715,31/(0,1566 - 0,01599)}{(1,1566)^9}$$

$VP\,da\,perpetuidade = R\$70.497,30$

Veja como fica no Excel na Tabela 5.10 (para conferir estes cálculos procure o apêndice do livro na internet).

Tabela 5.10 — VPL da Perpetuidade com Crescimento

Valor Presente da Perpetuidade	
Taxa atratividade (WACC) ao ano	15,66%
Taxa de crescimento do FCF	1,599%
Valor da perpetuidade	R$36.715,31
Valor da perpetuidade em 2016	R$70.497,30

O valor presente da perpetuidade aumentou de R$63.300,43 para R$70.497,30. Isso aconteceu porque agora estamos usando uma taxa de atratividade menor, ou seja, 14,06% (15,66% - 1,599%).

ATENÇÃO

Lembre-se que os valores do VPL são inversamente proporcionais à taxa de atratividade, quanto menor a taxa de desconto, maior o valor presente líquido.

Resta agora somar os valores das duas parcelas que encontramos: o valor presente do FCF e da perpetuidade, resultando no valor da empresa, ou seja, R$258.858,22 (Tabela 5.11).

Tabela 5.11 — VPL do Valuation

Valor Presente do FCF	
VPL do FCF em 2016	R$188.360,92
VPL da perpetuidade em 2016	R$70.497,30
VPL total (soma do VPL do FCF e da perpetuidade)	R$258.858,22

Um Pouco Mais de Conceitos Importantes sobre Cálculo de Valor Presente de Perpetuidades

Na introdução, dissemos que este livro não qualificaria ninguém para avaliar empresas. Este é um texto de referência, mostra conceitos e entendimentos para aqueles que desejam compreender o processo de Valuation.

Nesta linha de pensamento, um leitor mais interessado no tema poderia estender a leitura e procurar obras sobre Valuation para profissionais altamente qualificados, como, por exemplo: Carlin e Zoog, Damodaran e Copeland[3].

Todavia, acontece que estes autores, pressupondo que o estudioso tenha uma excelente bagagem contábil e matemática, utilizam-se de fórmulas sem as explicar detalhadamente. Assim, o leitor menos preparado não consegue entender a razão de eles utilizarem ora um formato e, em momento diverso, outro.

A maior maçaroca de conceitos e fórmulas é com relação ao cálculo do valor presente da perpetuidade. Veja por exemplo, a fórmula abaixo, muito citada na literatura:

$$VP = \frac{FCFF\left(1+g\right)}{k-g}$$

Onde:

VP = valor presente do fluxo de caixa

k = taxa de desconto (custo médio ponderado de capital da empresa — WACC)

g = expectativa da taxa de crescimento perpétuo

Este modelo, embora sempre citado, raramente é explicado nos casos de Valuation de empresas.

Mas observe na Tabela 5.14 que colocamos três alternativas de fórmulas para calcular o valor presente da perpetuidade do fluxo de caixa. Evidentemente, alterando o conceito, muda-se também, para maior, o valor presente. Bom para quem está vendendo, péssimo para quem está comprando. Pedimos um pouco de paciência para o leitor, mas recomendamos ler atentamente esta parte, pois ela é muito importante. Vamos usar como exemplo ações, que se aplicam perfeitamente aos nossos FCF.

---

[3] Veja mais detalhes em Leitura Recomendada.

CAPÍTULO 5 **Brincando com Fluxos de Caixa e Perpetuidades** 89

Cálculo do Valor Presente da Perpetuidade pelo Método de Crescimento Constante Acelerado[4]

Como você já sabe, o modelo de desconto de dividendos (dividend discount model — DDM) é um método de valoração do preço de ações baseado na teoria de que o valor da ação (VA) é igual à soma de todos os pagamentos de dividendos futuros, descontados pelo valor presente, mediante uma taxa de atratividade.

Explicando melhor, ele é usado para valorar ações com base no valor presente líquido dos dividendos futuros perpétuos. A equação mais utilizada é chamada de modelo de crescimento de Gordon[5]. Saiba mais sobre o Modelo de Gordon, revendo partes anteriores deste capítulo, no subtítulo "Avaliações de Títulos Públicos e Ações Usando Perpetuidades".

"Como o lucro projetado leva em consideração o lucro atual e a taxa de crescimento, somente existe criação de valor para o acionista quando os lucros reinvestidos possuem uma taxa de retorno superior à taxa exigida pelos acionistas para aceitar aquele reinvestimento"[6], ou seja, quando o retorno sobre o investimento é maior que a taxa de atratividade (WACC). Todavia, algumas empresas têm uma taxa de crescimento dos lucros e, consequentemente, dos dividendos, maior que a taxa da economia na qual operam. Baseado neste conceito o mercado adotou uma terceira maneira de calcular o valor presente da perpetuidade (veja a Tabela 5.12). Vamos deduzir este novo conceito a partir da fórmula geral com crescimento constante.

$$VA = \frac{Dividendo / (i - g)}{(1 + i)^n - 1}$$

Onde:

VA = valor corrente da ação

i = taxa de desconto (custo médio ponderado de capital da empresa — WACC)

g = expectativa da taxa de crescimento perpétuo dos dividendos

Dividendo (D) = é o valor dos dividendos pagos para o próximo ano

---

[4] Este método aplica-se para empresas que estão crescendo a uma taxa moderadamente maior que a taxa de crescimento nominal da economia nos mercados em que operam.

[5] Modelo de crescimento de Gordon foi assim denominado depois que Myron J. Gordon, da Universidade de Toronto, publicou juntamente com o seu colega e professor, Eli Shapiro, em 1956, os primeiros estudos sobre o modelo de precificação de ações. O modelo, pela originalidade e simplicidade, ganhou o mundo, fazendo com que milhares de teses de doutorado, dissertações de mestrado e outros trabalhos acadêmicos e profissionais o explorassem à exaustão.

[6] SAMANEZ, Carlos Patrício. *Gestão de Investimentos e Geração de Valor*. São Paulo, Editora Person, 2007.

Dedução da equação. O modelo está baseado no fato de que o pagamento do valor corrente dos dividendos, no tempo "t", é:

$$VA = \frac{D(1+g)^t}{(1+r)^t}$$

E assim o valor corrente de todos os pagamentos de dividendos futuros, representado pelo preço "VA" é a soma das séries perpétuas (infinitas).

$$VA = \sum_{t=1}^{\infty} D \frac{(1+g)^t}{(1+i)^t}$$

Esta somatória poderia ser reescrita por:

$$VA = Di\left(1+i+i^2+i^3+\ldots\right)$$

Onde:

$$i = \frac{(1+g)}{(1+i)}$$

Claramente, a série colocada acima, entre parênteses, é uma série geométrica com uma taxa comum "i". Assim, sua soma é:

$$i = \frac{1}{(1-i)}$$

Mas "i" deve ser menor que 1 (i<1), deste modo:

$$VA = \frac{Di}{(1-i)}$$

Substituindo os valores de "i", temos que:

$$VA = \frac{\dfrac{D(1+g)^t}{(1+r)^t}}{1-\dfrac{(1+g)}{(1+i)}}$$

Esta equação, se simplificada por $\dfrac{(1+i)}{(1+i)}$, resulta em:

$$VA = \frac{D(1+g)}{i-g}$$

Finalmente, basta acrescentar o Fator do Valor Presente $(1 + WACC)^n$, para calcular o valor presente da perpetuidade pelo método de crescimento constante e taxa real de crescimento, ou seja, estamos multiplicando a perpetuidade por $(1 + g)$. Confira na fórmula:

$$VP\,da\,perpetuidade = \frac{\left[Perpetuidade(1+g)\right]/(WACC - taxa\,de\,crescimento)}{(1+WACC)^n}$$

Veja como fica na tabela do Excel na Tabela 5.12.

IMPORTANTE

Para conferir estes cálculos, procure o apêndice do livro na internet. Eventualmente, caso você esteja usando a calculadora, poderá encontrar pequenas diferenças ao refazer os cálculos. Isso acontece porque, no Excel, usamos todas as casas após a vírgula, já quando digitamos o texto no papel, colocamos no máximo 3 casas, e isso pode acarretar diferenças. Qual o valor correto? Do Excel.

Tabela 5.12 **VPL da Perpetuidade com Crescimento**

Valor Presente da Perpetuidade com crescimento constante acelerado	
Taxa atratividade (WACC) ao ano	15,66%
Taxa de crescimento do FCF	1,599%
Valor da perpetuidade	R$36.715,31
Valor da perpetuidade em 2016	R$71.624,32

O valor presente da perpetuidade aumentou de R$63.300,43 para R$71.624,32. Isso aconteceu porque agora estamos usando uma taxa de atratividade menor, ou seja, 14,06% (15,66% - 1,599%). Ademais, neste modelo, também multiplicamos o valor de R$36.715,31, por 1 + g.

$$Perpetuidade = \frac{\left[Valor(1+g)\right]/(i-g)}{(1+i)^{n-1}}$$

Resta agora somar os valores das duas parcelas que encontramos: o valor presente do FCF e da perpetuidade, resultando no valor da empresa, ou seja, R$259.985,24 (Tabela 5.13).

Tabela 5.13 **VPL da Perpetuidade com Crescimento**

Valor Presente do FCF	
VPL do FCF em 2016	R$188.360,92
VPL da perpetuidade em 2016	R$71.624,32
VPL total (soma do VPL do FCF e da perpetuidade)	R$259.985,24

Comparando e resumindo todos os modelos.

Em resumo, combinando com o que estudamos anteriormente neste capítulo, existem três possibilidades para realizar estes cálculos[7]. Vejamos:

a) Método simples, valor presente da perpetuidade uniforme, sem crescimento:

$$Perpetuidade = \frac{Valor\,/\,i}{\left(1+i\right)^{n-1}}$$

b) Método com crescimento, valor presente da perpetuidade

$$Perpetuidade = \frac{Valor\,/\left(i-g\right)}{\left(1+i\right)^{n-1}}$$

c) Método de crescimento constante acelerado, valor presente da perpetuidade[8]

$$Perpetuidade = \frac{\left[Valor\left(1+g\right)\right]/\left(i-g\right)}{\left(1+i\right)^{n-1}}$$

Vejamos um exemplo numérico para elucidar as diferenças entre as aplicações do modelo, considerando o valor da perpetuidade do ano "10", como R\$36.715,31, resumidos na Tabela 5.14.

Tabela 5.14   ## Comparativo de Cálculo de Valor Presente

Método simples sem crescimento. Valor presente da perpetuidade	Método com crescimento constante. Valor presente da perpetuidade	Método de crescimento constante acelerado. Valor presente da perpetuidade
$P = \dfrac{Valor\,/\,i}{\left(1+i\right)^{n-1}}$	$P = \dfrac{Valor\,/\left(i-g\right)}{\left(1+i\right)^{n-1}}$	$P = \dfrac{\left[Valor\left(1+g\right)\right]/\left(i-g\right)}{\left(1+i\right)^{n-1}}$
$P = \dfrac{36.715,31/\,0,1566}{\left(1+0,1566\right)^{9}}$	$P = \dfrac{36.715,31/\left(0,1566-0,01599\right)}{\left(1+0,1566\right)^{9}}$	$P = \dfrac{\left[36.715,31\left(1,01599\right)\right]/\left(0,1566-0,01599\right)}{\left(1+0,1566\right)^{9}}$
$P = \dfrac{234.452,78}{\left(1+0,1566\right)^{9}}$	$P = \dfrac{261.108,58)}{\left(1+0,1566\right)^{9}}$	$P = \dfrac{265.282,88}{\left(1+0,1566\right)^{9}}$
R\$63.300,43	R\$70.497,309	R\$71.624,32

---

[7] Consultando a literatura, o leitor verá que existem centenas de outros modelos. Os três reproduzidos neste texto são os mais comuns.

[8] Este método aplica-se para empresas que estão crescendo a uma taxa moderadamente maior que a taxa de crescimento nominal da economia nos mercados em que operam.

Observe que o valor presente da perpetuidade da Tabela 5.14 está diretamente ligado à taxa de crescimento constante (g). Quanto maior for esta taxa, maior será o valor presente da perpetuidade. Nos Estados Unidos, por exemplo, as taxas de atratividade (WACC) são muito menores que no Brasil; todos sabem que aqui o custo de capital próprio e de terceiros é muito elevado. Assim, como os retornos aqui e lá na América são parecidos, à medida que o "g" aumenta, a diferença também assume uma expressão maior.

Observe a Figura 5.6, cujo gráfico foi construído com os dados da Tabela 5.16. Com um "g" (taxa de crescimento do FCFF no período residual - perpétuo) de 1,599% ao ano, o valor presente fica em R$70.497,30. Mas se aumentarmos o "g" para 9,599% ao ano (neste exemplo fomos aumentando o "g" sempre em 1%, apenas para testar o seu efeito sobre o valor presente), o valor presente da perpetuidade sobe para R$163.542,81. Já no segundo modelo, também com crescimento, o valor com "g" a 9,599% chega a R$179.240,77.

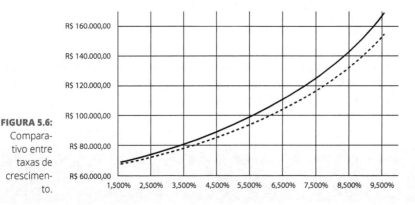

FIGURA 5.6: Comparativo entre taxas de crescimento.

Tabela 5.15 Simulação de VPL com Diversos Valores para "g"

WACC (i)	1,599%	2,599%	3,599%	4,599%	5,599%	6,599%	7,599%	8,599%	9,599%
VPL em 2016	70.497,30	75.894,71	82.187,11	89.617,25	98.524,36	109.397,43	122.968,10	140.382,43	163.542,81
VPL em 2016	71.624,32	77.866,97	85.144,77	93.738,46	104.040,43	116.616,22	132.312,05	152.453,47	179.240,77

Caso você usasse um valor de "g" maior que o da Tabela 5.15, 4%, por exemplo, e fosse aumentando esta taxa sempre em 1%, o valor presente do Valuation também aumentaria. Confira na Tabela 5.16 e na Figura 5.7.

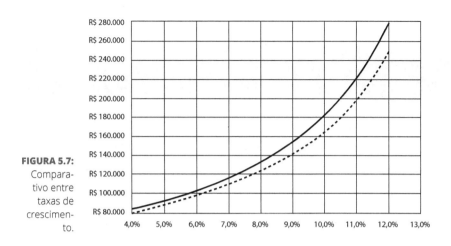

FIGURA 5.7: Comparativo entre taxas de crescimento.

Tabela 5.16 Simulação de VPL com Diversos Valores para "g"

WACC (i)	4,0%	5,0%	6,0%	7,0%
VPL em 2016	85.015,85	92.991,07	102.617,48	114.467,07
VPL em 2016	88.416,48	97.640,62	108.774,52	122.479,76

8,0%	9,0%	10,0%	11,0%	12,0%
129.410,55	148.841,56	175.138,66	212.722,06	270.842,84
139.763,39	162.237,30	192.652,52	236.121,49	303.343,99

Se pudéssemos fazer uma recomendação, diríamos para aqueles que de uma forma ou de outra estão envolvidos no mundo dos negócios, sejam executivos, consultores ou empresários, que é muito importante conhecer este assunto de perpetuidades. Acredite, isso aumentaria em muito a capacidade de raciocínio sobre finanças.

Finalmente, conforme a Tabela 5.17 comparamos o valor dos três métodos e somamos o valor presente do FCFF, de R$187.019,23.

Tabela 5.17 ## Comparativo de Cálculo de Valor Presente do Valuation

Valor Presente do FCF	Modelo sem crescimento	Modelo com crescimento constante	Modelo com crescimento constante acelerado
Valor Presente do FCF	R$188.360,92	R$188.360,92	R$188.360,92
VPL da perpetuidade em 2016	R$63.300,43	R$70.497,30	R$71.624,32
Valuation (soma do VPL do FCF e da perpetuidade)	R$251.661,36	R$258.858,22	R$259.985,24

> **NESTE CAPÍTULO**
>
> **Fluxo de caixa, uma ferramenta mágica**
>
> **Entendendo as diferenças entre os valores do fluxo em moeda corrente e nominal**
>
> **Como "mover" os valores no tempo**
>
> **Calculando fluxos de caixa e perpetuidades no Excel**

Capítulo 6

Misturando Tudo e Calculando o Valor Presente dos Fluxos de Caixa

Já fizemos uma breve introdução sobre o processo de avaliar empresas (Capítulo 1), revimos conceitos básicos sobre matemática financeira e comercial, bem como sobre o valor do dinheiro no tempo (Capítulo 2). Também atualizamos nossos conhecimentos sobre o cálculo de valor presente, usando as ferramentas do Excel (Capítulo 3). Em seguida, examinamos um dos assuntos mais importantes relativos ao Valuation, o estabelecimento das taxas de atratividade, um indicador chave de sucesso nestes assuntos, como o WACC e o CAPM (Capítulo 4).

Finalmente, no Capítulo 5, estudamos algumas aplicações de perpetuidades, também chamados de valores residuais do fluxo de caixa, ou seja, aquelas séries de pagamentos infinitas que as empresas geram, por serem, teoricamente, perenes.

Neste capítulo, para fundamentar nossos conhecimentos, vamos fazer uma revisão mais aprofundada do Capítulo 3, com algumas dicas importantes, mas, principalmente, com cuidados que você deve tomar ao calcular o valor presente dos fluxos de caixa e das perpetuidades.

Pedimos desculpas antecipadamente se já estudamos o assunto em capítulos precedentes, entretanto, é preciso praticar à exaustão, pois alguns erros são muito comuns, já que as diferenças são sutis e você não irá querer cometê-los.

Fluxo de Caixa, uma Ferramenta Mágica

Temos aconselhado a não fazer fluxos de caixa no papel e muito menos não usar a calculadora para o cálculo do valor presente. Dizemos isso, mas nunca nos afastamos da nossa HP 17B.

As calculadoras são instrumentos importantes, uma ajuda inestimável. São um complemento do Excel, para conferir dados e testar hipóteses, verificando se estamos no caminho certo. Mas aqui estamos falando de algo maior. Assim, faremos todos os cálculos deste capítulo usando as ferramentas do Excel.

Observe a Figura 6.1 com muita atenção; basicamente temos três elementos, a saber:

1. **Valor do fluxo em R$ naquele ano específico, em valores correntes ou nominais**
2. **Instante de tempo, "0", "1", "2" e assim por diante**
3. **Ano em que o valor ocorre.**

Vamos analisar estes elementos individualmente com mais profundidade.

FIGURA 6.1: Fluxo de caixa.

Valor do Fluxo em Moeda Corrente e Nominal

Sempre calculamos os valores em bases anuais. Pode parecer um pleonasmo, mas nunca calcule os valores mensalmente. Quando fizermos um fluxo de caixa, ele terá dez anos, assim, se você fizer o cálculo por mês, irá inserir um complicador enorme e desnecessário, pois no mínimo, ele terá 120 colunas.

Lembre-se que os valores do fluxo de caixa são nominais ou, como falamos em contabilidade, são valores correntes do ano. Vale aqui lembrar que os valores correntes ou nominais são a simples soma dos valores apurados e registrados diariamente pela contabilidade, aglutinados ou somados em um determinado período de tempo, normalmente em meses. Para fazer esta soma, os contadores desconsideram os efeitos da inflação. Conforme explicamos no Capítulo 2, estes valores são incomparáveis entre si. Explicando melhor, você poderia dizer que a empresa faturou R$56.700,00 no mês de setembro e R$59.800,00 em outubro, ou seja, um crescimento "nominal" de 5,47% ((59.800,00 / 56.700,00 - 1) x 100). Já se quisesse saber o valor real do faturamento, seria preciso associar um índice de inflação, por exemplo. Suponha que a variação do IGP-M em outubro de 2015 tenha sido de 1,89%, deste modo, poderíamos dizer que o faturamento de outubro foi de 3,51% em termos reais ou em moeda de setembro de 2015 ((5,47 / 100 + 1) / (1,89 / 100 + 1) –1) x 100).

» Valor nominal ou corrente do faturamento de setembro R$56.700,00

» Valor nominal ou corrente do faturamento de outubro R$59.800,00

» Acréscimo (decréscimo) do faturamento em termos nominais de 5,47%

» Acréscimo (decréscimo) do faturamento em moeda de setembro de 3,51%[1]

Em resumo, valores nominais ou correntes são as simples somas das ocorrências contábeis de um determinado mês. Já os valores indexados, ou datados, foram deflacionados para uma determinada data.

Mas o que esse assunto tem a ver com o Valuation?

Pergunta espetacular sempre merece uma resposta espetacular.

Os valores do fluxo de caixa estão expressos em moeda corrente do ano. Ao calcular o valor presente do FCF, você estará transformando todos estes valores em moeda corrente do ano "zero" (2016), veja na Figura 6.1, pois eles

---

[1] Evolução do faturamento em moeda de setembro de 2015 ((59.800,00 / 56.700,00 - 1) x 100) = 5,47%, subtraindo o IGPM de outubro de 2015, temos 3,51% ((1,0547 / 1,0189 - 1) x 100).

serão deflacionados ou, como dizem os contadores, descontados com o uso de uma taxa de juro. Que taxa é esta? O WACC.

Mais uma pergunta espetacular. O WACC é uma taxa do ano, ou seja, de janeiro até dezembro, não é? Isso mesmo. Mas, neste caso, eu não teria que usar a inflação média do ano? Exatamente. Todavia, apenas profissionais muito preparados sabem usar a taxa média do ano e aqui não valeria a pena entrar no assunto[2].

DICA

Para somar os valores correntes do fluxo de caixa no ano base (ano "zero" = 2016), precisamos levá-los para 2016, descontando-os com uma taxa de juro, o WACC que calculamos. Assim, o VPL do fluxo de caixa, ou seja, ao somar todos os valores, no ano de 2016, teremos valores correntes ou nominais de 2016.

Instante "Zero", Instante "1", Instante "2"...

Sempre aconselhamos os alunos a fazer uma marcação diferente nas planilhas, uma para a data (2017, por exemplo) e outra para os instantes de tempo (tempo 1, tempo 2, etc.). Veja no exemplo da Tabela 6.1: os instantes de tempo estão colocados na coluna B e as datas correspondentes na coluna C. Acontece que se você não fizer esta distinção, será muito fácil errar o ano base (ano zero, no caso 2016).

Mas isso é importante? Muitíssimo, pois todos os valores do fluxo de caixa que estão expressos em moeda nominal ou corrente serão transformados em moeda do ano base, ou seja, em moeda corrente do ano de 2016.

Tabela 6.1 Fluxo de Caixa

	A	B	C	D	E	F
1						
2		Instante	Data	Valor		
3		0	2016	R$57.600,00		
4		1	2017	R$58.239,36		
5		2	2018	R$58.885,82		
6		3	2019	R$59.539,45		
		4	2020	R$60.200,34		

---

[2] Para entender melhor sobre taxas de inflação anual e taxas de inflação médias do ano, procure por Antonik, Luiz Roberto. *Matemática Financeira e Comercial Para Leigos*. Rio de Janeiro, Editora Alta Books, 2016. Consulte também Antonik, Luis e Muller, Aderbal. *Cálculos periciais — Efeitos Inflacionários, Números Índices, Indexadores e Sistemas de Amortização*. Curitiba, Editora Juruá, 2013.

Confira na Tabela 6.1 que o valor do instante zero, que corresponde ao ano de 2016, que é o nosso ano base, é de R$57.600,00.

Ano em que o Valor Ocorre

Por último, precisamos estabelecer um tempo datado para a ocorrência dos valores, sem o que o Excel não poderá calcular o VPL do FCF. Nos projetos de investimentos em máquinas e equipamentos para a área da indústria ou de serviços, usamos como data o mês. Neste caso de Valuation, como os cálculos são muito complexos, sempre estabelecemos este período de tempo em anos.

Como "Mover" os Valores no Tempo

Quando você estiver usando as funções do fluxo de caixa de uma calculadora HP 12C, por exemplo, preste atenção que elas estão compartilhando a mesma tecla do PV, PMT e FV, como na Figura 6.2. Quando você for inserir os dados na calculadora, ela lhe pede:

» CFo = ocorrência do valor do fluxo de caixa do instante "zero"
» CFj = ocorrência do fluxo de caixa dos demais períodos.

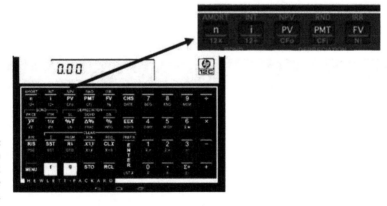

FIGURA 6.2: Imagem da HP 12 C, fluxo de caixa.

Embora tenhamos prometido que não, vamos calcular o exemplo da Tabela 6.1, com uma taxa de atratividade de 10% ao ano, na HP 12C, para conferir como fica:

Tabela 6.2 Função Fluxo de Caixa da HP 12C

Valor	Tecla auxiliar	Função
57.600,00	g	CFo
58.239,36	g	CFj
58.885,82	g	CFj
59.539,45	g	CFj
60.200,34	g	CFj
10		i
	f	NPV
Resposta	NPV = R$245.061,35	

O valor presente líquido, ou seja, a soma de todos os valores do fluxo de caixa descontados a taxa de atratividade de 10% ao ano, no instante "zero", ficou em R$245.061,35. Observe ainda que a calculadora obrigou você a colocar o valor do instante zero (R$57.600,00) separado e os demais valores do fluxo, em seguida, uma a um, no CFj.

Qual a razão da calculadora ter feito isso? Ora, o valor de R$57.600,00 já está no instante zero, se, por ventura, você não inserir nada no CFo, a máquina vai entender que não existe valor nele e irá "trazer" todos os valores para o presente, considerando um período a mais. Mas vai dar diferença na conta? Nem fale, você vai perder o emprego por isso. Para entender melhor esta parte importantíssima, releia o final do Capítulo 3. Confira o mesmo exemplo, colocando em todos os valores um período a mais, para ver o que acontece na Tabela 6.3.

Tabela 6.3 Função Fluxo de Caixa da HP 12C

Valor	Tecla auxiliar	Função
0	g	CFo
57.600,00	g	CFj
58.239,36	g	CFj
58.885,82	g	CFj
59.539,45	g	CFj
60.200,34	g	CFj
10		i
	f	NPV
Resposta	NPV = R$222.783,045	

Mas não se preocupe, se você cometer este erro, o seu chefe será bonzinho e irá te perdoar.

Agora vamos voltar para o Excel, pois o exemplo da HP 12C era apenas para ilustrar. Vamos conferir com cuidado os dados da Tabela 6.4, porque isso é fundamental.

Tabela 6.4   ## Fluxo de Caixa

	A	B	C	D	E	F	G	H	I
1									
2		Instante	Data	Valor	Valor presente	Soma do VP		Taxa	VPL
3		0	2016	57.600,00	57.600,00	245.061,35		10%	187.461,35
4		1	2017	58.239,36	52.944,87				245.061,35
5		2	2018	58.885,82	48.665,96				
6		3	2019	59.539,45	44.732,87				
7		4	2020	60.200,34	41.117,64				

Perceba que na coluna E colocamos o valor presente (VP). Já na célula F3, colocamos a soma do valor presente de R$245.061,35 (R$57.600,00 + R$52.944,87 + R$48.665,96 + R$44.732,87 + R$41.117,64 = R$245.061,35) e, finalmente, na célula I3, o VPL. Observe que os valores são rigorosamente iguais, pois o Excel tem duas funções separadas para fazer estas contas. O resultado ficou exatamente igual na HP e no Excel.

Mas como foi então que calculamos o Valor Presente Líquido da célula I3? Fizemos o seguinte: clicamos em funções do Excel, abrimos a função financeira, clicamos sobre ela que me perguntou a taxa de juro, clicamos sobre a célula H3, e depois enter. O Excel perguntou o valor, marcamos as células D4 até D7 e teclamos enter. O VPL de R$187.461,35 apareceu. Terminou o cálculo? Claro que não, falta somar o valor do instante zero de R$57.600,00, aí sim, temos R$245.061,35 (R$187.461,35 + R$57.600,00) na célula I4.

Calculando Perpetuidades no Excel

De acordo com o que estudamos no Capítulo 5, o valor das perpetuidades, ou fluxos de caixa gerados em períodos indefinidos após o fluxo de caixa de dez anos, não podem ser esquecidos. Eles representarão uma parcela significativa do valor da empresa; desta forma, são determinantes para o Valuation.

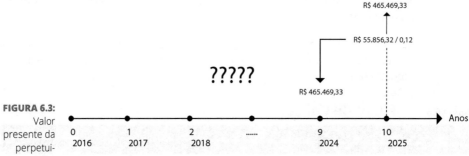

FIGURA 6.3: Valor presente da perpetuidade.

Uma dúvida que sempre surge, e que raramente algum livro explica, é onde fica (em qual período de tempo) o valor presente da perpetuidade após a aplicação da fórmula:

$$VP\,da\,perpetuidade = \frac{Perpetuidade}{WACC\%}$$

Tomemos um exemplo para ilustrar esta angústia matemática. O valor do fluxo de caixa perpétuo é de R$55.856,32, ou seja, o valor do instante de tempo 10, a taxa de atratividade (WACC) é de 12% ao ano. Observe na Figura 6.3: quando aplicada a fórmula, onde "foi parar o valor" de R$465.469,33, em que instante? No instante 9 ou no instante 10?

$$VP\,da\,perpetuidade = \frac{R\$55.856,32}{0,12} = R\$465.469,33$$

Ele foi parar no instante 9, ou seja, no ano de 2024, ou no instante 10 (2025)? Esta definição é muito importante, pois dependendo da decisão, afetará em muito o valor presente do fluxo de caixa do instante zero (2016), pois você pode descontar, ou não, o valor da perpetuidade em um período a mais. Descontando a perpetuidade (calculando o valor presente):

» Em 9 períodos = R$167.852,91
» Em 10 períodos = R$149.868,67

A fórmula correta é com 9 períodos e não com 10. Vamos analisar esta questão com mais detalhes, pois, como dissemos, este erro é muito comum, sendo até encontrado em excelentes livros de Valuation.

$$VP\,da\,perpetuidade = \frac{Perpetuidade\,/\,(WACC - taxa\,de\,crescimento)}{(1+WACC)^{n-1}}$$

104 PARTE 2 **Os Primeiros Passos do Valuation na Prática**

Observe na fórmula que, neste caso, descontamos 1 do número de períodos = (n–1). Resta fazer o teste de São Tomé, para confirmar. Primeiro vamos tentar com a HP 12C. A HP não aceita o período infinito? Não tem problema, vamos usar um truque que nos foi ensinado pelo matemático mais fantástico de todos os tempos: Euler[3].

Para períodos cada vez maiores, o juro vai aumentando até certo ponto, depois não aumenta mais. Ou seja, quanto mais próximo chegar da constante de Euler: 2,71828, menor será o crescimento. E a partir de um determinado valor o crescimento é inexpressivo. Vamos traduzir isso para o português.

Se você usar a mesma taxa de juro para calcular um valor presente de uma série de pagamentos qualquer, a partir de um determinado momento, o valor presente não se altera mais. Mas quando isso acontece? Ora, quando chegar na constante de Euler. E o que a HP 12C tem a ver com isso? Vamos enganar a máquina, colocando um número de períodos muito alto, 200 anos, por exemplo. Observe que deixamos a calculadora no modo FIM (end), ou seja, não há pagamento no período zero.

n	i	PV	PMT	FV	Modo
200	12	??????	55.856,32	0	FIM

O resultado? Foi igual ao resultado da aplicação da fórmula, ou seja, R$465.469,33

$$VP\,da\,perpetuidade = \frac{R\$55.856,32}{0,12} = R\$465.469,33$$

O MAIOR MATEMÁTICO DE TODOS OS TEMPOS — LEONHARD EULER

Leonhard Euler (1707–1783) foi um matemático e físico suíço. Fez importantes descobertas em campos tão diversos como o cálculo infinitesimal e teoria dos gráficos. Ele também introduziu muito da terminologia matemática moderna e notação, em especial para a análise matemática, como a noção de uma função matemática. Mas Euler também é conhecido por seu trabalho em mecânica, dinâmica de fluídos, ótica, astronomia e teoria musical. Euler é considerado o matemático preeminente do século XVIII e um dos maiores matemáticos que já viveu. Ele também é um dos matemáticos mais prolíficos; suas obras completas preenchem 80 volumes. Uma declaração atribuída a Laplace expressa a influência de Euler na matemática: "Leia Euler, leia Euler, ele é o mestre de todos nós."

---

[3] Saiba mais sobre a constante de Euler, leia: Antonik, Luis Roberto. *Matemática Financeira e Comercial Para Leigos*. Rio de Janeiro, Editora Alta Books, 2016.

Não pode ser, isso é mágica. É isso mesmo, o número de Euler é mágico. Mas se ainda não está satisfeito, vamos fazer esta mesma conta no Excel, usando as funções financeiras da ferramenta. E para arrasar a torcida, calcularemos no Excel em três formas diferentes: pela fórmula, pela função VP (valor presente) e pela função VPL. Experimente e confirme (para saber como calcular o VP e o VPL no Excel reveja o Capítulo 3).

Analisando os valores da Tabela 6.5, é possível constatar que o Excel calculou exatamente os mesmos VPLs, com duas casas depois da vírgula, para os períodos de tempo de 200, 500 e 1.000 anos. Assim, este teste comprova que ao calcular o valor presente da perpetuidade, você precisa usar a fórmula com o tempo em períodos igual a (n-1)[4].

ATENÇÃO

Mas preste muita atenção, aqui vai uma super sacada para você arrasar no seu trabalho, pois o nosso fluxo de caixa tem 10 anos, ou seja, vai de 2016 (ano base) até 2025. Caso você tivesse calculado um fluxo de caixa até 2026 (11 anos), para calcular o valor presente do resíduo (perpetuidade), não seria necessário acrescentar o "n-1" na fórmula, ela seria aplicada normalmente com "n".

Tabela 6.5 **Simulação de Valor Presente**

VP na fórmula (Perpetuidade / taxa)	Perpetuidade	WACC	Tempo Em anos	VP	VPL
465.469,33	55.856,32	12%	50	463.858,73	463.858,73
			200	465.469,33	465.469,33
			500	465.469,33	465.469,33
			1.000	465.469,33	465.469,33

$$VP\,da\,perpetuidade = \frac{Perpetuidade\,/\,(WACC - taxa\,de\,crescimento)}{(1+WACC)^{n-1}}$$

$$VP\,da\,perpetuidade = \frac{R\$55.856,32\,/\,(0,12)}{(1,12)^9} = R\$167.852,91$$

---

[4] Este raciocínio é válido para um fluxo de caixa de 10 anos. Caso você calcule para 11 anos, como muitos peritos fazem, não será necessário aplicar o n-1, pois o valor calculado estará no instante 10.

Neste exemplo, não usamos a taxa de crescimento da perpetuidade, pois a finalidade é ilustrar se o valor presente da perpetuidade deve ser calculado com 9 ou 10 anos. Confira a conta final, em modo gráfico, na Figura 6.4.

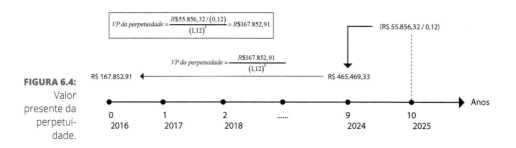

FIGURA 6.4: Valor presente da perpetuidade.

> **NESTE CAPÍTULO**
>
> Seguro morreu de velho, diz o dito popular
>
> Aqueles que praticam da due diligence são detetives ou auditores?
>
> Qual a razão da due diligence impactar no valor do negócio?
>
> Quais são os principais produtos da due diligence?

Capítulo 7

Due Diligence, Como Conhecer a Real Situação de uma Empresa

Seguro Morreu de Velho

O Diabo não é esperto porque é o Diabo, mas porque é velho.

É verdade, velhice corresponde à sabedoria; por conta disso, o processo de acumulação de conhecimento do ser humano durante a vida é chamado de experiência.

Inúmeras empresas são formadas todos os dias, em razão da expansão comercial e industrial. Ao mesmo tempo, elas se desenvolvem, incorporam, são absorvidas, ou seja, a dinamicidade do mercado faz com que as firmas acabem trocando de mãos. E, como não poderia deixar de ser, tudo envolve dinheiro e, pior ainda, por tal razão, riscos são encarados e precisam ser minimizados.

Em última análise, se o empresário, o investidor ou o capitalista tomarem todos os cuidados necessários e recomendados para concretizar um negócio, mesmo assim, remanescerão riscos, e, com eles, potenciais prejuízos.

Superficialidades, boa fé e confiar nas palavras alheias nunca enriqueceram pessoas. Maquiavel já ensinava no século XVI: nunca confie em ninguém; aquele que se entrega, acredita em palavras de astutos, fica pobre cedo; tirar o que não lhe pertence faz parte da natureza do homem, somos todos assim.

Já o Padre Jesuíta espanhol, Baltazar Gracián, celebrado autor da obra-prima "Arte da Prudência", também dizia que o mundo é um lugar cruel, onde as mentiras e as aparências prevalecem sobre a verdade e as virtudes.

Caro leitor, todo este sermão é para lhe dizer que a auditoria e a diligência prévia são garantias que não podem ser desprezadas nos negócios do século XXI.

Com o aquecimento do mercado e a realização de várias operações, como fusões, aquisições ou incorporações, a *due diligence (diligência prévia)* torna-se uma ferramenta indispensável aos negócios. Em razão disso, disseminou-se a expressão inglesa: *due diligence.* Observe que o sentido da palavra direciona para a existência de algum ato subsequente.[1]

O American Institute of Certified Public Accountants — AICPA (Associação Americana de Contadores Certificados)[2] é a entidade máxima que congrega os auditores americanos. Foi introduzido pelo Securities Act em 1934 (Lei dos Valores Mobiliários). Esta lei inovou, trazendo proteção para investidores logo após a Grande Depressão, obrigando os dealers (aqueles que vendem ou distribuem alguma coisa) do mercado de títulos mobiliários, quando em operações de corretagem, a melhorar suas informações, evitando divulgação inadequada de dados relevantes no que diz respeito à compra destes títulos.

Nos Estados Unidos, este é um assunto muito sério. Assim, a literatura de negócios, repleta de autores professores, bem como as empresas multinacionais estabelecidas no Brasil, foram contaminando a mentalidade dos empresários e, felizmente, a auditoria cada dia tem mais relevância.

---

[1] Vide o Link: >http://www.informazione4.com.br/cms/opencms/desafio21/artigos/gestao/organizando/0019.html. Artigo do Advogado Gustavo Escobar.

[2] Vide o Link: >http://www.investopedia.com/terms/a/american-institute-of-certified-public-accountants.asp?layout=infini (conteúdo em inglês)

PRIVATE EQUITY, VENTURE CAPITAL E SEED CAPITAL. CRUZES, O QUE É ISSO?

Private equity (participações privadas; capital privado) é um tipo de atividade financeira desenvolvida por instituições que investem essencialmente em firmas ainda não listadas em bolsa, com o objetivo de alavancar seu desenvolvimento.

Venture Capital (capital de risco) é o dinheiro fornecido para incentivar o estágio inicial, emergente, de empresas. O capital de risco é um tipo de private equity.

Seed capital (capital semente) é um modelo de financiamento dirigido a projetos empresariais em estágio inicial ou zero, em fase de desenvolvimento, antes da instalação do negócio, onde um ou mais grupos interessados investem os fundos necessários para o seu início, de maneira que tenha recursos suficientes para se sustentar até atingir um estado que consiga manter-se sozinho financeiramente ou receba novos aportes financeiros.[3]

No Brasil, a entidade de referência é a Associação Brasileira de Private Equity e Venture Capital[4]. Embora seu objetivo não seja exclusivamente dedicado a due diligence, pois visa o desenvolvimento da atividade de investimento de longo prazo no País nas modalidades abrangidas pelos conceitos de private equity, venture e seed capital, além de representar a indústria de capital empreendedor, mesmo assim, uma visita ao site da ABVCAP é mandatório para aqueles que desejam se aprofundar e entender melhor o assunto, principalmente porque está em perfeita sintonia com as práticas internacionais.

Due diligence — do que se trata?

A due diligence[5] é uma auditoria realizada em todos os aspectos de uma empresa que está abrindo o capital, fazendo uma cisão ou incorporação, ou mesmo, recebendo um novo investidor. No nosso caso específico, trata-se de uma firma em fase de avaliação para venda. Assim, todos os aspectos da companhia serão investigados, pois um investidor não irá colocar seu dinheiro num empreendimento cujo dono está comprometido com a justiça, por exemplo. Por quê? Isso poderia levar a uma anulação da venda, revertendo em prejuízos. Para executar operações de compra e venda é indispensável incluir a due diligence, um "processo complexo, que normalmente exige uma equipe multidisciplinar com experiência jurídica, operacional, financeira, tributária, trabalhista e comercial, entre outras. Por isso, dependendo do enredamento e da natureza do negócio, existem diversos setores que podem ou devem ser

---

[3] Vide o Link: >http://www.wikipedia.com

[4] Vide o Link: >http://www.abvcap.com.br/ (Associação Brasileira de Private Equity e Venture Capital)

[5] Optamos por usar o termo em inglês, já que nenhuma literatura o emprega em formato traduzido para a língua portuguesa.

cobertos no processo de decisão de investimento"[6]. Deste modo, no mínimo, as seguintes áreas serão vistoriadas:

1. **Contábil e Financeira: recomposições e projeções de caixa, interpretações tributárias, análise da qualidade dos resultados e dos ativos, verificação de indicadores econômicos e financeiros, entendimento do capital de giro e do endividamento. Revisão dos sistemas contábeis, vulnerabilidades, balanços, ativos, passivos, apuração de resultados, EBITDA e reconciliações.**

2. **Legal: levantamento de dados abrangendo processos judiciais e administrativos, situação societária, previdenciária, certidões de diversas áreas e repartições e contratos com obrigações a vencer. Passivos judiciais, litígios societário e trabalhista. Análise do ambiente regulatório. Situação geral legal dos sócios e principais executivos — crimes, cartórios. Entendimento do nível de potenciais passivos contingentes decorrentes de interpretações agressivas ou controversas da legislação tributária, trabalhista e previdenciária.**

3. **Comercial: entendimento sobre a atratividade do investimento sob o ponto de vista comercial, do mercado em que atua e das premissas adotadas para projeções de receita, bem como dos principais itens geradores de valor e identificação de barreiras ao crescimento.**

4. **Operacional: entendimento sobre a capacidade operacional, gargalos, riscos e premissas, análise do plano de melhoria de desempenho e necessidade de investimentos para garantir as projeções de crescimento. Inclui também avaliação de oportunidades de sinergia após a transação. Produção, propriedade industrial, intelectual e tecnológica. Gestão, estrutura organizacional, processos concorrenciais (Cade). Análise de instrumentos contratuais e de obrigações (contratos geradores de passivos ou importantes e prioritários para o negócio, cláusulas de maior risco e contingências)[7];**

5. **Ambiental: análise dos riscos ambientais, estimativa de custos de remediação e cumprimento das normas ambientais.**

6. **Tecnologia da Informação: entendimento dos processos críticos do negócio e de premissas e necessidades de investimento em tecnologia a longo prazo. Avaliação dos esforços necessários para a integração de negócios.**

7. **Recursos Humanos: entendimento do cenário de plano de cargos e salários, bem como do ambiente de RH e de como os custos da folha deverão se comportar após a aquisição. Visibilidade sobre as pessoas-chave**

---

[6] Vide o Link: >http://www.abvcap.com.br/

[7] Vide o Link: >http://www.pereiradabul.adv.br/index.php/br/auditoria-legal-due-diligence

que devem ser retidas e entendimento da política vigente de gestão de pessoas e esforços para integração ou mudança.

8. **Atuarial:** identificação e mensuração de passivos atuariais de benefícios pós-emprego, revisão de provisões atuariais, revisão das provisões matemáticas e hipóteses e premissas atuariais.

9. **Anticorrupção:** entendimento de transações, práticas e outras características do negócio que geram riscos elevados de potencial corrupção, bem como os controles implementados para reduzir tais riscos, considerando leis anticorrupção locais e internacionais.

São muitas atividades desenvolvidas simultaneamente, necessitando de um coordenador de projeto para mobilizar o pessoal interno na preparação ou na avaliação das informações. As transações podem demorar um tempo considerável. Desta forma, a necessidade de ter dupla função (lidar com as atividades de rotina de maneira concomitante com as demandas da transação) pode tornar o processo estressante. Por isso, um bom planejamento é essencial antes de se iniciar a due diligence[8].

Assim, uma *due diligence* "compreende um conjunto de atos investigativos realizados antes de uma operação empresarial, seja pelo interessado em ingressar societariamente ou mesmo adquirir uma empresa, seja por parte de quem está repassando seu negócio"[9].

Não se podem poupar esforços nesta operação, pois os novos sócios, investidores, compradores precisam conhecer em detalhes a situação da firma, bem como todos os riscos que serão assumidos com a sua concretização.

Uma atenção especial será dada para a situação contábil da companhia, pois algumas assunções dos atuais proprietários, como provisões, por exemplo, podem alterar significativamente o lucro e o resultado geral da firma, sem falar no risco fiscal junto às receitas dos municípios, estados e da União. Assim, balanço, ativo, passivo e resultados serão todos recompostos detalhadamente pelos auditores. Não são raros os casos em que empresas em processos de venda, com excelentes balanços, são simplesmente abandonadas logo no início da auditoria contábil.

A operação toda não é uma ação barata, mas o seu custo é altamente compensador. E não imagine o leitor que isso se aplica apenas para as grandes corporações. Todas as empresas, muito mais as pequenas e médias, devem ser exaustivamente depuradas pelos futuros compradores. "A literatura está repleta de casos de companhias falidas por débitos desconhecidos,

---

[8] Vide o Link: >http://www.abvcap.com.br/

[9] Vide o Link: >http://www.informazione4.com.br/cms/opencms/desafio21/artigos/gestao/organizando/0019.html. Artigo do Advogado Gustavo Escobar.

CAPÍTULO 7 **Due Diligence, Como Conhecer a Real Situação de uma Empresa** 113

principalmente os de natureza fiscal e trabalhista que possuem, atingindo, muitas vezes, até o patrimônio pessoal dos sócios atuais."[10]

Detetives ou auditores?

Pelo que vimos anteriormente, due diligence é, então, uma profunda investigação de empresas ou pessoas antes de assinar um contrato ou um ato[11], qualquer que ele seja. No Brasil, este processo não é uma obrigação legal e as investigações são voluntárias.

Toda teoria e tecnologia desenvolvida pelas empresas brasileiras de auditoria, por trás da due diligence, sustentam que a realização deste tipo de investigação contribui de forma significativa para a tomada de decisão, por aumentar a quantidade e a qualidade das informações disponíveis, assegurando que este conhecimento seja sistematicamente utilizado para deliberar de forma reflexiva sobre a decisão de todos os seus custos, benefícios e riscos[12].

Mas Lembre-se: Due Diligence Não É Auditoria

Muitos empresários confundem o processo de due diligence com auditoria. Na verdade, a due diligence tem muito a ver com a auditoria, mas existem diferenças importantes. Veja a razão:

Auditoria é um exame detalhado, sistemático e repetido, das atividades desenvolvidas na firma, com o intuito de averiguar se estão em consonância com o planejamento e se foram implantadas com eficácia, sobretudo, se as normas e procedimentos contábeis atendem os preceitos gerais de contabilidade normalmente aceitos pelas entidades reguladoras[13]. Ao final, a auditoria edita um relatório público. Estão obrigadas pelas leis brasileiras (Lei nº 11.638/2007) a ter suas demonstrações financeiras auditadas as sociedades de grande porte (ativo total superior a R$240 milhões ou receita bruta anual superior a R$300 milhões), as companhias abertas, instituições financeiras e outras entidades reguladas.

Por curiosidade, algumas das "big four" (grandes empresas de auditoria — EY, PwC, Deloitte e KPMG), se estiverem enquadradas no conceito legal, são elas próprias auditadas.

---

[10] Vide o Link: >http://www.informazione4.com.br/cms/opencms/desafio21/artigos/gestao/organizando/0019.html. Artigo do Advogado Gustavo Escobar.

[11] Vide o Link: >https://en.wikipedia.org/wiki/Operational_due_diligence (conteúdo em inglês)

[12] Vide o Link: >https://en.wikipedia.org/wiki/Due_diligence (conteúdo em inglês)

[13] Vide o Link: >https://pt.wikipedia.org/wiki/Auditoria

Pensando deste modo, alguns empreendedores imaginam que, se uma empresa é auditada, o processo de due diligence é dispensável[14]. Para esclarecer este importante ponto a ABVCAP explica as principais diferenças dessas duas importantes atividades.

O objetivo principal da auditoria contábil, um processo metódico e contínuo, consiste em verificar se as demonstrações contábeis refletem adequadamente, em todos os aspectos relevantes, a situação patrimonial e financeira histórica das empresas, utilizando-se essencialmente de normas contábeis em um ambiente totalmente regulado.

Já o processo de due diligence espera mostrar um melhor entendimento das oportunidades e riscos dos negócios por meio da análise histórica, porém com uma visão de geração de caixa futuro, com foco financeiro. A investigação tem foco em questões futuras materiais, com o objetivo de fazer uma decisão de aquisição. Seu relatório é considerado estratégico e por conta disso, confidencial; uma exclusividade do contratante.

Quem contrata uma due diligence tem segurança de que as informações da empresa adquirida estão corretas?

É claro que não, todavia, o grau de certeza aumenta muito. O processo de due diligence não tem como finalidade levantar erros das administrações. Pode até ser uma presunção errada, mas não acreditamos que empresários intencionando vender suas firmas e que as submetem a um processo de Valuation (o qual por definição inclui a due diligence) cometam erros intencionais com a clara intenção de enganar os futuros compradores. Mas, mesmo com a melhor das intenções, empresas estão repletas de erros e na nossa experiência, sempre vêm em desfavor dos compradores. Imagine comprar uma empresa e um ano após descobrir que a adoção de uma postura fiscal, frente à Receita Federal, não foi aceita, sendo passível de multas e pagamentos atrasados? Assim, a proteção do investidor, na hora da compra, exige uma due diligence a mais detalhada possível para evitar um processo subsequente de disputa entre vendedores e compradores[15], bem como identificar os itens a compor o contrato de investimento, caso a firma esteja admitindo um novo sócio ou o contrato de compra e venda.

Qual a razão da due diligence impactar no valor do negócio?

Empresas bem administradas, com uma contabilidade clara e transparente, auditadas por profissionais externos, mesmo que não estejam obrigadas legalmente para tanto, sempre valem mais. "A decisão final sobre o investimento

---

[14] Vide o Link: >http://www.abvcap.com.br/ (Associação Brasileira de Private Equity e Venture Capital)

[15] Vide o Link: >http://www.abvcap.com.br

ou aquisição, bem como seu valor, depende significativamente dos resultados encontrados na due diligence."[16] Empresas carregam itens subjetivos, às vezes ocultos, ameaças e oportunidades. Todos estes fatores estão umbilicalmente ligados ao seu valor. Um comprador pode se dispor a pagar uma parcela maior que o valor apurado no Valuation, pois o processo em si, ao projetar os fluxos de caixa futuros, pode gerar muitas economias e novas receitas, seja por sinergias, possibilidades mercadológicas e análise da concorrência.

Uma due diligence bem formulada, portanto, com informações de qualidade, assegura a possibilidade de recebimento de um valor igual ou maior que o pretendido pelo vendedor, além, evidentemente, de minimizar a possibilidade de ações judiciais posteriores ao encerramento das negociações.

Quais São os Principais Produtos da Due Diligence?

Todos são importantes na orquestra, do triângulo ao piano[17]. Um processo de Valuation requer o envolvimento de profissionais muito gabaritados e experientes. Dentro disso, a due diligence acaba por envolver ainda mais complexidade e, portanto, profissionais de outras áreas, aparentemente não afins a uma atividade financeira. Por esta razão, e talvez de modo injusto, é preciso reconhecer que embora todos sejam "importantes nesta orquestra", as áreas contábil, financeira, tributária, trabalhista e previdenciária são reconhecidamente as mais cruciais neste trabalho.

PARTES RELACIONADAS

Partes relacionadas são entidades, físicas ou jurídicas, com as quais uma empresa tenha possibilidade de contratar, em condições que não sejam as de comutatividade e independência, que caracterizam as transações com terceiros alheios à companhia, ao seu controle gerencial ou a qualquer outra área de influência. Os termos "contrato" e "transações" referem-se, neste contexto, a operações tais como: comprar, vender, emprestar, tomar emprestado, remunerar, prestar ou receber serviços, condições de operações, dar ou receber em consignação, integralizar capital, exercer opções, distribuir lucros, etc.[18]

---

[16] Vide o Link: >http://www.abvcap.com.br
[17] Vide o Link: >http://lidiamariademelo.blogspot.com.br/2009/10/do-piano-ao-triangulo_26.html
[18] Vide o Link: >http://www.portaldecontabilidade.com.br/ibracon/npc23.htm

As principais exposições, envolvendo quantias significativas sob risco são alvo de negociação e deverão ser incluídas no contrato de investimento ou compra e venda, como uma ou mais retenções de valor, depositadas numa escrow account[19], as quais serão liberadas na medida em que os riscos se minimizam ou se expiram.

» Due diligence contábil e financeira. Esta parte do processo de auditoria analisa se as demonstrações financeiras são consistentes, a qualidade dos resultados, a análise de receitas e margens de capital de giro, bem como a análise do EBITDA e do EBIT. Verifica, ainda, o desempenho histórico com visão de geração de caixa, endividamentos, compromissos não registrados, suficiência de provisões e transações com partes relacionadas.

» Due diligence tributária, trabalhista e previdenciária. Analisa os procedimentos contábeis assumidos em relação à escrituração dos impostos diretos e indiretos, previdenciários e trabalhistas, com o intuito de identificar potenciais exposições a riscos. Por recomendação dos auditores, os assuntos que demandem análise jurídica, fiscal e trabalhista são submetidos a especialistas, os quais, por meio de pareceres, indicam a possibilidade de perda em caso de fiscalização ou ação contra a empresa.

Due Diligence surgiu como profissão separada para os peritos de contabilidade e auditoria

Embora muitos afirmem que a due diligence surgiu em 1934 com o Securities Act[20], o seu surgimento foi em 1977, com a Foreign Corrupt Practices Act — FCPA (Lei de Práticas de Corrupção no Exterior), uma lei federal dos Estados Unidos, conhecida principalmente por duas das suas principais disposições: a primeira trata da contabilidade e dos requisitos de transparência no âmbito do Securities Exchange Comission — SEC (comissão de valores mobiliários — CVM americana), e a segunda é relativa ao suborno de funcionários ou agentes públicos no estrangeiro. Por conta destes atos, o tamanho das penas aplicadas aos executivos americanos foi aumentando e levando muitas instituições dos EUA a analisarem a forma como eles conduzem todos os seus relacionamentos no exterior.

---

[19] Escrow account — conta utilizada em fusões, incorporações de empresas e em contratos, para garantia de "surpresas" no decorrer de qualquer negociação, é um "aval", um sinal de negócio.

[20] Vide o Link: >https://en.wikipedia.org/wiki/Due_diligence (conteúdo em inglês).

A falta de uma due diligence na empresa, seus agentes, fornecedores, bem como os parceiros de negócios pode levar seus acionistas, controladores e executivos aos tribunais. Entre estas muitas ações, a mais grave é a responsabilidade pelo suborno dos agentes públicos e, como resultado, pesadas penalidades para os seus controladores nos Estados Unidos.

Dentro deste cenário, cada vez mais profissionalizado e cuidadoso de fazer negócios, as instituições americanas foram contaminando as organizações brasileiras e despertando nos empresários a necessidade de adoção de práticas mais ortodoxas quando conduzem seus empreendimentos, especialmente, em dois aspectos[21]:

» Initial due diligence (due diligence inicial) — um passo necessário para avaliar o risco envolvido em fazer negócios com uma entidade, bem como avaliar o risco de negociar, naquele ponto no tempo.

» Ongoing due diligence (due diligence de operações em andamento) — trata-se de avaliar periodicamente cada relação para encontrar ligações entre as relações de negócios e procurar possíveis situações desaconselháveis com autoridade regulatória ou em atividades ilícitas ligadas à corrupção. Processo realizado indefinidamente enquanto existir um relacionamento e geralmente envolve comparar as empresas e executivos. A FCPA, por exemplo, recomenda que este processo deve ser realizado em todos os relacionamentos, independentemente da localização.

Assim, no Brasil, da mesma forma com que as empresas estão adotando a prática de contratação de auditoria externa, mesmo não estando obrigadas por lei a fazê-lo, contaminadas pelos acontecimentos internacionais e pela rápida "alfabetização" do empresariado, que enxerga nesta prática uma ferramenta de controle e não um custo operacional, a due diligence está se tornando uma prática comum em todos os negócios de fusões, aquisições e investimentos, surgindo como a profissão separada para os peritos de contabilidade e auditoria.

Não se aceita mais a máxima de fazer negócios no "fio de bigode". Tudo precisa estar esclarecido, anotado e relatado.

Superficialidades e confiança extrema geram prejuízos e, às vezes, a derrocada de um empreendimento.

---

[21] Vide o Link: >https://en.wikipedia.org/wiki/Due_diligence (conteúdo em inglês)

3

Avaliação de Empresas na Prática e as Metodologias Mais Aceitas

NESTA PARTE...

Os modelos matemáticos e contábeis usados na avaliação das empresas.

Acontece que são várias as possibilidades de avaliar uma companhia, mas os seus propósitos são diferentes, daí a necessidade de usar um esquema específico para calcular o valor da firma.

Mesmo se você estiver usando o método do FCD, dependendo do comportamento deste fluxo, do seu nível de endividamento e de alguns outros fatores econômicos e contábeis, irá encontrar dezenas de modelos de valoração, cada um desenhado especificamente para uma situação especial. Finalmente, vamos estudar um pouco as contas de resultados e os diversos tipos de lucros que uma empresa pode apresentar, como o Lucro Líquido do Exercício, o Lucro Operacional e o famosíssimo EBITDA, usado por 9,9, entre dez estrelas do cinema[*]. Por fim, mas não menos importante, vamos estudar o NOPLAT, uma variante de lucro que separa os resultados operacionais e indica muito fortemente as possibilidades de geração de caixa de uma empresa.

---

[*] Propaganda dos anos 1950: A atriz norte-americana Susan Strasberg foi uma das estrelas de cinema que lançaram a campanha "9 de cada 10 estrelas usam Lux". O sabonete focou no brilho das grandes estrelas do cinema para alavancar as vendas. A clássica série de propagandas foi criada pela agência J. Walter Thompson nos anos 1930 e prosseguiu até a década de 1980, quando foi reformulada. Fonte www.propagandashistoricas.com.br.

NESTE CAPÍTULO

Modelos de avaliação baseados no Balanço Patrimonial, valor contábil, valor substancial, demonstração do resultado, valor dos lucros, valor dos dividendos

Modelos de avaliação baseados em múltiplos, Goodwill e no fluxo de caixa

Seja qual for o modelo, não há como prescindir de uma certa dose de subjetividade

Capítulo 8

Modelos Matemáticos e Contábeis de Avaliação de Empresas

Qual a Razão de Estudar Modelos de Avaliação?

Você me perguntaria a razão de inserir um capítulo com modelos de avaliação de empresas, em um livro "Para Leigos". Acontece, num ato explícito de atrevimento, que pensamos ser este livro um guia de referência para sua vida diária. Assim, sempre que precisar saber alguma coisa sobre Valuation, pode pesquisar aqui e, posteriormente, aprofundar o assunto em algo mais elaborado, como Damodaran ou Copeland[1], se assim for a sua necessidade.

Você vai constatar que existem muitas formas diferentes de avaliar uma empresa, todavia, reiteramos que a prática comercial dos dias de hoje considera em praticamente 100% dos casos o modelo do fluxo de caixa descontado. Na esfera judicial, o modelo mais adotado é o do chamado Balanço Especial ou Balanço de Determinação.

De toda forma, mesmo superficialmente, vamos conferir os modelos mais comuns existentes na literatura.

Modelos de Avaliação de Empresas

Os diversos modelos de avaliação de empresas podem ser classificados em grupos, identificados de acordo com a natureza de sua base teórica de cálculo. Percebe-se que cada modelo adota um parâmetro inicial, a base fundamental para seu cálculo, além de taxas e fórmulas específicas. Nesse sentido, agregaram-se os modelos em conformidade com a base utilizada para sua fundamentação. A razão desse agrupamento deve-se à importância do entendimento de que existe um ponto específico, identificável, em cada modelo, que o torna comum a vários outros e pode justificar, muitas vezes, a proximidade de valores encontrados em uma avaliação ou auxiliar na solução de dúvidas no resultado obtido quando do uso de modelos de uma mesma base ou de bases aparentemente diferentes.

Os modelos para avaliação de empresas podem ser classificados, então, em cinco grandes grupos, apresentados na Tabela 8.1. Confira:

> » Modelos baseados no balanço patrimonial;
> » Modelos baseados na demonstração do resultado;
> » Modelos baseados no goodwill (modelos mistos);

---

[1] Veja mais informações sobre Damodaram e Copeland na parte Leitura Recomendada.

» Modelos de fluxo de caixa descontado, e

» Modelos de criação de valor.

Tabela 8.1   Modelos de Avaliação de Empresas por Categoria[2]

Modelos de avaliação de empresas baseados em...				
Balanço Patrimonial	Demonstração do Resultado (DRE)	Goodwill	Fluxo de Caixa Descontado	Modelos de Criação de Valor
Valor contábil	Price Earnings Ratio	Modelo clássico de goodwill	Fluxo de caixa livre da firma	CFROI
Valor contábil ajustado	Valor dos dividendos	Modelo simplificado da União Europeia	Fluxo de caixa livre do acionista	EVA
Valor de liquidação	Múltiplos de vendas	UEC Method	Fluxo de dividendos	SVA
Valor substancial	P/EBITDA	Indirect Method		AEVA
	Outros modelos de múltiplos	Compra de lucros anuais		REVA
		Taxa de risco relativo e de risco livre		MVA

Modelos Baseados no Balanço Patrimonial

Esses modelos se propõem a determinar o valor de uma empresa pela estimativa do valor de seus ativos. São métodos que consideram que o valor está, basicamente, em seu balanço patrimonial. Eles determinam o valor de um ponto de vista estático, que, entretanto, não contempla a possível evolução da firma no futuro, como o conceito de valor do dinheiro no tempo. Esses modelos também não consideram outros fatores que afetam o valor de uma companhia, como o posicionamento no mercado de atuação, os recursos humanos, os problemas organizacionais e contratuais, ou seja, aquilo que não aparece nas demonstrações contábeis.

---

[2] Vide o Link: >http://web.iese.edu/PabloFernandez (conteúdo em espanhol). Adaptado a partir de FERNÁNDEZ, Pablo. Company valuation methods. The most common erros in valuations. Madri, IESE, 2001. Acesso em 30 abr.2002.

CAPÍTULO 8 **Modelos Matemáticos e Contábeis de Avaliação de Empresas**   123

Em geral, os modelos baseados no balanço patrimonial apresentam valores para as empresas que não guardam relação com valor de mercado. Todos os autores que abordam a matéria são constantes nesse pensamento, até mesmo por sua obviedade e fácil observação empírica.

Modelo do valor contábil

O modelo do valor contábil considera, de forma líquida, o valor do Patrimônio Líquido apresentado no balanço patrimonial, como sendo o valor da firma, com contas de: Capital Social, reservas e lucros ou prejuízos acumulados.

O valor do Patrimônio Líquido é dado pela equação patrimonial e aparece pela diferença matemática entre o valor total dos ativos e o valor total das obrigações da empresa com terceiros.

Uma grande crítica feita à contabilidade empresarial recai sobre a adoção de critérios que divergem do valor de mercado, uma vez que a contabilidade registra as operações por meio de valores originais, baseados nos custos de aquisição ou de formação de um ativo ou para o valor de um passivo; enquanto, por outro lado, o mercado tem outros critérios, talvez mais aderentes à realidade, sem se prender tanto no passado. Usar um modelo de avaliação com base em custos históricos e valores de registros contábeis pode não representar expectativas e oportunidades futuras de resultados[3].

Isso resulta na diferença entre o valor contábil e o valor de mercado da firma, que geralmente não coincidem, pela subjetividade de adoção de critérios no processo de análise e de seus objetivos.

Modelo do valor contábil ajustado

O modelo do valor contábil ajustado procura corrigir a deficiência mencionada no método do valor contábil, atualizando os valores dos ativos e passivos registrados na contabilidade, ao valor de mercado. "O objetivo consiste em reconhecer os efeitos da variação específica dos recursos manuseados pela empresa. Embora ele possa atenuar alguns impactos da variação geral de preços da economia, essa finalidade extrapola sua competência."[4] Quando se atualizam os valores de ativos e passivos (obrigações com terceiros), encontra-se o valor do Patrimônio Líquido atualizado, por uma consequência matemática.

---

[3] ASSAF NETO, Alexandre. *Finanças corporativas e valor.* São Paulo, Editora Atlas, 5ª edição, 2003.

[4] MARTINS, Eliseu. *Avaliação de empresas: da mensuração contábil à econômica.* São Paulo, Editora Atlas, 2001.

Valor de liquidação

O valor de liquidação representa o valor da companhia como se fosse liquidada, encerrando suas atividades com a venda de todos os seus ativos e o pagamento de todas as suas obrigações. O resultado final seria ajustado pelas despesas de liquidação e fechamento, como pagamentos a empregados, encargos tributários e outras despesas decorrentes do encerramento.

Esse modelo, no entanto, é limitado a tal situação específica, não sendo eficaz para determinar uma situação de continuidade, quando a empresa é vendida posteriormente. O método tem muitas restrições e dificuldades, pois não considera a possível sinergia dos ativos[5]. Um dos grandes problemas é que o valor de mercado determina quanto a firma poderia conseguir pelo ativo em condições normais de venda; explicando melhor, o preço razoável obtido na venda de cada um dos ativos.

Entretanto, ele representa o valor mínimo de uma empresa, assumindo-se que essa teria um valor maior se continuasse suas atividades.

Modelo do valor substancial

O modelo do valor substancial representa o cálculo do valor do investimento que deveria ser feito para constituir uma empresa em idênticas condições às da que está sendo avaliada. Ou seja, quanto a firma precisaria de recursos para comprar, em condições normais, ativos iguais aos que tem contabilizados[6]. Há três tipos de valor substancial que são normalmente definidos:

» Valor substancial bruto, que corresponde ao valor dos ativos avaliados a preços de mercado;

» Valor substancial líquido ou valor de ativos líquidos ajustados, onde diminuem-se os valores das obrigações; e

» Valor substancial bruto reduzido, que é o valor substancial bruto diminuído do valor das obrigações contraídas a custo zero.

Alguns autores costumam criticar esta metodologia, observando ser impossível criar uma empresa em idênticas condições de funcionamento àquela que se pretende adquirir[7].

A especificidade desse modelo demonstra seu objetivo de comparação do valor necessário para um novo investimento com igual estrutura à da companhia analisada, que representa o valor desta. As críticas são contundentes.

---

[5] ASSAF NETO, Alexandre. *Finanças corporativas e valor*. São Paulo, Editora Atlas, 5ª edição, 2003.

[6] FALCINI, Primo. *Avaliação econômica de empresas*. São Paulo, Editora Atlas, 1995.

[7] NEIVA, Raimundo A. *Valor de mercado da empresa*. 2.ed. São Paulo: Atlas, 1999.

Modelos Baseados na Demonstração do Resultado

Esses modelos são baseados na demonstração do resultado do exercício (DRE). Tais métodos buscam determinar o valor das empresas por meio do volume de lucros, vendas e outros indicadores de resultado que são apresentados.

É possível, por exemplo, analisar o desempenho, multiplicando a capacidade de produção anual (ou suas receitas anuais) por uma taxa, conhecida como múltiplo. Essa categoria inclui modelos baseados na Price to Earnings — PER[8] (índice preço–lucro), que considera que o preço de uma ação é um múltiplo dos lucros gerados.

Modelo do valor dos lucros

O modelo do valor dos lucros (PER) trata como valor patrimonial o resultado da multiplicação das receitas anuais líquidas (lucros) por uma taxa denominada PER, que é a taxa da relação preço–lucro. Essa taxa indica o múltiplo dos lucros por ação pago no mercado de ações. Assim, se os lucros por ação no último ano fossem de R$4,00 e o preço da ação fosse de R$16,00, a PER seria de 4 (R$16,00/4).

Em outras situações, a PER usa como referência a previsão dos lucros por ação para o próximo ano no mercado acionário ou, às vezes, a média dos lucros por ação dos últimos dois ou três anos. A PER é usada como um padrão empregado predominantemente no mercado de ações. Ressalte-se que a PER é um parâmetro que relaciona um valor de mercado (preço de uma ação) com um item puramente contábil (o lucro). Algumas vezes, uma taxa conhecida como PER relativa é também usada, sendo calculada pela divisão da PER da empresa pela PER do país, como fazem alguns analistas no mercado norte-americano. O modelo tem limitações, com destaque para: lucro contábil, não considera o valor do dinheiro no tempo e assume como verdadeira a eficiência dos mercados[9].

Modelo do valor dos dividendos

O modelo do valor dos dividendos considera que os dividendos são uma parte dos lucros que efetivamente foram propostos ou pagos aos acionistas e, em muitos casos, são os únicos fluxos regulares de recursos recebidos pelos

---

[8] No mercado financeiro, o índice preço/lucro é conhecido pela sua sigla em inglês: "P/E", ou "price to earnings". É também chamado de PER (price earnings ratio). Fonte: Wikipedia.

[9] MARTINS, Eliseu. *Avaliação de empresas: da mensuração contábil à econômica*. São Paulo, Editora Atlas, 2001.

investidores. Fluxos de recursos são aqui considerados como os pagamentos efetuados pela empresa aos detentores de parcelas do capital ou vice-versa, como por exemplo, na compra e venda de novas ações ou no caso de direitos de subscrição.

De acordo com esse modelo, o valor de uma ação é o valor presente líquido dos dividendos esperados.

Assim, podemos considerar o dividendo pago por uma ação como perpetuidade (saiba mais sobre perpetuidades no Capítulo 5), ou seja, quando sabemos que uma companhia distribui dividendos constantes a cada ano, basta dividir o valor deste dividendo por uma taxa de retorno sobre o patrimônio líquido, para obter o valor da ação.[10]

$$\text{Valor da Ação} = \frac{\text{Dividendo}}{\text{Taxa de Retorno}}$$

De outra forma, pode-se projetar uma taxa constante de crescimento do volume de dividendos a cada ano. Assim, o valor do patrimônio da empresa deve ser calculado dividindo-se o volume de dividendos esperados para o próximo ano pela taxa de retorno esperada, devidamente subtraída da taxa de crescimento.

$$\text{Valor da Ação} = \frac{\text{Dividendo}}{\text{Taxa de Retorno} - \text{Taxa de crescimento}(g)}$$

Tome-se por base um exemplo: se o lucro de uma empresa é de R$1.000.000,00, os dividendos são distribuídos à razão de 10% ao ano e o número de ações é de 40.000, tem-se um volume de dividendos por ação de R$2,50. Assim, se o retorno esperado para o capital dos acionistas (Patrimônio Líquido) é de 12% ao ano, ao dividir-se o valor dos dividendos de R$2,50 por 0,12, tem-se um valor para a ação de R$20,83. Caso seja estimada uma taxa de crescimento de 2% ao ano (g) para os dividendos, imagina-se um volume de dividendos por ação de R$2,55 para o próximo ano. Dividindo-se R$2,55 por 0,10 (0,12 menos 0,02), projeta-se o valor da ação para o próximo ano na ordem de R$25,50.

$$\text{Valor da Ação} = \frac{R\$2,55}{0,12 - 0,02} = R\$25,50$$

As companhias que pagam mais dividendos não obtêm, necessariamente, como resultado, um crescimento no valor de suas ações. Isso se deve ao fato de que, quando uma empresa distribui mais dividendos, normalmente reduz seu próprio crescimento porque, ao invés de reinvestir, distribui parte dos lucros que ficariam retidos e utilizados no giro do negócio. É a preocupação do mercado

---

[10] NEIVA, Raimundo A. *Valor de mercado da empresa*. São Paulo, Editora Atlas, 1999.

com a continuidade dos negócios e a sobrevivência do investimento realizado. Saiba mais sobre este modelo, revisando o Modelo de Gordon, no Capítulo 5.

Entre suas principais críticas está a premissa de que os dividendos futuros serão mantidos e em crescimento indefinido e a arbitrariedade da utilização de uma taxa constante (g) para o crescimento dos dividendos futuros.

Modelo dos múltiplos de vendas

O modelo dos múltiplos de vendas ou de receitas é usado no mercado de avaliações com frequência em alguns segmentos. Consiste em estabelecer o valor da empresa, multiplicando-se o volume de vendas por um "múltiplo". Saiba mais sobre avaliações por múltiplos consultando o Capítulo 12.

Esse método é utilizado, muitas vezes, por analistas e consultores que consideram a situação de mercado do ramo de atividades da empresa. Assim, arbitrariamente, impõe-se um multiplicador para o setor de atividades, meramente pela observação da movimentação do mercado. Dessa forma, as empresas de um determinado ramo de atividade, como, por exemplo, do setor calçadista, podem ser vendidas por um volume de 3 vezes o seu faturamento. Uma entidade desse setor, que fature um volume de R$300.000,00, seria vendida por R$900.000,00, enquanto uma empresa menor, que fature R$80.000,00, por exemplo, teria um valor de R$240.000,00. Outros setores de atividades teriam multiplicadores diferentes e tais multiplicadores estariam representando a situação atual de mercado. Caso o setor estivesse em crescimento, o multiplicador poderia ser 3,5 ou 4, por exemplo. A relação preço por vendas é derivada da multiplicação da PER pela taxa de retorno sobre vendas (lucro dividido pelo volume de vendas).

Outros modelos de múltiplos

Outros modelos de múltiplos são também utilizados e somam-se aos diversos métodos baseados no resultado de um exercício contábil. Alguns desses múltiplos são obtidos pela divisão do valor da empresa em dado momento por valores identificáveis nos livros contábeis.

Entre esses múltiplos, encontra-se o valor da empresa dividindo-se pelo Earnings Before Interest and Taxes — EBIT (Lucros antes de juros e impostos) ou, o mais comumente usado pelos consultores, dividindo-se pelo Earnings Before Interest, Taxes, Depreciation and Amortization — EBITDA (Lucros antes de juros, impostos, depreciação e amortização); este último, traduzido literalmente para o português significa Lucro antes dos Juros, Impostos, Depreciação e Amortização — LAJIDA. Confira na Tabela 8.2.

Tabela 8.2   **EBITDA**

(=) Receita Operacional Líquida (ROL)	12.820,53
(-) Custo dos Produtos Vendidos	(5.122,00)
(=) Lucro Bruto	7.698,53
(-) Despesas Operacionais	(2.014,00)
(-) Despesas com Vendas e Administrativas	(1.205,00)
(=) EBIT	4.479,53
(+) Depreciação e Amortização	350,00
(=) EBITDA	4.829,53
(=) EBITDA em percentual do ROL	37,7%

Obviamente, ao determinar o valor de uma empresa com o uso de múltiplos, devemos nos basear nos mesmos indicadores de outras empresas do mesmo setor e porte.

Existe também uma infinidade de outros cálculos de múltiplos que são utilizados pelos analistas e que normalmente são chamados de múltiplos "sui generis". São valores idealizados pelos sócios ou acionistas e que guardam relações diversas ligadas aos interesses desses sócios ou acionistas. Um exemplo simples pode ser a determinação do valor da empresa, dado por um sócio, que corresponda ao valor de seu interesse para deixar a sociedade, baseado apenas em razões pessoais, sem uma avaliação teórica ou técnica e sem a preocupação de determinação de um cálculo estatístico, contábil ou econômico. São processos de cálculos de múltiplos ou de valores de empresas sem embasamento científico ou que tenham relação com valores determinados pelo mercado. Inúmeras empresas são compradas e vendidas com base nesses tipos de valores e de avaliações[11]. Saiba mais sobre avaliações por múltiplos consultando o Capítulo 12.

Modelos Baseados no Goodwill

Genericamente, o denominado Goodwill é o valor que uma empresa tem, que sobrepõe o valor contábil. Assim, o Goodwill representa o valor dos ativos intangíveis, além dos ativos tangíveis, devidamente apontados pela contabilidade empresarial.

Temos que reconhecer que os ativos intangíveis são uma realidade. De que modo poderíamos explicar que a Nike, fabricante de roupas e calçados esportivos, valeria tanto? Acontece que há um valor muito maior que os ativos de uma fábrica de tênis. Que valor é este? A marca Nike, sua qualidade e rede

---

[11] ASSAF NETO, Alexandre. *Finanças corporativas e valor.* São Paulo, Editora Atlas, 2003.

GOODWILL É MUITO MAIS QUE BENEVOLÊNCIA

Em contabilidade, Goodwill é um ativo intangível. Quando um comprador adquire uma empresa já existente, mas paga mais do que o valor de mercado dos ativos líquidos (ativos totais — passivo total), este "ágio" equivale ao excesso de "retribuição de compra" sobre o valor total dos ativos e passivos. O Goodwill é classificado como um ativo intangível no balanço, uma vez que não pode ser visto nem tocado, sendo um tipo especial de ativo, que representa a porção de todo o valor comercial que não pode ser atribuído a outros ativos de negócios, de produção, de renda, corpóreos ou incorpóreos. Por exemplo, uma empresa privada de software pode ter ativos líquidos (equipamentos) avaliados em R$2 milhões, mas o seu valor global, incluindo marca, clientes e capital intelectual ser de R$11 milhões. Qualquer pessoa que a comprasse iria registrar R$11 milhões em ativos totais adquiridos, sendo R$2 milhões em ativos físicos e R$9 milhões em outros ativos intangíveis. Qualquer contraprestação paga em excesso aos R$2 milhões é considerada como Goodwill. Calculando um exemplo:

Recebíveis	R$12,00
Estoques	R$6,00
Fornecedores	(R$7,20)

Total dos ativos líquidos: R$12,00 + R$6,00 - R$7,20 = R$10,80

A fim de adquirir a empresa "B", a empresa "A" pagou R$24,00. Por isso, o Goodwill (ágio) seria R$11,00 (R$20,00 - R$9,00). O registro nos livros da empresa "A" para contabilizar a aquisição da empresa de "B" seria:

Goodwill	R$13,20
Recebíveis	R$12,00
Estoques	R$6,00
Fornecedores	(R$7,20)

Total do valor pago   R$13,20 + R$12,00 + R$6,00 + (R$7,20) = R$24,00

de distribuição, por exemplo. Neste caso, o maior ativo da Nike é a intangível marca. Confira na Figura 8.1. Esta prática apareceu a partir da década de 1950, pois trata-se de uma importante participação no valor real de uma empresa. O Goodwill, então, representa esse valor adicional em função de uma expectativa.

Exemplificamos o Goodwill como marca, mas ele pode assumir outros formatos, como carteira de clientes, capital intelectual, posição de mercado, expectativas de lucros, liderança, competitividade, alianças estratégicas e tecnologia de gestão, dentre outros. De acordo com as teorias da contabilidade, todos são extremamente complexos de avaliar, mas isso se explica em virtude das dificuldades de definição, natureza do ativo e das incertezas de mensuração dos valores.

Assim, Goodwill pode ser considerado como um excesso de valor no processo de avaliação. Muitos valores de intangíveis que compõem o Goodwill não aparecem na contabilidade tradicional; no entanto, contribuem com adições ao valor de uma empresa comparativamente a outras do mesmo segmento de atividade. Os modelos apresentados a seguir, baseados no Goodwill, utilizam uma abordagem mista: avaliam estaticamente os ativos de uma empresa e, por outro lado, procuram quantificar o valor que a firma poderá gerar no futuro.[12]

Basicamente, esses modelos procuram determinar o valor da companhia, por meio de uma estimativa, que combina o valor de seus ativos líquidos adicionado a um ganho de capital proveniente do valor de futuros lucros.

FIGURA 8.1: Marcas do mercado mundial.

ATIVO TANGÍVEL E ATIVO INTANGÍVEL. TEM DIFERENÇA?

Qual a diferença entre ativo tangível e um ativo intangível? Um ativo tangível tem forma física, como máquinas, edifícios, terrenos e equipamentos. Estes tipos de ativos recebem tratamento especial na contabilidade, pois se tiverem vida útil estabelecida em mais de um ano no RIR3, a empresa estará obrigada a um processo chamado de depreciação para alocar parte da despesa do mesmo a cada ano de sua vida útil. Já um ativo intangível não é de natureza física e não pode ser visto. Como exemplo, temos: propriedade intelectual, patentes, marcas comerciais, direitos autorais e metodologias de negócio. Enquanto os ativos intangíveis não têm o valor físico, os quais são óbvios em uma fábrica ou de equipamentos, eles podem ser muito valiosos e fundamentais para o seu sucesso a longo prazo. Por exemplo, uma empresa como a Coca-Cola não seria tão bem-sucedida se não fosse o alto valor da marca. Embora a marca não seja um ativo físico que possa ser tocado, seus efeitos positivos sobre os lucros da linha de produtos são extremamente valiosos para empresas como Apple, Coca-Cola ou Nike.

---

[12] Vide o Link: >https://en.wikipedia.org/wiki/Goodwill_(accounting) (conteúdo em inglês)

Modelo clássico

O modelo clássico de Goodwill estabelece que o valor de uma empresa é igual à soma do valor de seus ativos líquidos (a valor de mercado ou a valor substancial) e do valor de seu Goodwill.

O Goodwill, nesse modelo, é avaliado como um multiplicador da receita líquida, ou seja, certo número de vezes, ou então determinado percentual da receita anual bruta.

Segundo esse modelo, a fórmula que expressa o valor de uma firma é dada por:

$$V = A + (n \times B)$$

Ou ainda:

$$V = A + (z \times F)$$

Onde "A" representa o valor dos ativos líquidos, "n" é um coeficiente multiplicador, "B" é a receita líquida, "z" é um percentual das receitas e "F", a receita total. Uma variação desse método tem sido utilizada com o uso do fluxo de caixa líquido ao invés da receita líquida[13].

Modelo simplificado da União Europeia

O modelo conhecido como abbreviated goodwill income method (modelo simplificado da União Europeia) traz como fórmula, para a determinação do valor de uma companhia, o seguinte:

$$V = A + an(B - iA)$$

Onde "A" é o valor dos ativos líquidos atualizados ou o valor substancial líquido, "a_n" é o valor presente a uma taxa "t", de "n" anuidades, com "n" entre 5 e 8 anos. "B" é o valor da receita líquida prevista para o ano ou a projeção para o ano seguinte, "i" é a taxa de juro obtida por uma aplicação alternativa, que pode ser debêntures, o retorno sobre o Patrimônio Líquido ou outro investimento.

Nesse modelo, a expressão a_n (B - iA) representa o Goodwill. Nessa fórmula, o valor do Goodwill é obtido por capitalização, pela aplicação do coeficiente "a_n", que representa um superlucro igual à diferença entre a receita líquida e os investimentos dos ativos "A", dada uma taxa "i" (risco).

---

[13] NEIVA, Raimundo A. *Valor de mercado da empresa.* São Paulo, Editora Atlas, 1999.

Considerações adicionais sobre os modelos baseados no Goodwill

Dentre os vários modelos de avaliação baseados no Goodwill, percebe-se a existência de arbitrariedades na determinação de taxas a serem aplicadas e na utilização de parâmetros ou faixas de valores de indicadores predeterminados.

O chamado Método Anglo-saxão, por exemplo, inclui a variável "risco", quando recomenda que a taxa utilizada para desconto do excesso de rendimento seja o dobro da taxa utilizada para encontrar o retorno do ativo operacional. Esse fato traz um aspecto pouco científico em sua aplicação[14]. No entanto, o fato de um determinado valor não possuir forma tangível não o torna inviável de mensuração, simplesmente pela insegurança que pode trazer, mas também não habilita o interessado na busca do valor a fazer uso de arbitrariedades conceituais ou de taxas arbitrárias para sua determinação.

Modelos Baseados no Fluxo de Caixa

Esses modelos procuram determinar o valor de uma empresa pela estimativa dos fluxos de caixa que devem ser gerados no futuro, descontando-os ao longo de sua vida a uma taxa condizente com o risco do fluxo. São os mais aceitos no mercado de consultoria e também citados e divulgados nas bibliografias que versam sobre avaliações de ativos e empresariais[15].

Consideramos que os modelos de fluxo de caixa são conceitualmente corretos para avaliações de empresas, pois as firmas são vistas como sendo geradoras de fluxo de caixa e seu valor é obtido pelo valor presente desses fluxos, dada uma determinada taxa de desconto. Além do mais, se baseiam em elaboradas previsões, para cada período, de cada item financeiro relacionado com a geração de fluxos de caixa correspondentes às operações corporativas, como por exemplo, o valor das vendas, os gastos com pessoal, matérias-primas, custos e despesas administrativas, comerciais etc. Sua abordagem conceitual é similar à aplicada ao orçamento de caixa.

$$V = \frac{CF1}{1+k} + \frac{CF2}{(1+k)^2} + \frac{CF3}{(1+k)^3} + \dots \frac{CFn}{(1+k)^n} + VRn$$

Onde:

CF = fluxo de caixa gerado pela empresa no período

VRn = valor residual (perpetuidade) da empresa no ano "n"

---

[14] NEIVA, Raimundo A. *Valor de mercado da empresa.* São Paulo, Editora Atlas, 1999.

[15] DAMODARAN, Aswath. *A face oculta da avaliação.* São Paulo, Editora Makron Books, 2002.

k = taxa de desconto apropriada para o risco do fluxo de caixa (WACC)

A determinação da taxa de desconto leva em consideração cada tipo de fluxo de caixa e de capital; é um dos mais importantes detalhes na aceitação desses modelos pelos consultores e avaliadores de empresas. Taxas arbitrárias de 6% ou multiplicadores de 2,5 ou 3 vezes, identificados por simples observação empírica das flutuações de mercado, são totalmente desconsiderados (veja mais sobre o estabelecimento de taxas de desconto no Capítulo 4).

Entre os modelos mais utilizados, estão o fluxo de caixa livre para a empresa e o fluxo de caixa livre para o acionista. Como já abordado anteriormente, o modelo de fluxo de dividendos pode ser considerado como um modelo baseado nos resultados, tendo sido então já classificado.

Fluxo de caixa livre

Antes de tudo, você verá que existe uma série de nomenclaturas diferentes para tratar do mesmo assunto ou de tipos de fluxos de caixa muito parecidos:

» FCFE — Free Cash Flow To Equity — (fluxo de caixa livre para o acionista). É a medida de quanto em dinheiro pode ser pago aos acionistas ou cotistas (capital próprio) depois do pagamento de todas as despesas, reinvestimento e dívidas. É calculado como: FCFE = Lucro Líquido - Investimentos - alterações no capital de giro + dívidas novas e pagamento de dívidas.

» FCFF — Free Cash Flow To Firm — (fluxo de caixa livre para a empresa). Uma medida de desempenho financeiro que expressa a quantidade líquida de caixa gerada para a empresa, que consiste em despesas, impostos e mudanças no capital de giro e investimentos. Calculado como: FCFF - fluxo de caixa operacional - despesas - impostos - alterações no capital de giro - alterações em investimentos.

Para calcular o fluxo de caixa futuro, deve-se prever o volume de caixa a ser recebido e que deve ser pago em cada período.

A contabilidade tradicional não traz essa informação diretamente em seus relatórios, usando apenas as provisões e alocando receitas, custos e despesas, em muitos casos, por meio de mecanismos arbitrários. Essa face da contabilidade distorce a percepção apropriada quando se calcula o fluxo de caixa, pois, para o cálculo do valor da empresa, devem-se considerar como caixa os valores a receber e a pagar efetivos e não apenas provisionados, segundo critérios definidos pela firma ou parametrizados pela legislação. A contabilidade, portanto, deve ser ajustada para atender ao cálculo do fluxo de caixa livre.

Considerações adicionais sobre os modelos baseados no fluxo de caixa

O cálculo do valor da empresa com o uso dos modelos baseados no fluxo de caixa prevê, então, que o valor da estrutura de capitais total, a valor de mercado, é igual ao valor presente dos fluxos de caixa a serem gerados no futuro, considerado o custo médio ponderado de capital (WACC). O custo médio ponderado de capital é um importante item a ser considerado dentro do cálculo do valor pelo modelo, pois credores e acionistas têm a esperança de serem remunerados pelo custo de oportunidade[16].

Modelos de criação de valor

Os modelos de criação de valor são todos representados praticamente pelo Economic Value Added — EVA (valor econômico agregado) e faz-se pouco ou nenhum uso de modelos como o do lucro econômico (Lucro Líquido do Exercício), por exemplo. Isso acontece por ser o EVA o modelo aceito e citado entre os autores.

Economic Value Added – EVA

Por definição, o EVA, como é mais conhecido, é um modelo criado para a utilização em empresas, como fonte de informação relacionada à geração de valor ao acionista, que possibilita o conhecimento e a mensuração do desempenho empresarial.

O conceito de valor econômico agregado ou adicionado foi desenvolvido por Joel Stern e Bernnett Stewart durante os anos 1980. Ambos presidem a empresa de consultoria Stern & Stewart, com sede em Nova York. O conceito deriva da abordagem do lucro econômico, que mede o valor criado em um negócio em um período de tempo que é dado, sinteticamente, pela seguinte fórmula:

$$\text{Lucro econômico} = Ci\left(RCi - CCi\right)$$

Onde:

Ci = capital investido

RCi = retorno sobre o capital investido

CCi = custo do capital investido

---

[16] COPELAND, Tom; KOLLER, Tim; MURRIN, Jack. *Avaliação de empresas — Valuation.* São Paulo, Editora Makron Books, 2002.

RETORNO SOBRE ATIVOS, MAIS CONHECIDO POR ROA

Retorno sobre os ativos, mais conhecido por ROA (Return On Assets), é um indicador para medir quão rentável é uma empresa em relação aos seus ativos totais. O ROA dá uma ideia sobre a forma como a gestão é eficiente no uso de seus ativos para gerar lucros. Calculado dividindo-se o lucro anual de uma empresa pelos seus ativos totais, o ROA é exibido como uma porcentagem. Às vezes, ele também é chamado de "retorno do investimento". A fórmula para o cálculo do retorno sobre os ativos é a seguinte:

$$\text{Retorno sobre ativos}\left(\text{ROA}\right) = \frac{Lucro\ Líquido}{Ativos\ Totais}$$

Alguns investidores adicionam as despesas de juros de volta no lucro líquido ao realizar este cálculo, pois acreditam que usar retornos operacionais antes do custo dos empréstimos é mais apropriado.

Na linguagem deste livro, poderia simplesmente ser definido por:

$$EVA = ROA - WACC$$

"O EVA é, então, basicamente utilizado para calcular a riqueza criada em determinado espaço de tempo, buscando o cálculo da rentabilidade real de um capital aplicado. Trata-se de um indicador do valor econômico agregado, ferramenta que possibilita ao executivo, donos do capital e investidores institucionais, avaliar se o recurso empregado em um determinado negócio está sendo bem gerido."[17]

Para sua mensuração, podem-se encontrar fórmulas simplificadas, como o Lucro Líquido do Exercício, menos o custo de oportunidade, multiplicado pelo Patrimônio Líquido; mas não é essa a melhor abordagem científica para tal tentativa.

Estudos da relação entre o EVA e o valor das ações das empresas analisadas na Bolsa de Valores do Estado de São Paulo mostram a correlação dos indicadores de desempenho, com base em critérios estatísticos, chegando à conclusão de que, com os dados analisados, o EVA não apresentava forte correlação com o valor da ação nem com sua variação. Dessa forma, o EVA, como indicador confiável, para pressupor o valor da ação não tem tanta credibilidade, até porque não há teses que comprovem a relação entre o valor da empresa e da ação.[18]

---

[17] WERNKE, Rodney; LEMBECK, **Marluce. Valor econômico adicionado (EVA)**. *Revista Brasileira de Contabilidade*, Brasília, v.29, n.121, p.84–90, jan./fev./2000.

[18] Vide o Link: >http://www.investopedia.com/terms/r/returnonassets.asp (conteúdo em inglês)

Market Value Added

Um conceito muito relacionado ao EVA é o Market Value Added — MVA (valor agregado de mercado). O MVA é um indicador que mede a criação de valor de uma empresa em relação aos recursos atribuídos ao negócio, em termos de mercado, ou seja, a diferença entre o valor de mercado da empresa e o capital investido pelos acionistas. O MVA é também uma medida usada para avaliar a geração de valor de uma firma em relação aos investimentos realizados.

Outros modelos baseados na criação de valor

Existem outros modelos de indicadores baseados na criação de valor, como o cash flow return on investment — CFROI (fluxo de caixa do retorno sobre o investimento), o shareholder value added — SVA (valor agregado do acionista), o adjusted economic value added — AEVA (valor econômico agregado ajustado) e o refined economic value added — REVA (valor econômico agregado, depurado).

O CFROI é um modelo muito próximo ao do uso da taxa interna de retorno. Tem, no entanto, enfoque mais voltado ao uso do fluxo de caixa, do que à criação de valor propriamente dita.

O SVA é um modelo desenvolvido por Alfred Rappaport[19] e também trabalha com fluxos de caixa futuros que, devidamente descontados, procuram identificar o valor de uma empresa.

Os demais modelos citados, AEVA e REVA, são derivados do modelo EVA e procuram suprir deficiências apresentadas na modelagem original.

Considerações adicionais sobre os modelos baseados na criação de valor

O EVA é considerado um modelo bastante complexo que apresenta certas limitações de aplicação. A maior crítica oferecida é a do uso de ajustes contábeis, tão arbitrários quanto as regras de contabilização inicialmente utilizadas para as demonstrações do cálculo.

As grandes virtudes do EVA, tratadas pelos autores da área, envolvem variáveis de gerenciamento e de participação dos envolvidos nos conceitos de criação de valor para o acionista. A expectativa e o crescimento futuro da empresa são direcionados por conceitos que envolvem gastos com pesquisa e

---

[19] Alfred Rappaport, nascido em 1932, é um economista Americano. Ele era professor do Kellogg School of Management e é mais conhecido por desenvolver ideias a respeito do valor do acionista.

desenvolvimento, vendas e marketing como investimentos para melhoria de desempenho, habilidades para diferenciação do produto, entre muitas outras.

São as variáveis de mensuração da criação de valor, que, agregadas ao capital, fornecem o valor da empresa. Assim, o valor da empresa no mercado é razão direta de seu desempenho como organização geradora de valor ao acionista, baseada em seus resultados.

Para finalizar, não é possível prescindir de uma certa subjetividade

É cientificamente possível estabelecer um conjunto de elementos que validem a utilização de cada um dos modelos estudados, dadas as particularidades de cada um, e compará-los entre si. Isto serve como parâmetro para a realização de outros estudos ou como ponto de partida para novas pesquisas, dentro do ambiente da avaliação empresarial. Não se pode concluir, no entanto, pelo esgotamento do assunto, visto que existem outros modelos não descritos aqui, como o já citado modelo de opções. Segundo ensina o professor Alexandre Assaf Neto, "a definição do valor de uma empresa é uma tarefa complexa, exigindo coerência e rigor conceituais na formulação do modelo de cálculo. Existem diversos modelos, embutindo todos eles certos pressupostos e níveis variados de subjetividade".

Mas, ainda nas palavras do eminente professor, "não há como prescindir de certa dose de subjetividade na definição do valor de uma empresa, principalmente por se tratar de uma metodologia que se baseia em resultados esperados obtidos do comportamento do mercado".

NESTE CAPÍTULO

Balanço Especial ou Balanço de Determinação

Casos práticos de decisões de processos judiciais envolvendo avaliações

Um pouco de teoria contábil, mas apenas um pouquinho

Capítulo 9

Balanço Especial ou de Determinação — Avaliação de Empresa para Uso em Ambiente Judicial

Balanço Especial ou Balanço de Determinação

O Balanço Especial, também chamado de Balanço de Determinação, é obrigató-rio, segundo o artigo n° 1031 do Código Civil Brasileiro de 2002, para os casos de apuração de haveres judiciais, e deve ser elaborado por ocasião em que um ou mais sócios se desligam da empresa, não importando se isso ocorre por retirada voluntária, morte, ou por exclusão[1].

"Este tipo de balanço é elaborado para apurar o valor da empresa de forma mais ampla possível, incluindo ativos tangíveis e intangíveis, até mesmo com o reconhecimento do Goodwill — também chamado de fundo de comércio."[2]

Este tipo de balanço apenas pode ser elaborado por um profissional altamente especializado, um perito contador legalmente habilitado e com experiência na área pericial. Deve sempre ser fundamentado em elementos processuais de prova ou sentença fixada pelo magistrado e também pelo árbitro, se for o caso. Todos os seus elementos são detalhadamente justificados por meio de notas explicativas.[3]

É sabido que em casos de demandas judiciais, por exemplo, os interesses das partes não são convergentes, tornando assim a tarefa do perito judicial ava-liador ainda mais complexa, pois o trabalho deve ser realizado com elementos fáticos, sempre justificáveis e de acordo com a lei, mas que, pela sua natureza, envolve decisões subjetivas, algumas nem sempre possíveis de serem funda-mentadas nas técnicas contábeis e legais.

O Balanço de Determinação demonstra quanto vale a empresa, da mesma forma qual é o valor de cada uma das participações societárias, sempre a preços de mercado, para tornar-se comprovação irrefutável da parcela que cabe às partes retirantes da sociedade ou aos herdeiros legais do sócio falecido. Não obstante se inicie com os elementos da contabilidade empresarial, este tipo de balanço "supera as limitações básicas da contabilidade societária e apura o valor de mercado de cada item patrimonial de forma individual"[4].

---

[1] Vide o Link: >http://periciacontabilms.blogspot.com.br/2012/04/balanco-especial-ou-balanco-de.html. Texto da Professora e Contadora Valdenice Correa.

[2] Vide o Link: >http://periciacontabilms.blogspot.com.br/

[3] CARLIN, Everson Luiz Breda e HOOG, Wilson Alberto Zappa. *Valuation — Manual de Avaliação, Teoria e Prática*. Curitiba, Editora Juruá, 2015.

[4] Vide o Link: >http://periciacontabilms.blogspot.com.br/2012/04/balanco-especial-ou-balanco-de. html. Texto da Professora e Contadora Valdenice Correa.

Casos práticos de decisões de processos judiciais envolvendo avaliações

Apenas para contextualizar, extraímos algumas decisões de processos judiciais que envolvem avaliações de empresas em processos de apuração de haveres, como são denominados:

» "Dissolução Parcial de Sociedade — Apuração de haveres que deve abranger o patrimônio Incorpóreo — Admissibilidade do critério do goodwill relativo à potencialidade da empresa em gerar lucros (...)" (TJ/SP — 6ª. Câmara de Direito Privado. Apelação 134.960-4/8-00. Rel. Des. Sebastião Carlos Garcia).

» "Direito Comercial. Sociedade Empresária. Dissolução Parcial. Apuração de Haveres. Recurso Provido. Maioria..." IV — a apuração de haveres é procedimento que se segue à dissolução parcial, colimando a identificação do quantum devido pela sociedade ao sócio desvinculado, ao qual assiste direito à percepção de valor equivalente ao que receberia se versasse a hipótese de dissolução total, correspondendo essa importância ao valor patrimonial de suas cotas, e não o nominal ou o de mercado, ou seja, calca-se no patrimônio líquido da empresa e não no preço que o titular da cota lograria na sua alienação (valor de mercado) ou que resultaria da divisão do valor do capital social pelo número de cotas (valor nominal). (TJ/DF — 1ª T. Cív., Ap. Cív. nº 20010110604050, Rel. Des. Hermenegildo Gonçalves, DJ 05.08.2004, p. 26).

» "Recurso Especial Nº 908.173 — Pe (2006/0255358-7) Recorrente: Arthur Lundgren Tecidos S/A Casas Pernambucanas Recorrido: Maria de Lourdes Manhke e Outros — Cotejo Inexistente. Ausência de Similitude Fática Entre os Arestos Confrontados. Apuração de Haveres. Inclusão do Fundo de Comércio. Possibilidade. Recurso a Que se Nega Seguimento... A jurisprudência desta Corte Superior firmou-se no sentido de que o critério da apuração de haveres, no caso de sócio que se retira da sociedade, será semelhante ao da dissolução total, ou seja, incluindo-se na avaliação de seus haveres o fundo de comércio, sob pena de enriquecimento dos demais sócios em prejuízo do sócio falecido..."

» "SOCIEDADE COMERCIAL — Ação de dissolução parcial cumulada com apuração de haveres — Reconhecimento de haveres pela sentença com base em laudo do assistente técnico dos réus — Realização de nova perícia contábil, por força de diligência determinada por acórdão — Insurgência do autor contra o novo laudo — Improcedência — Impossibilidade, contudo, de inclusão do goodwill calculado pelo perito, por não caracterizadas as condições para tanto e inadequação do método adotado — Ausência de real expectativa de lucros extraordinários nas empresas dissolvendas — Prevalecimento do valor admitido pela sentença — Distribuição das verbas sucumbenciais mantida Recurso improvido." (1ª Câmara D. Privado, Apelação Cível nº 319.095.4/8-00, Rel. Des. Elliot Akel, j. 26.06.2007, v.u.);

CAPÍTULO 9 **Balanço Especial ou de Determinação** 141

Um Pouco de Teoria, mas Apenas um Pouquinho

A necessidade de inclusão do patrimônio incorpóreo (intangível) é algo notoriamente muito discutido nos dias atuais. Desde a alteração na legislação societária (alterações da Lei 6.404/1976 pelas Leis 11.638/2007 e 11.941/2009), houve modificação na estrutura do Balanço Patrimonial das organizações, que pode ser assim sintetizada:

Tabela 9.1   Elementos do Balanço Patrimonial

Balanço Patrimonial	
Ativo Circulante	Passivo Circulante
Ativo Não Circulante	Passivo Não Circulante
Realizável a Longo Prazo	
	Patrimônio Líquido
Investimentos	Capital Social
Imobilizado	Reservas
Intangíveis	Resultados acumulados

Verifica-se, assim, o surgimento do subgrupo de Ativos Intangíveis (incorpóreos, pois não têm presença física), que integra fatores como o *goodwill*, o fundo empresarial ou fundo de comércio, entre outros elementos.

Mas como calcular isto? Uma das formas mais objetivas é apresentada pela Associação Brasileira de Normas Técnicas — ABNT[5]. O Fundo de Comércio deve ser apurado a partir das demonstrações contábeis da empresa.

Segundo prescreve o artigo 1.188 do Código Civil[6]; "o Balanço Patrimonial deverá exprimir, com fidelidade e clareza, a situação real da empresa e, atendidas as peculiaridades desta, bem como as disposições das leis especiais, indicará, distintamente, o ativo e o passivo". Assim, o reconhecimento do fundo de comércio decorre da existência do Balanço Patrimonial e da respectiva Demonstração de Resultados, pois identifica a totalidade dos recursos de que a organização dispõe para gerar rendas e lucros.

---

[5] http://www.abnt.org.br/

[6] http://www.planalto.gov.br/ccivil_03/leis/2002/L10406.htm

Suponhamos que, nas demonstrações dos últimos exercícios, verifiquem-se os seguintes valores de Patrimônio Líquido, mostrados na Tabela 9.2.

Tabela 9.2 ## Patrimônio Líquido

Ano	Patrimônio Líquido (R$)
Ano 1	R$135.913.173,64
Ano 2	R$137.942.571,68
Ano 3	R$146.108.220,94
Patrimônio Líquido médio	R$139.987.988,75

Tem-se um Patrimônio Líquido médio na ordem de valor equivalente a R$139.987.988,75. Confira na Tabela 9.2. Do mesmo modo, extraem-se das referidas demonstrações os seguintes patamares de Receitas Operacionais Líquidas, de acordo com a Tabela 9.3.

Tabela 9.3 ## Receitas Operacionais Líquidas

Ano	Receitas Operacionais Líquidas (R$)
Ano 1	R$271.664.428,14
Ano 2	R$259.464.628,80
Ano 3	R$305.044.607,75

E ainda, os seguintes valores de Lucro Líquido do Exercício apurado em cada período, que podem ser conferidos na Tabela 9.4.

Tabela 9.4 ## Lucro Líquido do Exercício

Ano	Lucro Líquido do Exercício (R$)
Ano 1	R$10.594.374,30
Ano 2	R$8.342.524,16
Ano 3	R$13.884.154,88
Lucro Líquido do Exercício médio	R$10.940.351,11

Assim, pode-se determinar o percentual de lucro líquido auferido efetivamente em cada um dos períodos analisados, quais sejam:

Tabela 9.5 Lucro Líquido do Exercício[7]

Ano	Lucro Líquido do Exercício (%)
Ano 1	3,90%
Ano 2	3,22%
Ano 3	4,55%

Verifica-se, então, um patamar médio de lucratividade líquida de 3,93%.

Tabela 9.6 Patrimônio Líquido

Ano	Patrimônio Líquido (R$)	Receitas Operacionais Líquidas (R$)	Lucro Líquido do Exercício (R$)	Lucro Líquido do Exercício (%)
Ano 1	135.913.173,64	271.664.428,14	10.594.374,30	3,90%
Ano 2	137.942.571,68	259.464.628,80	8.342.524,16	3,22%
Ano 3	146.108.220,94	305.044.607,75	13.884.154,88	4,55%
Patrimônio Líquido médio	139.987.988,75	278.724.554,90	10.940.351,11	3,93%

Segundo a norma da ABNT (NBR 8977, substituída pela NBR 14653-5, e critério de avaliação definido pela NBR 14653-4), tem-se a seguinte fórmula para o cálculo do Fundo de Comércio:

$$FC = \frac{L}{n} x \frac{1-(1+i)^{-n}}{i}$$

$$FC = \frac{R\$10.940.351,11}{36} x \frac{1-(1+0,01)^{-36}}{0,01} = R\$9.149.629,90$$

Onde:

FC = valor do fundo de comércio

L = lucros líquidos acumulados no triênio

n = número de meses do triênio (36)

r = taxa mensal de juros normais e correção inflacionária

DICA

Não esqueça: sempre use as taxas em formatos decimais (0,01), quando estiver aplicando fórmulas e Excel. Já para as calculadoras (HP 12C), as taxas são inseridas no formato literal (1%). Para saber mais revise o Capítulo 2.

---

[7] ((R$8.342.524,16 / R$259.464.628,80) x 100) = 3,22%

Considerada uma taxa de remuneração padrão de taxa de juro de 1% ao mês (um por cento), tal resultado corresponderia a R$9.149.629,90. Se considerarmos o percentual de remuneração do capital (3,89%), a partir dos lucros médios auferidos pela empresa, conforme calculado anteriormente, o resultado da aplicação sobre o Patrimônio Líquido de R$139.987.988,75 corresponderia, entretanto, ao valor de R$5.445.532,76 (R$139.987.988,75 x 0,0389). Isto equivale a dizer que os resultados apresentados pela empresa em suas demonstrações indicam uma perda de valor em relação ao calculado pela norma. Assim, o Fundo de Comércio, avaliado de forma preliminar (avaliação prévia), indicaria o valor mínimo na ordem de R$5.445.532,76, demonstrando potencialidade de crescimento, caso os resultados possam ser majorados nos anos seguintes.

> **NESTE CAPÍTULO**
>
> Lucros econômicos, lucros operacionais, atuação em caso de Valuation
>
> Tipos de aferição de lucro: Líquido do Exercício, Resultado Operacional Bruto, Noplat e Lucro antes de Juros, Impostos, Depreciação e Amortização (LAJIDA ou EBITDA)

Capítulo 10

Lucros Operacionais e Econômicos; Qual Escolher e Como Aplicar nos Casos de Valuation

Qual Lucro Usar em Casos de Valuation

A palavra lucro é usada pelos não iniciados em finanças com muita generalidade e está normalmente associada à vantagem ou ao conceito simples de que as receitas superaram as despesas.

Em contabilidade, todavia, ao falar em lucro, os contadores exultam, mas logo tentam imaginar de qual situação se trata. Como assim? Então existe mais de uma possibilidade de lucro? Acertou, trata-se de uma maçaroca de conceitos e definições que são usados pelos analistas para diversas finalidades e tipos de estudo, cada qual com um conceito diferente de lucro.

Neste capítulo, vamos estudar o assunto e verificar qual dos modos melhor se aplica para avaliar uma firma, dentro dos processos de Valuation.

Conceitos de Apuração de Resultados Econômicos ou Contábeis e Financeiros

Em contabilidade, há uma enorme diferença entre os conceitos econômicos e financeiros. O econômico, também chamado de contábil, considera o regime de competência dos exercícios.

Confira um exemplo: quando uma prestação de serviços ocorre no mês de dezembro e há emissão de nota fiscal contra o comprador, a contabilidade registra o fato como receita de dezembro. Esta operação nada tem a ver com o pagamento do valor faturado, ou seja, é muito provável que o dinheiro só entre no caixa da firma muitos meses depois, mas a Demonstração do Resultado do Exercício já será atualizada no mês de dezembro. Mas e o dinheiro? Bom, isso já é outra história.

Complicando um pouco mais este exemplo de serviços prestados em dezembro, cujo prazo de pagamento foi combinado para 90 dias, o cliente apenas irá pagar a fatura no mês de fevereiro. Aos olhos dos contadores, ou seja, do ponto de vista contábil ou econômico, a receita é contabilizada em dezembro, inclusive com todas as obrigações fiscais e tributárias. Mas, no regime de caixa, o empresário verá a "cor do dinheiro" do cliente em fevereiro.

Observe na Tabela 10.1 uma amostra desta diferença. O serviço foi prestado no mês de dezembro por R$27.000,89. Nesse mesmo mês a empresa comprou insumos usados na prestação que acabaram lhe custando R$17.235,98, os quais foram pagos à vista. Entretanto, o combinado foi um prazo de pagamento de 90 dias. Como ficaram os balanços econômico (contábil) e financeiro?

Tabela 10.1 DREs Fechadas em Dezembro

DRE contábil, econômico	Valores	DRE financeiro, caixa	Valores
Receitas de vendas	27.000,89	Receitas de vendas	R$0,00
(-) CSP	17.235,98	(-) CSP	17.235,98
(=) Lucro	9.764,92	(=) Lucro/prejuízo	17.235,98

Sob o olhar da Receita, para fins de pagamento de impostos e demonstrações de resultados, o balanço contábil ou econômico apresentou um lucro de R$9.764,92. Entretanto, como se diz na gíria, "no que interessa", ou seja, falando em caixa ou dinheiro, temos um prejuízo de R$17.235,98.

DICA

O conceito contábil ou econômico implica no regime de competência dos exercícios fiscais, já o conceito financeiro trabalha com o regime de caixa.

Conceitos de Apuração de Resultados Econômicos ou Contábeis e Operacionais

Sob esta ótica, para fins de análise de desempenho, é importante separar os resultados produzidos pelas atividades operacionais da firma, pois isso está diretamente ligado ao seu potencial de gerar negócios e, consequentemente, caixa. Já os resultados econômicos ou contábeis são afetados por ações não ligadas diretamente às finalidades da empresa, como, por exemplo, as atividades de financiamento.

Conforme veremos em seguida, as diferenças entre os variados tipos e conceitos de lucro decorrem fundamentalmente de como adicionamos as despesas financeiras, impostos sobre o lucro, depreciação e amortização, variações patrimoniais e outras receitas não operacionais.

Assim, separar o resultado operacional do financeiro é fundamental[1].

O Lucro Operacional, por exemplo, de acordo com a legislação societária brasileira, considera o pagamento de juros sobre dívidas (empréstimos e

---
[1] Vide o link: >http://www.cavalcanteassociados.com.br

financiamentos). Alguém poderia explicar por qual razão se mantém este procedimento? "Uma explicação pode ser a dificuldade de classificar a conta de correção monetária que contém componentes tanto operacionais, associados à erosão das contas monetárias do capital de giro operacional, quanto financeiros, provenientes da redução dos juros nominais sobre aplicações e empréstimos financeiros."[2]

Contudo, nos Estados Unidos, onde existe uma forte tendência de avaliar as empresas pelo caixa que geram das suas operações e muito menos pelo lucro líquido que produzem, o Lucro Operacional é apurado antes dos juros pagos. A

GAAP — GENERALLY ACCEPTED ACCOUNTING PRINCIPLES

A contabilidade é regida por conceitos e diretrizes, que, juntas, formam a base para regras mais detalhadas e legalistas. Assim, o Generally Accepted Accounting Principles (GAAP) são "princípios contábeis geralmente aceitos", ou seja, um conjunto comum de princípios contábeis, normas e procedimentos que as empresas utilizam para elaborar suas demonstrações financeiras; uma combinação de padrões oficiais. Os GAAPs são impostos às empresas para que os investidores tenham um mínimo de consistência nas demonstrações financeiras quando analisam alternativas de investimento. Eles abrangem, por exemplo, aspectos como o reconhecimento de receitas e despesas, classificações de itens do balanço patrimonial, depreciação, etc. No Brasil e no resto dos países do mundo, há uma forte tendência para a internacionalização/globalização dos princípios contábeis, o que os tem levado a se aproximarem mais, uniformizando-os, entretanto, ainda com muitas diferenças. Como assim? Quer dizer que um balanço com lucro, aqui no Brasil, pode virar prejuízo nos Estados Unidos? Isso mesmo, quando uma empresa multinacional apura seus resultados segundo a legislação brasileira (Brazilian GAAP), pode obter um Lucro Líquido do Exercício de R$1.000,00, por exemplo. Contudo, quando este mesmo balanço é reorganizado segundo o US GAAP lá dos Estados Unidos, o lucro pode virar um prejuízo de US$1.000,00. Exageros à parte é isso mesmo que acontece na prática. No Brasil, a Lei nº 6.404/1976 (Lei das SA) e os órgãos reguladores oficiais como Conselho Federal de Contabilidade (CFC), por meio das Normas Brasileiras de Contabilidade (NBC), e a Comissão de Valores Mobiliários (CVM), estabelecem as regras contábeis. Em resumo, GAAP é um conjunto de normas e princípios de contabilidade que diferem de país para país.

---

[2] Vide o link: >http://www.cavalcanteassociados.com.br/utd/UpToDate389.pdf. Artigo publicado por Francisco Cavalcante, sócio-diretor da Cavalcante & Associados e Rodrigo Pasin, consultor da Cavalcante Consultores. A Cavalcante & Associados é especializada na elaboração de sistemas financeiros nas áreas de projeções financeiras, preços, fluxo de caixa e avaliação de projetos. A empresa também elabora projetos de capitalização de empresas, assessora na obtenção de recursos estáveis, além de compra e venda de participações acionárias, responsável pela área de Avaliação de Empresas e Fusões e Aquisições.

separação é bastante "coerente com o pensamento predominante na teoria de estrutura de capital, que preconiza a isolação das decisões de investimento e financiamento da empresa"[3].

Então a contabilidade pode variar de um país para outro? Isso mesmo! São os chamados Princípios Contábeis Geralmente Aceitos (Generally Accepted Accounting Principles — GAAP).

Mas, para piorar e complicar um pouco mais as coisas, a segregação feita anteriormente ainda não pode ser considerada completa, pois ela não leva em conta os efeitos dos impostos de renda sobre os resultados. Explicando: como o juro pago pelos empréstimos e financiamentos é dedutível, os teóricos consideram, acertadamente, a nosso ver, tratar-se de um incentivo fiscal. Se a empresa, por hipótese, não tivesse nenhuma dívida com terceiros, os impostos seriam apurados pela simples diferença entre as receitas e despesas. Em resumo, o benefício fiscal mencionado traz uma importante redução no custo do juro para os sócios da empresa.

Conforme estudamos no Capítulo 1, em linhas gerais, o IRPJ tem alíquota de 25% e a Contribuição Social sobre o Lucro Líquido tem alíquota de 9%. Deste modo, a alíquota média teórica é de 34% (confira na Tabela 10.5). Para calcular o valor final da taxa de juro paga em operações de empréstimos e financiamentos, após os efeitos redutores do imposto de renda, use a fórmula:

Custo da dívida após tributação = Custo da dívida antes de tributação (1 - alíquota do IRPJ + CSLL)

Lucro Líquido do Exercício

Segundo a Secretaria da Receita Federal (SRF)[4], o Lucro Líquido do Exercício (LLE), ou simplesmente o Lucro Real, é a base de cálculo do imposto sobre a renda apurado segundo registros contábeis e fiscais efetuados sistematicamente de acordo com as leis comerciais e fiscais. A apuração do lucro real é feita na parte "A" do Livro de Apuração do Lucro Real, mediante adições e exclusões ao lucro líquido do período de apuração (trimestral ou anual) do imposto e compensações de prejuízos fiscais autorizadas pela legislação do imposto de renda, de acordo com as determinações contidas nas instruções normativas da SRF (Tabela 10.1). Para efeito da incidência do imposto sobre a renda, o lucro real das pessoas jurídicas deve ser apurado na data de encerramento do período de apuração:

---

[3] Vide o link: >http://www.cavalcanteassociados.com.br/utd/UpToDate389.pdf

[4] Vide o link: >http://www.receita.fazenda.gov.br/pessoajuridica/dipj/2000/orientacoes/lucroreal.htm

- » Nos dias 31 de março, 30 de junho, 30 de setembro e 31 de dezembro, no caso de apuração trimestral do imposto de renda;
- » No dia 31 de dezembro de cada ano-calendário, no caso de apuração anual do imposto de renda;
- » Na data da extinção da pessoa jurídica, assim entendida a destinação total de seu acervo líquido;
- » Na data do evento, nos casos de incorporação, fusão ou cisão da pessoa jurídica.

O documento contábil de apuração do Lucro Líquido do Exercício é a Demonstração do Resultado do Exercício[5], o qual "tem como objetivo principal apresentar de forma vertical resumida o resultado apurado em relação ao conjunto de operações realizadas num determinado período, normalmente, de doze meses", devendo discriminar as seguintes informações (Tabela 10.2):

- » Receita bruta das vendas e serviços, bem como deduções das vendas, abatimentos e impostos;
- » Receita líquida das vendas e serviços, custo das mercadorias e serviços vendidos e lucro bruto;
- » Despesas com as vendas, despesas e receitas financeiras, despesas gerais e administrativas, e outras despesas operacionais;
- » Lucro ou prejuízo operacional e outras receitas e despesas;
- » Resultado do exercício antes do Imposto sobre a Renda e da Contribuição Social, bem como a provisão para o imposto;
- » Participações de debêntures, empregados, administradores e partes beneficiárias, mesmo na forma de instrumentos financeiros, e de instituições ou fundos de assistência ou previdência de empregados, que não se caracterizem como despesa;
- » Lucro ou prejuízo líquido do exercício e o seu montante por ação do capital social.

A Demonstração do Resultado do Exercício descrita é apresentada em formato típico, de acordo com a Tabela 10.2[6]. O leitor deve levar em consideração que, em contabilidade, não usamos somar ou diminuir. As contas são sempre somadas, é claro que as Despesas Financeiras e as Variações Monetárias e Cambiais Passivas, por exemplo, têm sinal negativo.

---

[5] Vide o link: >http://www.portaldecontabilidade.com.br/guia/demonstracaodoresultado.htm
[6] Vide o link: >http://www.portaldecontabilidade.com.br/guia/demonstracaodoresultado.htm

Tabela 10.2 ## Demonstração do Resultado do Exercício

	Receita Operacional Bruta (Vendas de Produtos; Vendas de Mercadorias; Prestação de Serviços)
(-)	Deduções da Receita Bruta (Devoluções de Vendas; Reversão de impostos sobre devoluções; Abatimentos; Descontos; Impostos e Contribuições Incidentes sobre Vendas)
(=)	Receita Operacional Líquida
(-)	Custos das Vendas (Custo dos Produtos Vendidos, inclui frete/seguros; Custo das Mercadorias, inclui frete/seguros; Custo dos Serviços Prestados)
(=)	Resultado Operacional Bruto
(-)	Despesas Operacionais (Despesas Com Vendas, inclui publicidade e propaganda, depreciação de veículos de vendas/entregas, fretes/seguros sobre vendas, salários de vendedores, despesa de provisão para devedores duvidosos; Despesas Administrativas, inclui impostos e aluguéis sobre prédios administrativos, depreciações em geral, salários de executivos, honorários de diretoria)
(-)	Despesas Financeiras Líquidas (Despesas Financeiras; Receitas Financeiras; Variações Monetárias e Cambiais Passivas e Ativas)
(-)	Outras Receitas e Despesas (Resultado da Equivalência Patrimonial; despesas de ajuste ao valor de mercado; aluguéis ativos, reversão de provisão para devedores duvidosos; Venda de Bens e Direitos do Ativo Não Circulante; Custo e Receita da Venda de Bens e Direitos do Ativo Não Circulante)
(=)	Resultado Operacional antes do Imposto de Renda e da Contribuição Social Sobre o Lucro
(-)	Provisão para Imposto de Renda e Contribuição Social Sobre o Lucro
(=)	Lucro Líquido antes das Participações
(-)	Debêntures, Empregados, Participações de Administradores, Partes Beneficiárias, Fundos de Assistência e Previdência para Empregados
(=)	Resultado Líquido do Exercício

O Lucro Líquido do Exercício, a última linha da demonstração de resultados da Tabela 10.2, em finanças apelidado de Bottom line (última linha), é uma das informações mais preciosas a respeito de uma companhia.

Trata-se do Lucro Operacional, deduzidas as receitas e despesas financeiras (decorrentes do financiamento das atividades da operação; refletindo a estrutura de capital da empresa), das despesas não operacionais, extraordinárias e não recorrentes (não têm ligação direta com as atividades operacionais), e do imposto de renda e contribuição social (Tabela 10.3).

Não é um indicador adequado para avaliar o resultado operacional, pois, em termos de valoração de empresas (Valuation), existem outros apontadores mais importantes que revelam explicitamente a capacidade de geração de recursos e estão diretamente ligados ao FCF[7].

---

[7] Vide o link: >http://www.investopedia.com/terms/n/nopat.asp (conteúdo em inglês)

CAPÍTULO 10 **Lucros Operacionais e Econômicos** 153

Tabela 10.3   Demonstração do Resultado do Exercício

Demonstração do Resultado do Exercício em Real mil (R$)	2016
Receita Operacional Bruta	237.568,00
(-) Impostos sobre vendas	(32.768,00)
Receita Líquida Operacional	204.800,00
(-) Custo da Mercadoria Vendida	(81.920,00)
(=) Lucro Bruto	122.880,00
(-) Despesas Operacionais	(11.264,00)
(-) Depreciação	(10.240,00)
(-) Despesas Financeiras	(7.372,80)
(=) Lucro Antes do Imposto de Renda e da Contribuição Social	94.003,20
(-) Imposto de Renda e Contribuição Social	(31.961,09)
(=) Lucro Líquido do Exercício	62.042,11

Lucro Bruto ou Resultado Operacional Bruto

O Resultado Operacional Bruto[8] é a primeira medida da eficiência empresarial, já que, em situação de normalidade operacional, espera-se que, em termos contábeis, as receitas líquidas cubram os custos operacionais diretos da prestação do serviço ou da produção dos bens. Devemos lembrar, no entanto, que importantes itens de despesas ainda não foram descontados, como as despesas de comercialização dos produtos ou serviços e as despesas operacionais, chamadas de overhead[9], conforme Tabela 10.4. Este tipo de resultado é também um dos tipos de "Lucro antes de Impostos".

Tabela 10.4   Demonstração do Lucro Bruto

Demonstração do Resultado do Exercício em Real mil (R$)	2016
Receita Operacional Bruta	237.568,00
(-) Impostos sobre vendas	(32.768,00)
Receita Líquida Operacional	204.800,00
(-) Custo da Mercadoria Vendida	(81.920,00)
(=) Lucro Bruto	122.880,00

---

[8] Vide o link: >http://www.cavalcanteassociados.com.br/utd/UpToDate389.pdf

[9] Overhead — custo ou despesa inerente à realização de uma operação que não pode ser cobrada ou identificada com uma parte do trabalho, produto ou serviço e, portanto, deve ser alocado como uma despesa do negócio, mas independente do volume de produção. Em finanças é um sinônimo de despesas indiretas.

Lucro Operacional Líquido Depois dos Impostos (Noplat)

Se você realmente deseja entender o processo de Valuation, esta parte é muito importante: Noplat = Net Operating Profit After Taxes (lucro operacional líquido depois dos impostos). A literatura também traz a denominação de NOPAT (veja mais informações na caixa cinza), medida de lucratividade chamada de Net Operating Profit Less Adjusted Taxes (lucro operacional líquido menos o ajuste dos impostos). Neste livro, por razões de simplificação, sempre nos referimos a Noplat, embora tratem de conceitos diferentes. Em caso de dúvida, um contador deve ser consultado.

O Lucro Operacional é uma figura contábil, representativa da capacidade de geração de resultados das operações normais; o potencial de gerar riqueza em decorrência de características próprias do negócio, independentemente das fontes de financiamento utilizadas pelos gestores[10].

Todavia, este "lucro operacional" pode assumir várias formas, como, por exemplo, o LAIR[11] e o LAJIR[12] e no nosso caso específico, o importantíssimo Noplat. Ele também é considerado um tipo de "Lucro antes de Impostos".

A Tabela 10.3 expressa uma típica situação de demonstração do Lucro Líquido do Exercício, no valor deste exemplo, de R$62.042,11. Entretanto, esta quantia não pode ser usada como medida da capacidade de geração de caixa, pois contém inúmeros ajustes econômicos que distanciam o resultado apurado da real capacidade operacional de produzir valores, ou seja, nos casos de Valuation, o analista estará interessado em saber o que o negócio em si pode produzir. Por tal razão, é necessário fazer alguns ajustes para finalmente encontrar a real capacidade de geração de caixa da firma. Explicando melhor, é preciso retirar do resultado operacional os efeitos dos impostos; confira na fórmula (Tabela 10.5):

NOPAT = Resultado Operacional x (1 - (%IR + %CSLL))

Dentre os indicadores de resultados para a finalidade do Valuation, sem nenhuma dúvida, o mais importante é o Noplat, pois é uma medida capaz de indicar o potencial de geração de caixa em firmas com níveis de endividamento normal, a maioria dos casos em análise. Vale ressaltar que empresas muito endividadas têm outras medidas, melhores e mais sofisticadas, de análise de valor.

---

[10] Vide o link: >http://www.cavalcanteassociados.com.br/utd/UpToDate389.pdf

[11] LAIR — lucro antes do Imposto de Renda e da Contribuição Social

[12] LAJIR — lucro antes dos Juros, do Imposto de Renda e da Contribuição Social

O QUE TORNA NOPLAT IGUAL A NOPAT

O lucro operacional líquido menos impostos ajustados (NOPLAT) refere-se a lucros operacionais totais de uma empresa, com os ajustes feitos para os impostos. Representa os lucros gerados das operações principais de uma empresa após subtrair os impostos sobre a renda, relacionados às operações principais. NOPLAT é frequentemente utilizado na avaliação de fluxo de caixa descontado (FCF).

Ele é usado em detrimento de Lucro Líquido do Exercício, pois elimina os efeitos da estrutura de capital (dívida versus capital). O Resultado Operacional é antes de juros e impostos sendo subtraído, o que torna NOPLAT igual a NOPAT, se vistos em termos simplificados.

Embora um analista deva fazer ajustes profundos para contabilizar a amortização, as diferenças de impostos intertemporais, os impostos sobre o lucro não operacional e outros ajustes, na maioria das vezes uma fórmula simples é empregada para mostrar lucros de alavancagem removendo os efeitos de uma dívida. Confira nas fórmulas o que torna NOPLAT igual a NOPAT:

NOPAT = Lucro Operacional Após os Impostos = EBIT (1 - T)*

NOPLAT = Lucro Operacional = Lucro Operacional Após Impostos + (Juros pagos x (1 - taxa de imposto))

O NOPLAT é usado como variante do FCF, o mesmo que é usado em FCF das operações de Mergers and Acquisitions (fusões e aquisições), confira na fórmula:

NOPLAT = Lucro Líquido Operacional Depois do Ajuste dos Impostos = Lucro Líquido Desalavancado + Mudanças em Impostos Diferidos = NOPAT + Mudanças em Impostos Diferidos (Lucro Líquido Desalavancado) = Lucro Líquido + Lucro Líquido Depois dos Impostos [(Impostos x (1 - T)) = NOPAT].

*Onde "T" = alíquota do Imposto de Renda e CSLL (teoricamente calculado como sendo 34%)

Tabela 10.5 Demonstração do Noplat

Demonstração do Resultado do Exercício em Real mil (R$)	2016
Receita Operacional Bruta	237.568,00
(-) Impostos sobre vendas	(32.768,00)
(=) Receita Operacional Líquida	204.800,00
(-) Custo da Mercadoria Vendida	(81.920,00)
(-) Depreciação	(10.240,00)
(-) Despesas Operacionais	(11.264,00)

Demonstração do Resultado do Exercício em Real mil (R$)	2016
(-) Imposto de Renda Sobre as Operações	(31.961,09)
(=) Noplat	69.414,91
Alíquota do Imposto de Renda e Contribuição Social	34%
Imposto de Renda	25%
Contribuição Social	9%

Assim, devido ao Noplat referir-se a lucros operacionais totais menos os ajustes feitos para o Imposto de Renda e a Contribuição Social, ele representa os lucros gerados pelas operações essenciais da firma depois de subtrair os impostos sobre o rendimento, relacionados com suas operações principais. Por tal razão, o Noplat é frequentemente utilizado como insumo na criação de modelos de avaliação de fluxo de caixa descontado, em detrimento de Lucro Líquido, pois elimina os efeitos da estrutura de capital (dívida versus patrimônio líquido). Se acrescentarmos os juros, o imposto de renda e a depreciação, teremos o EBITDA como resultado (Tabela 10.6). Já se diminuirmos do Noplat o custo monetário do capital total, obtém-se o lucro econômico, bastante semelhante ao modelo de EVA.

Tabela 10.6   ## Demonstração do EBITDA

Conta	2016
Noplat	69.414,91
(+) Despesas Financeiras (juros)	7.372,80
(+) Imposto de Renda Sobre as Operações	31.961,09
(+) Depreciação	10.240,00
(=) EBITDA	118.988,80

O lucro operacional líquido após impostos (Noplat) representa os ganhos potenciais de caixa de uma empresa; trata-se de um olhar mais preciso na eficiência operacional para as firmas alavancadas por não incluir as economias fiscais (benefícios) que muitas empresas recebem por causa da dívida existente.

O lucro operacional é definido como o lucro antes de juros e impostos, ou EBIT. Vejamos um exemplo: se o EBIT é de R$10.000,00 e a taxa de imposto é de 34% (Tabela 10.5), o cálculo é de R$10.000,00 multiplicado por 1 menos 0,34 ou 0,66, o que equivale a R$6.600,00. Esta é uma estimativa do caixa gerado sem o benefício fiscal da dívida. Observe que se uma empresa não tem dívida, o lucro operacional líquido após impostos é o mesmo que o lucro líquido após impostos. O Resultado Operacional é antes de juros e impostos a

EVA — ECONOMIC VALUE ADDED

Economic Value Added — EVA (Valor Econômico Agregado). EVA é uma marca registrada da consultoria Stern Stewart &Co. (Estados Unidos). No início dos anos 1990, o conceito do "Economic Value Added" foi amplamente divulgado pela consultoria Stern Stewart & Co., de Nova Iorque, que começou a utilizar a metodologia de Criação de Valor ao Acionista com o objetivo de fornecer informações que até então não eram facilmente mensuráveis. O EVA é calculado pela fórmula:

$$EVA = Noplat - (WACCxCapitalTotal)$$

Uma empresa tem um Noplat de R$722.653,00 e os acionistas estabeleceram a remuneração de 12% ao ano como meta mínima de remuneração de capital. Seu ativo operacional corresponde a R$3.924.480,00.

$$EVA = R\$722.653,00 - (R\$3.924.480,00 \, x \, 0,12) = R\$251.715,40$$

ser subtraídos, o que torna Noplat igual Noplat, se não houver dívida[13]. Ao calcular o lucro operacional líquido depois de impostos, os analistas costumam comparar os resultados com companhias semelhantes no mesmo setor. Isso é necessário já que algumas indústrias têm custos mais altos ou mais baixos do que as outras[14].

Lucro Antes de Juros, Impostos, Depreciação e Amortização (LAJIDA ou EBITDA)

O Lucro antes de Juros, Impostos, Depreciação e Amortização (LAJIDA), também conhecido como EBITDA (earnings before interests, taxes, depreciation, and amortization), é uma medida aproximada do fluxo de caixa operacional da empresa baseado em dados de demonstração de resultados. Sua fórmula é:

EBITDA = Receita - Despesas (excluindo juros, impostos, depreciação e amortização)

É uma medida de resultado de maior interesse dos analistas de mercado e acionistas; tão importante que a esmagadora maioria das empresas estabelece bônus por resultados de seus gestores baseados no EBITDA.

---

[13] Vide o link: >https://en.wikipedia.org/wiki/NOPLAT (conteúdo em inglês)

[14] Link: >http://www.investopedia.com/terms/n/nopat.asp#ixzz4DOKcis7O (conteúdo em inglês)

Tem importante aplicação nos casos de empresas que possuem grandes quantidades de ativos fixos e, portanto, estão sujeitas a encargos de depreciação também pesados, tais como manufaturas. Também tem boa aplicação no caso de firmas com uma grande quantidade de ativos intangíveis registrados em seus livros, assim, sujeitas a grandes amortizações, como, por exemplo, aquelas que adquiriram uma marca ou um concorrente. É ainda muito aplicado na comparação de companhias dentro e entre setores[15].

Este indicador é uma medida largamente usada por grandes empresas com significativos ativos registrados em seus livros e muito alavancadas com financiamentos e dívidas.

Por outro lado, tem pouca relevância para a avaliação das pequenas empresas, em especial as sem dívidas importantes. Entretanto, a aceitação do indicador tomou tal proporção entre os entendidos, que os profissionais de finanças, em qualquer situação, demonstram enorme interesse por este tipo de medida adotando-a em todas as firmas, indiscriminadamente.

O EBITDA é fortemente correlacionado com o fluxo de caixa livre da empresa, conforme Tabela 10.7. É um tipo de "Lucro antes de Impostos", todavia, não é um indicador contábil obrigatório nas demonstrações de resultados, especialmente no Brasil. Também é um tipo de "Lucro antes de Impostos".

Tabela 10.7 **Demonstração do FCFF**

Conta	2016
(=) EBITDA	118.988,80
(-) Imposto de Renda Sobre as Operações	(31.961,09)
(-) Capex	(8.336,00)
(-) Investimentos em Capital de Giro	(20.168,00)
(-) Despesas Financeiras (juros)	(7.372,80)
(=) FCFF	51.150,91

O Lucro Antes de Juros e Impostos (LAJIR ou EBIT)

A Comissão de Valores Mobiliários (CVM[16]) editou a Instrução 527/2012 sobre a divulgação voluntária de informações de natureza não contábil, denominadas

---

[15] Vide o Link: >http://www.investorwords.com/1632/EBITDA.html (conteúdo em inglês)

[16] A comissão de Valores Mobiliários (CVM) é uma entidade autárquica, em regime especial, vinculada ao Ministério da Fazenda, criada pela Lei nº 6.385/1976, com a finalidade de disciplinar, fiscalizar e desenvolver o mercado de valores mobiliários. www.cvm.gov.br.

EBITDA e EBIT. A medida pretende uniformizar a divulgação das informações financeiras, com o objetivo de melhorar a compreensão desses indicadores, muito disseminados pelo mercado, compatibilizando-os entre si, com a finalidade de facilitar as comparações. As publicações acabam contaminando, pelo bem, todas as demais empresas brasileiras, em face da importância e respeitabilidade daquela Comissão[17].

O EBIT é a sigla em inglês para Earning Before Interest and Taxes (lucro antes dos juros e dos impostos), também chamado no Brasil de LAJIR, isto é, Lucro antes dos Juros e Tributos (Imposto de Renda e Contribuição Social sobre o Lucro Líquido). O EBIT corresponde a uma medida de lucro ligada ao resultado de natureza operacional da sociedade, que não inclui resultado financeiro, dividendos ou juros sobre o capital próprio, resultado de equivalência patrimonial e outros resultados não operacionais. Esse indicador apresenta para os analistas da informação contábil o verdadeiro lucro contábil, a partir das atividades genuinamente ligadas ao negócio, isto é, o quanto a empresa obteve de lucro se apenas considerasse as operações realizadas pela atividade fim.

Em comparação com o EBITDA, Lucro antes dos Juros, Impostos, Depreciação e Amortização, o EBIT é uma medida anterior, pois no EBITDA são eliminados também os efeitos das provisões da depreciação de ativos tangíveis e da amortização de ativos intangíveis, que antes haviam sido deduzidos como despesas do período na demonstração de resultado, uma medida aproximada ao potencial de caixa do negócio, conforme Tabela 10.8. Deve-se levar em conta que o EBITDA trata de valores que podem nunca ser recebidos e também de algumas despesas que podem não ser pagas.

Tabela 10.8   **Demonstração do Lucro Líquido do Exercício**

Conta	2016
(=) EBITDA	118.988,80
(-) Depreciação	(10.240,00)
(-) Despesas Financeiras	(7.372,80)
(=) EBIT	101.376,00
(-) Despesas Financeiras	(7.372,80)
(-) Imposto de Renda e Contribuição Social	(31.961,09)
(=) Lucro Líquido do Exercício	62.042,11

O EBIT é também um tipo de "Lucro antes de Impostos", porém, não é um indicador contábil apresentado normalmente nas demonstrações de resultados, apenas as organizações de maior porte costumam apresentá-lo.

---

[17] Artigo de autoria de Reinaldo Luiz Lunelli, contabilista, auditor, consultor de empresas e professor universitário. É também autor de diversos livros de matéria contábil e tributária e membro da redação dos sites Portal Tributário e Portal de Contabilidade. http://www.portaldecontabilidade.com.br/tematicas/EBITda-x-EBIT.htm.

4

Valuation, Casos Práticos, Aplicações e Outras Coisinhas

NESTA PARTE...

Finalmente chega de conversa e vamos aos fatos. Esta parte pretende ser uma prática de todos os conceitos que vimos nos capítulos anteriores, com aplicações que você poderá usar no seu dia a dia.

Para iniciar, vamos falar um pouco sobre fluxos de caixa, esta importante ferramenta que é indispensável para calcular o Valuation de uma companhia. Em seguida, vamos falar de um assunto muito complexo, acessível apenas para aqueles que possuem elevada base conceitual em contabilidade: o fluxo de caixa contábil. Todavia, procuramos traduzir os conceitos do fluxo de caixa contábil de uma maneira fácil, repleta de exemplos.

Finalmente, vamos ensinar a montar um fluxo de caixa especial para calcular o Valuation pelo método do DCF, Discounted Cash Flow (fluxo de caixa descontado).

Vistos estes conceitos necessários para entender o processo de valoração, vamos falar sobre um método de avaliação mais simplificado e também bastante utilizado para pequenos negócios: a avaliação por múltiplos. Finalmente, vamos calcular um exemplo completo pelo método do DCF, seguindo e calculando todos os seus passos.

NESTE CAPÍTULO
Como fazer e operando um fluxo de caixa no Excel: fácil e útil
Fluxo de caixa livre — Free Cash Flow (FCF)
Fluxo de caixa livre da empresa — Free Cash Flow to Firm (FCFF)
Comparativos entre o FCFF e o FCFE

Capítulo 11

Noções de Fluxos de Caixa

Empresas que Geram Caixa e Tipos de Fluxo de Caixa

O termo fluxo de caixa parece dominar a administração financeira deste início de século XXI. Percebe-se, com muita frequência, a existência de administrações totalmente voltadas para a geração de caixa, especialmente de curto prazo, fato que, na nossa visão, é um erro crucial.

Fluxos de caixa são excelentes medidas para avaliar o desempenho empresarial, todavia, precisam estar dentro de uma política firme e consolidada, com medidas certas e limites exatos, mas, sobretudo, com uma visão de longo prazo.

Caso você constate uma companhia recebendo orientação de seus controladores para gerar todo o caixa possível, de qualquer maneira, no curto prazo, afaste-se dela, pois são péssimas para trabalhar e, pior, um desastre para investir. Quando o investidor se der conta, ela será vendida e ele terá amargado prejuízos, ao menos que tenha conseguido sair junto, o que é difícil.

Não obstante este começo pessimista, o fluxo de caixa, quando analisado com outras peças contábeis, com uma administração de longo prazo, é fundamental para indicar se a gestão está caminhando no rumo certo, se terá dinheiro para enfrentar suas obrigações e principalmente se poderá remunerar seus proprietários e investidores.

Neste capítulo, vamos analisar basicamente três tipos diferentes de fluxo de caixa, a saber:

» Fluxo de caixa empresarial. Trata-se do muito conhecido fluxo de caixa financeiro mantido por todas as empresas. É um balanço financeiro, realizado diariamente, onde se comparam as projeções futuras de entradas e saídas de dinheiro, ou seja, as receitas, menos as despesas gerais, com pessoal, impostos e investimentos.

» Demonstração do fluxo de caixa. É uma peça contábil e exige uma contabilidade de boa qualidade e bem organizada. Por conta disso, não são todas as empresas que o controlam sistematicamente. Elaborado em bases mensais, indica quanto de caixa foi gerado, considerando três naturezas distintas de geração de dinheiro: as operações do dia a dia, o caixa gerado pelas atividades de investimento e, finalmente, o caixa gerado pelas atividades empresariais de financiamento.

» Fluxo de caixa livre. Também é uma medida contábil. Mede a geração de caixa operacional da companhia, ou seja, simplificadamente, o lucro líquido mais a depreciação. O FCF, como é chamado (free cash flow), é o montante de caixa que a empresa gera após o pagamento de todas as suas despesas, incluindo as despesas líquidas de capital. Esta variante tem dois desdobramentos:

- Fluxo de caixa livre para a empresa
- Fluxo de caixa livre para o acionista

Fluxo de Caixa Empresarial

Fluxo de caixa é um instrumento de gestão financeira. Projeta as entradas e saídas de recursos financeiros, indicando como será o saldo do caixa para o período, além de indicar a saúde financeira do negócio, a partir da sua análise, e também de obter uma resposta clara sobre as possibilidades de sucesso do investimento e do estágio atual da empresa. Trata-se de uma ferramenta de fácil elaboração para aqueles que possuem os controles financeiros mínimos e bem organizados. Elaborado com uma estrutura flexível, no fluxo de caixa, o empresário deve inserir informações de entradas e saídas, conforme as necessidades. Deve ser utilizado para controle e, principalmente, como instrumento na tomada de decisões. Com as informações do fluxo de caixa, pode-se elaborar a estrutura gerencial de resultados (não confundir com resultados contábeis), a análise de sensibilidade, calcular a rentabilidade, a lucratividade e o ponto de equilíbrio.

A expressão "fechar o caixa" faz parte do vocabulário de todo empreendedor[1]. O fluxo de caixa, muito conhecido pelo nome em inglês *"cash flow"*, é um instrumento de gestão financeira para controlar as movimentações monetárias (ou seja, entradas e saídas de recursos). Em outras palavras, nada mais é do que o controle do que entra e sai (em valores monetários) em um período.

Em qualquer tipo de negócio, toda *firma* deve seguir a mesma premissa e ter o fluxo de caixa diário. Se a empresa for pequena e um dia pretende ser grande, mais atenção ainda; um empresário minimamente esclarecido não vai para casa depois de um longo dia de trabalho, sem revisar o fluxo de caixa do dia.

É uma ferramenta muito simples, em noventa e nove por cento dos casos, elaborada em Excel, indispensável para quem quer manter as contas em ordem. Uma planilha de Excel que pode ajudar na tarefa cotidiana de checar as contas e, se for uma MPE, o próprio empresário deve fazê-la, pois entre saídas e entradas de dinheiro, todo *empreendedor* precisa saber o que estes números significam. O Fluxo de Caixa dá conta apenas da situação financeira, mas não da econômica. Não é possível saber se a empresa tem lucro ou prejuízo usando esta ferramenta.[2]

ELAS MOVEM O MUNDO: MPE — MICRO E PEQUENA EMPRESA

MPE — micro e pequena empresa. A definição está na Lei Geral para Micro e Pequenas Empresas (Lei Complementar nº 123/2006), na qual estas firmas estão definidas como as que possuem um faturamento anual de, no máximo, R$240 mil por ano. Já para ser enquadrada como pequena, deve faturar entre R$240.000,01 e R$2,4 milhões, anualmente. Outra definição é dada pelo SEBRAE, a entidade que mais entende do assunto no Brasil, e que limita a micro a até nove empregados (comércio e serviços), ou até 19, para os setores industrial ou de construção. Já as pequenas são definidas como as que empregam de 10 a 49 pessoas, no caso de comércio e serviços e 20 a 99 pessoas, no caso de indústria e empresas de construção. Todavia, alguns órgãos federais, como por exemplo o BNDES, têm outras definições e as usam como parâmetros para a concessão de créditos. Nessa instituição de fomento, uma microempresa deve ter receita bruta anual de até R$1,2 milhão; as pequenas empresas, superior a R$1,2 milhão e inferior a R$10,5 milhões. Estes parâmetros foram estabelecidos em cima dos regulamentos do Mercosul.[2]

---

[1] Vide o link: >http://exame.abril.com.br/pme/noticias/como-fazer-um-fluxo-de-caixa-perfeito. Artigo de autoria de Priscila Zuini, editora-assistente responsável pelo canal PME de EXAME.com.

[2] Vide o link: >www.sfiec.org.br/

Um bom fluxo de caixa é aquele que leva dedicação e disciplina do empresário. O primeiro passo é separar as saídas de dinheiro em pelo menos três categorias: administrativas, financeiras e outras saídas. Por ser um instrumento de gestão financeira, o fluxo deve ser utilizado diariamente, afinal, só assim será possível ter conhecimento do movimento de dinheiro entrando e saindo e manter as contas em dia; um negócio saudável. Deste modo, no que diz respeito aos pagamentos com despesas, os especialistas sugerem a divisão em outras três categorias. As despesas podem ser[3]:

> Administrativas, como papelaria, correio, telefone, internet e salários, comerciais, onde entram gastos com marketing e comissões de vendedores;
> Financeiras, como juros, multas e impostos, e
> Outras saídas, aquilo que a firma pagou para amortização de empréstimos, pagamento de tributos e investimentos.

Por outro lado, as entradas vêm principalmente do que a firma recebe das vendas de produtos ou serviços, mas também podem ser de algum ativo vendido ou um novo aporte de capital.

Esta operação deve ser feita diariamente. Depois de calcular o valor das entradas menos as saídas, é preciso somar o saldo inicial de caixa; por último, o empresário tem acesso ao saldo final do dia. Este número deve bater com os depósitos nas contas bancárias, mais o saldo em dinheiro dentro da firma. Se não bater, o que está errado é o fluxo de caixa. O banco nunca erra.

ATENÇÃO

Mas tenha muita atenção, fluxo de caixa negativo não tem nada a ver com prejuízos, pois o fluxo é financeiro e não contábil, ademais a diferença entre saldo e prejuízo é grande. Déficit de caixa é falta de dinheiro em dado momento; já prejuízo ou lucro é resultado de vendas menos custos e despesas, apurado pela Demonstração do Resultado do Exercício.

Por outro lado, se o saldo for negativo com frequência, vale prestar atenção nas movimentações financeiras da empresa. Normalmente, significa que está saindo mais dinheiro que entrando. O saldo diário do fluxo dá uma ideia dos acontecimentos, em termos financeiros, num futuro próximo; por exemplo, se amanhã precisarmos descontar algumas duplicatas que estávamos mantendo em carteira para então poder "fechar" o caixa do dia. O documento também irá permitir que o empreendedor veja com antecedência que daqui a 30 dias, por exemplo, será necessário fazer um empréstimo bancário, pois o fluxo de caixa está indicando que neste dia, devido à amortização de um ativo, o caixa ficará negativo.

Com cada vez mais crédito circulando e mais gente pagando a prazo, as empresas são obrigadas a tomar decisões financeiras com a ajuda do fluxo de caixa,

---

[3] Vide o link: >http://exame.abril.com.br/pme/noticias/como-fazer-um-fluxo-de-caixa-perfeito

significando que é possível colocar na planilha em qual data — mesmo no futuro — deve entrar ou sair dinheiro. Se a empresa sabe que daqui a 30 dias vai precisar pagar as contas do fornecedor, pode programar um empréstimo, ou deixar de gastar em outras coisas para economizar e não precisar recorrer ao banco.

A projeção é também muito útil para mostrar se existe um descasamento das operações, ou seja, entre pagar o fornecedor e receber do cliente, há um período muito longo e não dá tempo de o dinheiro entrar. Para resolver este problema, os especialistas indicam uma boa gestão de estoque, uma negociação maior com os fornecedores e menos prazo para os clientes pagarem.

As empresas que praticam o controle do caixa há mais tempo já têm uma curva de caixa e sabem como é o movimento mês a mês, facilitando o planejamento. O fluxo serve ainda como uma bússola para indicar as melhores datas para receber e pagar. Trata-se de uma ferramenta para avaliar a gestão financeira da empresa e colocar o empreendedor no comando das finanças; por isso, a orientação é dedicar um pouco de tempo todos os dias para fazer estas contas. Fazer um fluxo de caixa "mais ou menos" gera resultados medíocres e não ajuda na hora de tomar decisões. Como dizem os informáticos, onde entra lixo sai lixo[4]. Faça o fluxo de caixa de centavos, até contas de papelaria tem que buscar. Se der diferença, entre no detalhe e esgote até saber de onde vem a diferença. Esta é a melhor forma de saber se existe algum tipo de desvio ou se os processos estão mal feitos.

Como fazer um fluxo de caixa empresarial

Não é preciso muitos recursos para fazer um fluxo de caixa. Normalmente, as empresas, mesmo pequenas, quando compram um sistema de gestão, encontram nestas ferramentas, dentre as múltiplas funções, um fluxo de caixa integrado, ou seja, o fluxo está ligado às demais ferramentas do sistema: faturamento, cobrança, folha, contabilidade, etc.

Todavia, grande parte das firmas, notadamente as pequenas, tem fluxo de caixa desenvolvido em planilha eletrônica, especialmente em Excel. Não é necessário nenhum conhecimento contábil para manter e atualizar os dados da planilha e, normalmente, elas funcionam muito bem.

A melhor parte das planilhas é permitir que, no futuro, quando a firma for passar seus controles para um sistema de gestão, será mais fácil customizá-lo, pois já existe uma ideia de como ele deve funcionar, baseado no funcionamento da planilha.

---

[4] Vide o link: >http://searchsoftwarequality.techtarget.com/definition/garbage-in-garbage-out. GIGO (garbage in, garbage out) é um conceito comum para computação e matemática: a qualidade da produção é determinada pela qualidade do insumo. Assim, por exemplo, se uma equação matemática é impropriamente dita, a resposta é pouco provável que seja correta. Do mesmo modo, se os dados de entrada forem incorretos, é improvável que a saída tenha alguma qualidade.

Pare, pense e desenvolva a sua planilha de fluxo de caixa

Quando aconselhamos pequenos empresários, em especial nas MPEs, sempre insistimos que eles mesmos devem desenvolver o fluxo de caixa e operá-lo. Ou seja, comece pela manhã fazendo uma rápida revisão e ao final do dia "feche o caixa".

Para iniciar, é bom fazer todo o fluxo em apenas uma planilha, ou seja, abra uma nova pasta do Excel, salve com o nome de "Fluxo de caixa" e na parte inferior esquerda da primeira planilha (Plan1), clique com o botão direito do mouse e renomeie para "Fluxo de caixa". Coloque ali todos os dados, com uma lógica muito simples, como na Tabela 11.1:

Tabela 11.1   **Fluxo de Caixa**

Saldo inicial de Caixa		R$
Entradas	Vendas	R$
	Recebimentos	R$
	Bônus	R$
Saídas	Materiais	R$
	Combustíveis	R$
	Salários	R$
	Impostos	R$
Saldo final de Caixa		R$

Na medida em que for desenvolvendo os trabalhos, o MPE sentirá falta de "facilidades" e se ele mesmo desenvolver a planilha, também irá aprender alguns bons truques que o Excel oferece, e, ao longo do tempo, é possível ir sofisticando e complementando dados importantes da mesma.

Dizemos isso, pois na medida em que a empresa for crescendo, novas exigências de controle serão necessárias. Por exemplo, para uma firma maior, o fluxo se constituiria de várias planilhas: receitas, despesas gerais, impostos, folha de pagamento e investimentos. Estas planilhas são integradas, ou seja, trabalham conectadas, e se você alterar um dado em uma, o restante será automaticamente ajustado pelo Excel.

Operando um fluxo de caixa no Excel: Fácil e útil

Vamos começar de trás para frente, como se você fosse fazê-lo na prática, ou seja, começar do detalhado para o resumido. Qual então a razão de começar ao contrário? Acreditamos que será mais fácil de entender a explicação e observar os detalhes. Também, na medida em que estamos indo do geral para o particular, a tendência é que criemos facilidades e resumos, que irão ajudar muito no gerenciamento do caixa. Deste modo, na sequência, iremos comentar três planilhas, todas dentro de uma mesma pasta, de acordo com as Tabelas 11.2, 11.3 e 11.4.

Muita atenção com as despesas

Dizem os contadores que se deve superestimar as despesas e subestimar as receitas. Baseado nisso, dedique muita atenção para as saídas de caixa. Perceba que não estamos dizendo para esquecer as receitas; não é nada disso, pois sem vendas não existe firma. Todavia, acontece que, normalmente, as receitas que são difíceis de obter e especialmente de cobrar, uma vez que entram na firma, são mais fáceis de controlar. Por outro lado, as despesas são facílimas de realizar e absurdamente difíceis de controlar, até porque dividem-se numa miríade de naturezas e envolvem inúmeras áreas e pessoas da companhia, que, em muitos casos, são até difíceis de encontrar o responsável.

DICA

Não esqueça que estamos tratando de um assunto unicamente financeiro dentro desta parte, assim, melhor seria não usar o termo "despesas". Por conta disso, vamos "genericamente", chamá-las de "Saídas de Caixa". Dizemos isso, porque aquilo que muitas vezes denominamos "despesas", quando estamos nos referindo ao fluxo de caixa, não o são. Em contabilidade, "despesa" é, sinteticamente, tudo aquilo que reduz o Patrimônio Líquido. Aqui não é o caso.

Assim, vamos separar as saídas de caixa por categorias:

» Gastos diretos com pessoal
» Impostos, taxas e contribuições
» Investimentos e despesas gerais.

Gasto Direto com Pessoal

Vamos começar pelo mais difícil: o gasto direto com pessoal.

Nossa sugestão é que você procure o contador para que este possa ajudá-lo na tarefa, pois entender a diferença entre o econômico e o financeiro dos gastos com pessoal não é tarefa trivial (para saber mais sobre a diferença entre contábil e financeiro, consulte o Capítulo 10).

Na Tabela 11.2, fizemos uma sugestão com vários subtotais, sendo o primeiro o total dos provimentos: salários, gratificações de função, 13º, etc. O próximo subtotal são as deduções sobre a folha que serão descontadas dos empregados. Em seguida, os impostos, taxas e contribuições sobre a folha. Ao final, listamos os benefícios, ou seja, aqueles pagamentos que são feitos espontaneamente aos colaboradores, como, por exemplo, o plano de saúde.

Com uma planilha assim composta, você terá um mínimo controle gerencial. Mas atenção: a Tabela 11.2 está com apenas a somatória mensal. Para ter um controle maior, inclusive usar a planilha com agenda, é preciso fazê-la em base diária, assim como exemplificaremos com as despesas gerais, na Tabela 11.3.

Tabela 11.2 ## Gastos Diretos com Pessoal

Gastos diretos com pessoal: referência janeiro	R$ mil
Folha de Pagamento	1.686,76
Ganhos Eventuais	
Férias e abonos pecuniários	157,88
13° Salário	
Total dos provimentos	1.844,63
INSS	91,99
IRPF	102,39
Contribuição Sindical	
Desconto de adiantamento férias	35,84
Outros (telefone, plano saúde, táxi)	32,00
Total das deduções	262,21
Líquido da folha	2.106,85
INSS sobre a folha	703,95
FGTS	275,18
Outros impostos, taxas e contribuições	115,19
Vale Transporte	19,20
Líquido com os encargos	3.220,36
Vale Refeição	151,97
Seguro de vida e odontológico e plano de saúde	65,55
Cursos e capacitações externas	17,85
Vacinas, exames e serviços médicos	-
Total dos gastos diretos com pessoal	3.455,74

Impostos, Taxas e Contribuições e Investimentos

Os pagamentos do fluxo de caixa relativos a impostos devem ser buscados na contabilidade. Não vale a pena fazer nenhum tipo de economia ou postergação de pagamentos com impostos. Programa-se o seu fluxo de caixa com as orientações passadas pelo contador.

Para os investimentos ou aquisições de ativos físicos com vida de longa duração, normalmente itens que estão sujeitos a depreciação, busque informações na área administrativa.

Despesas Gerais

Finalmente, o menos complicado, mas o mais trabalhoso: as despesas gerais. Novamente frisamos que o termo aqui usado, "despesas gerais", é apenas um sinônimo de gastos.

Por uma questão gerencial costuma-se separá-las em quatro grupos distintos, segundo a natureza do gasto:

>> Materiais e produtos
>> Utilidades e serviços
>> Serviços de terceiros
>> Outros dispêndios correntes

Observe a Tabela 11.3, na qual colocamos cada tipo de despesa em uma determinada linha da planilha, controlando-as diariamente e posteriormente somando-as por natureza. Preste atenção ainda, por exemplo, que a telefonia, luz e água são chamadas pelos contadores como "utilidades". Na Tabela 11.3, os gastos com telefonia foram realizados logo no dia 1, importando no valor de R$1.340,78. Durante o restante do mês, não efetuamos mais nenhum pagamento nesta rubrica. Já as despesas de viagem, da rubrica "Serviços de Terceiros", têm gastos diários, totalizando R$257,28 no mês.

CAPÍTULO 11 **Noções de Fluxos de Caixa** 171

Tabela 11.3 Despesas Gerais

Mês de referência:								R$ mil
Despesas gerais, base diária	1	2	3	4	///	30	31	Mês
Materiais de escritório	18,27	(19,32)	(16,00)	(14,00)	///	(16,00)	(21,00)	(402,00)
Ferramentas	20,59	(31,00)	(54,00)	(14,00)	///	(12,00)	(23,00)	(453,00)
Materiais de TI	14,19	(13,00)	-	-	///	-	(15,00)	(312,11)
Gêneros de copa	11,14	-	(21,00)	-	///	-	(23,00)	(245,00)
Material de limpeza e higiene	-	4,64	-	(17,00)	///	-	(9,00)	(102,00)
Prédios e terrenos	3,59	(4,00)	(3,00)	-	///	-	(7,00)	(79,00)
Conservação de veículos	-	(12,00)	15,72	-	///	(18,00)	(24,00)	(345,87)
Combustíveis e lubrificantes	21,12	-	-	-	///	-	-	(464,54)
Material e produtos	88,89	(74,68)	(78,28)	(45,00)	///	(46,00)	(122,00)	(2.403,52)
Aluguel de imóveis	-	(878,11)	-	-	///	-	-	(878,11)
Alugueis de TI	-	-	-	(919,89)	///	-	-	(919,89)
Seguro	-	(87,00)	-	-	///	-	-	(87,00)
Multas	-	-	-	-	///	(12,00)	-	(12,00)
Outros dispêndios correntes	-	(965,11)	-	(919,89)	///	(12,00)	-	(1.897,00)
Cópias	-	-	-	(82,00)	///	-	-	(82,00)
Despesas de viagens	12,25	(13,00)	(15,00)	(9,00)	///	(17,00)	(15,00)	(257,28)
Publicidade e propaganda	-	-	(784,00)	-	///	-	-	(784,00)
Vigia, limpeza e cantina	-	-	-	(312,00)	///	-	-	(312,00)
Fretes e transportes	-	-	(398,00)	-	///	-	-	(398,00)
Refeições a empregados	(21,00)	(22,00)	(19,00)	(24,00)	///	(22,00)	(20,00)	(812,00)
Serviços bancários	(109,00)	-	-	-	///	-	-	(109,00)
Serviços de terceiros	(117,75)	(35,00)	(1.216,00)	(427,00)	///	(39,00)	(35,00)	(2.754,28)
Volumes, cartas e outros	-	-	-	(980,00)	///	-	-	(980,00)
Energia, água e esgoto	-	-	-	(653,00)	///	-	-	(653,00)
Telefonia e outros	(1.340,78)	-	-	-	///	-	-	(1.340,78)
Utilidades e serviços	(1.340,78)	-	-	(1.633,00)	///	-	-	(2.973,78)
Despesas gerais, base diária	(1.369,64)	(1.074,79)	(1.294,28)	(3.024,89)	///	(97,00)	(157,00)	(10.028,58)

172   PARTE 4 **Valuation, Casos Práticos, Aplicações e Outras Coisinhas**

De qualquer maneira, conte sempre com a ajuda da contabilidade para montar a primeira planilha, pois o plano de contas da empresa, mesmo que pequena, servirá de referência e facilitará a coleta dos dados, tanto da projeção como da posterior avaliação.

Sumarizando os controles do fluxo de caixa

Como você pode perceber, embora muito simples conceitualmente, o fluxo é bastante trabalhoso. Para chegar até esta parte fizemos várias planilhas, cada qual com uma finalidade específica, como as Tabelas 11.2 e 11.3, gastos com pessoal e despesas gerais, respectivamente.

Agora, vamos sumarizar estas projeções, tornando-as mais gerenciais. Quando a empresa for maior, o dono, por exemplo, pode examinar apenas a Tabela 11.4. Caso perceba alguma coisa estranha, pode buscar por explicações nas demais planilhas (Tabelas 11.2 e 11.3, por exemplo).

Confira que transcrevemos as informações, todas automaticamente e com links, para a Tabela 11.4. Elas sumarizam as entradas e saídas. Observe ainda na Tabela 11.4, na terceira linha, a conta "saldo de caixa inicial", no valor de R\$12.834,25. Operando todos os valores, entradas e saídas, chegamos ao saldo de caixa final do dia, no valor de R\$7.410,71.

Lembre-se que não existe caixa "furado", se por acaso o caixa inicial, mais as entradas, não cobrirem os gastos do dia, a empresa é obrigada e emprestar (ou não pagar). Normalmente, aqueles que eventualmente ficam sem capital de giro usam a chamada conta vinculada, ou seja, o cheque especial das firmas.

Finalmente, preste atenção que na Tabela 11.4, os valores ainda estão projetados por dia. Este é um trabalho do qual a companhia não poderá fugir. Tudo precisa ser controlado diariamente. Os valores relativos a pessoal, retirados da Tabela 11.2, não foram pagos até o dia 3. Por conta disso, não aparecem na Tabela 11.4, já que, para poder publicar a tabela no livro, suprimimos os dias 4 até 29. Para finalizar esta Tabela 11.4, observamos, de baixo para cima, na terceira linha, em "resultado parcial", que o caixa às vezes não tem recursos para cobrir as saídas do dia, ou seja, as entradas foram insuficientes. Como enfrentar tal problema? A empresa lançou mão do capital de giro. No primeiro dia, por exemplo, o total de saídas menos entradas foi negativo em R\$5.423,54. Como o saldo de caixa inicial, neste dia, era de R\$12.834,25, tudo foi pago e ainda sobrou um saldo de R\$7.410,71 (R\$12.834,25 - R\$5.423,54). Caso queira conferir os detalhes completos em Excel, consulte o apêndice do livro na página da editora na internet.

CAPÍTULO 11 **Noções de Fluxos de Caixa** 173

Tabela 11.4   ## Resumo Diário do Fluxo de Caixa

Fluxo de Caixa — Resumo geral do mês de janeiro						R$ Mil
Fluxo de Caixa — Resumo diário	1	2	3	///	30	31	Mês
Saldo de caixa inicial	12.834,25	7.410,71	7.161,82	///	9.568,14	10.470,66	12.834,25
Receita de vendas	900,87	825,90	1.002,30	///	999,52	900,59	19.819,10
Outras entradas	-	-	-	///	-	-	-
Total das entradas	900,87	825,90	1.002,30	///	999,52	900,59	19.819,10
Pessoal e encargos	-	-	-	///	-	-	(3.455,74)
Impostos, taxas e contribuições	(4.954,77)	-	-	///	-	-	(4.954,77)
Investimentos	-	-	-	///	-	(159,27)	(3.159,27)
Materiais e produtos	88,89	(74,68)	(78,28)	///	(46,00)	(122,00)	(2.403,52)
Serviços de terceiros	(117,75)	(35,00)	(1.216,00)	///	(39,00)	(35,00)	(2.754,28)
Utilidades e serviços	(1.340,78)	-	-	///	-	-	(2.973,78)
Outros dispêndios correntes	-	(965,11)	-	///	(12,00)	-	(1.897,00)
Total das despesas gerais	(1.369,64)	(1.074,79)	(1.294,28)	///	(97,00)	(157,00)	(10.028,58)
Total das saídas	(6.324,41)	(1.074,79)	(1.294,28)	///	(97,00)	(316,27)	(21.598,36)
Empréstimos	-	-	-	///	-	-	-
Resultado parcial	(5.423,54)	(248,89)	(291,98)	///	902,52	584,32	(1.779,27)
Resultado acumulado	(5.423,54)	(5.672,43)	(5.964,41)	///	(9.539,65)	(8.955,33)	
Saldo de caixa final	7.410,71	7.161,82	6.869,84		10.470,66	11.054,98	11.054,98

Ao final, uma última sugestão de planilha que sumariza todas as outras, mas em bases mensais: a Tabela 11.5. Como você já teve a trabalheira de dispor os dados nas demais planilhas, basta fazer os links e as somas necessárias. Sempre recomendamos que o empresário coloque nas planilhas o realizado até o mês e o projetado para o restante do ano. Por exemplo, quando você fechar a planilha do fluxo de caixa de abril, sabemos que até o mês de abril os dados são reais, aquilo de fato aconteceu. Onde buscamos estes resultados? Na contabilidade, é claro. Os demais meses, de maio em diante, até dezembro, são projeções. Assim, todo o mês atualize os dados até o mês em curso e projete o restante até dezembro.

Dá trabalho, concordamos, mas não há outra maneira de fazer o caixa.

Tabela 11.5 ## Resumo Mensal do Fluxo de Caixa

Fluxo de Caixa — Resumo geral do ano							R$ Mil
Fluxo de Caixa	Jan	Fev	Mar	//	Set	Out	Nov	Dez
Saldo de caixa inicial	12.834,25	11.054,98	9.648,34		11.774,17	13.153,68	14.511,88	15.848,64
Entradas (receitas)	19.819,10	20.215,48	20.619,79		23.506,07	23.557,78	23.609,61	23.661,55
Saídas (despesas)	(21.598,36)	(21.622,12)	(21.693,47)		(22.126,56)	(22.199,58)	(22.272,84)	(22.346,34)
Resultado	11.054,98	9.648,34	8.574,66		13.153,68	14.511,88	15.848,64	17.163,85
Empréstimos	-	-	-		-	-	-	-
Resultado parcial	(1.779,27)	(1.406,64)	(1.073,69)		1.379,50	1.358,20	1.336,77	1.315,21
Resultado acumulado	(1.779,27)	(3.185,91)	(4.259,59)		319,43	1.677,63	3.014,39	4.329,60
Saldo de caixa final	11.054,98	9.648,34	8.574,66		13.153,68	14.511,88	15.848,64	17.163,85

Uma vez que os dados estão consolidados e funcionando, você pode começar a fazer aprimoramentos. Com a ajuda da contabilidade, por exemplo, pode adicionar uma demonstração mensal do resultado. Também é possível, a partir do momento que a firma conseguir constituir um histórico, agregar gráficos na mesma planilha da Tabela 11.5.

Parece fácil, mas não é. Conceitualmente é muito simples, basta apenas colocar as entradas e saídas. Todavia, pode-se empregar toda uma técnica por trás de tal operação e tornar o fluxo uma ferramenta gerencial.

Aconselhamos fortemente a fazer um curso sobre o tema. Existem ótimos cursos sendo possível aprender muito, mesmo para aqueles que já são iniciados na arte.

Há também a possibilidade de encontrar fluxos de caixa muito poderosos para vender no mercado. Eles são ótimos, mas precisam ser customizados para a sua firma, e isso leva tempo e paciência. Procure por referências na internet, como o site Gestão Na Prática[5],ou então, na página do SEBRAE[6].

Na maioria dos casos, aconselhamos a procurar um técnico do SEBRAE. Eles são muito preparados e irão lhe aconselhar a comprar um produto de acordo com as necessidades, ramos e outras especificidades da sua empresa. Mas contratar o SEBRAE não custa caro? Tolice, os valores das consultorias são

---

[5] Vide o link: >http://blog.luz.vc/como-fazer/fluxo-de-caixa. Leandro Borges, Gestão Na Prática.
[6] Vide o link: >www.sebrae.com.br

muito acessíveis e, afinal, não esqueça: o barato sempre sai caro. Deste modo, evite os conselhos gratuitos daquele amigo que sabe tudo e vá direto a quem entende do assunto. "O fluxo de caixa é essencial para uma gestão financeira eficiente e eficaz; além de fornecer tranquilidade ao gestor, possibilita a previsão de entradas e saídas futuras, auxiliando na tomada de decisão."[7]

Demonstração do Fluxo de Caixa — Fluxo de Caixa Contábil

A Demonstração do Fluxo de Caixa — DFC (cash flow statement ou statement of cash flow) indica quais foram as saídas e entradas de dinheiro na firma durante o período e o resultado desse fluxo. Assim como a Demonstração de Resultados de Exercícios, a DFC é uma demonstração dinâmica e deve ser incluída no balanço patrimonial.

A DFC passou a ser de apresentação obrigatória para todas as sociedades de capital aberto ou com patrimônio líquido superior a R$2,0 milhões de reais.

Esta obrigatoriedade vigora por força da Lei 11.638/2007, e, desta forma, torna-se mais um importante relatório para a tomada de decisões gerenciais.

A Deliberação CVM 547/2008 aprovou o Pronunciamento Técnico CPC 03, que trata da Demonstração do Fluxo de Caixa.

Para as Pequenas e Médias Empresas (PMEs), a DFC também é de elaboração obrigatória, conforme item 3.17 (e) da NBC TG 1000. Portanto, independentemente do tipo societário adotado, as entidades devem apresentar o referido demonstrativo, pelo menos anualmente, por ocasião da elaboração das demonstrações financeiras ("balanço"). Todavia, os empresários interessados no controle efetivo de sua firma, as elaboram mensalmente.

Apresentação do relatório de demonstração do fluxo de caixa (contábil)

Seguindo as tendências internacionais, o fluxo de caixa pode ser incorporado às demonstrações contábeis tradicionalmente publicadas pelas empresas. Basicamente, o relatório de fluxo de caixa deve ser segmentado em três grandes áreas: caixa produzido pelas atividades operacionais, atividades de investimento e atividades de financiamento.

---

[7] Vide o link: >http://blog.luz.vc/como-fazer/fluxo-de-caixa/#sthash.dk3wBIcL.dpuf

» Caixa gerado pelas atividades operacionais: é decorrente das operações diárias da empresa, explicadas pelas receitas e gastos da industrialização, comercialização ou prestação de serviços. É o caixa produzido internamente, em oposição ao caixa gerado por atividades não ligadas ao seu fim, como, por exemplo, os investimentos e financiamentos. Neste tipo de caixa, as atividades têm ligação com o capital circulante líquido da empresa.

» Caixa gerado pelas atividades de investimento: são os gastos efetuados no Realizável a Longo Prazo, em Investimentos, no Imobilizado ou no Intangível, bem como as entradas por venda dos ativos registrados nos referidos subgrupos de contas. Na sua maioria, as atividades de investimentos são redutoras de caixa, pois a firma está adquirindo máquinas e equipamentos (ativos). A conta mais importante neste item são as chamadas despesas de capital, pois asseguram a manutenção da firma, atualizando e mantendo os ativos necessários ao suporte das operações eficientes e da sua respectiva competitividade.

» Caixa gerado pelas atividades de financiamento: são os recursos obtidos do Passivo não Circulante e do Patrimônio Líquido; assim, dívidas e capital próprio dominam este item. Devem ser incluídos aqui, ainda, os empréstimos e financiamentos de curto prazo, os dividendos pagos aos acionistas e as entradas de caixa pela emissão de débitos, pois as empresas continuamente contratam débitos e os pagam. As saídas correspondem à amortização destas dívidas e os valores pagos aos acionistas a título de dividendos, distribuição de lucros. Lembre-se de que os dividendos pagos aos acionistas são caixa e não necessariamente "lucro".

Já o fluxo de caixa livre (Free cash flow) é definido como o fluxo de caixa operacional, menos as despesas de capital. Estes recursos são usados para pagar dividendos, recomprar ações, pagar empréstimos e expandir as atividades da empresa. Mas isso já é outra história, que veremos à frente.

Definição da demonstração do fluxo de caixa (cash flow statement)

Fluxo de caixa é o montante de dinheiro disponível (caixa) ou valores equivalentes à caixa, ou seja, aplicações com liquidez imediata ou com prazos curtíssimos. Fluxo de caixa positivo indica que a empresa tem ativos líquidos aumentando, capacitando-a ao pagamento de débitos, reinvestimentos no próprio negócio, pagamento de dividendos aos acionistas, pagamento de despesas, bem como possibilitando um "colchão", ou capital de giro disponível para futuros desafios ou oportunidades que requeiram "caixa".

Entretanto, por outro lado, fluxo de caixa negativo indica que os ativos líquidos estão decrescendo. Nunca confunda fluxo de caixa (caixa gerado) com lucro líquido, pois este último contém vários itens econômicos do balanço e demonstração de resultados, como, por exemplo, os títulos ou duplicatas, além de outros valores, a receber no futuro.

O fluxo de caixa é um excelente indicador da situação financeira, da sua qualidade de receita, mostrando quão líquida a firma é, bem como a sua posição em relação à solvência.

Detalhando a demonstração do fluxo de caixa

A demonstração do fluxo de caixa poderia ser descrita como: "contar com os ovos na barriga da galinha", pois o recebimento das faturas é um acontecimento futuro que dependerá da saúde financeira e da boa vontade dos clientes. Duplicatas a receber de clientes é uma linha do Ativo que aparece no Balanço Patrimonial, mas este item não representa uma transação completa, pois deve ser recebida primeiro. Aliás, para os financeiros, elas se constituem em investimentos, ou seja, a empresa tomou dinheiro de uma fonte qualquer (Passivo), podendo ser empréstimos, fornecedores, capital social, e aplicou-o em contas a receber. Estes recursos não são caixa. Existe uma grande distância entre crédito e caixa.

Todavia, este "Contas a Receber" pode vir a produzir caixa na terminologia contábil. Vamos explicar a questão com cuidado, pois o conceito é fundamental. Vamos entender este conceito para um balanço hipotético que possui apenas duas linhas. Uma empresa tinha registrado no Contas a Receber um valor de R$12.500,00, isso no balanço apurado do mês de abril. Já em março, esta mesma conta apresentava um saldo de R$14.500,00. Isso quer dizer que a firma perdeu caixa de R$2.000,00 (R$14.500,00 - R$12.500,00)? Não, exatamente ao contrário, ela "fez" R$2.000,00 de caixa em abril (Tabela 11.6).

Tabela 11.6   **Balanço Patrimonial**

Ativo				Passivo	
Conta	Março	Abril	Conta	Março	Abril
Caixa	0,00	2.000,00	Capital Social	14.500,00	14.500,00
Contas a Receber	14.500,00	12.500,00			
Total do Ativo	14.500,00	14.500,00	Total do Passivo	14.500,00	14.500,00

IMPORTANTE

Sempre que reduzirmos uma conta do ativo em relação ao período anterior, estamos gerando caixa; ao contrário, perdemos. Do mesmo modo, quando aumentamos uma conta do Passivo em relação ao período anterior, estamos, igualmente, gerando caixa.

Isso despertou a curiosidade dos contadores e, como eles são muito criativos, estabeleceram para os seus patrões um relatório bastante interessante, dividindo a possibilidade de geração de caixa em três atividades: das operações diretas da firma, das atividades de financiamento, ou seja, empréstimos, e, por fim, das atividades de investimento. Fizeram este relatório, comparando as contas do período atual com o período anterior do balanço e adicionando algumas outras contas da demonstração de resultados. O resultado ficou espetacular.

Mas e as atividades de investimentos? Confesso que fiquei confuso; quais atividades de investimento as empresas exercem normalmente?

Vamos dar um exemplo para elucidar esta importante questão conceitual:

Uma empresa pode estar recebendo massivos recursos em dinheiro apenas porque está vendendo seus ativos fixos (investimentos), como máquinas, equipamentos, terrenos e edificações. Com isso, ela está construindo um balanço patrimonial líquido, com muito caixa. Mas você poderia dizer que ela está acabando ou reduzindo drasticamente a sua possibilidade futura de crescimento, sem dizer que poderia estar construindo a sua própria bancarrota.

Ainda, olhando sobre o mesmo prisma, uma empresa poderia estar "enchendo" seu caixa de dinheiro por meio da emissão de bônus ou notas promissórias, aumentando significativamente seu nível de endividamento e comprometendo, da mesma maneira, seu futuro.

Exatamente, tudo isso é verdade. Foi por esta razão que dissemos que os contadores, que são muito espertos, idealizaram a demonstração do fluxo de caixa, dividindo-a em três possibilidades: operacionais, investimentos e financiamentos.

Mas a análise da demonstração do fluxo de caixa não pode ser isolada, ela deve ser acompanhada pelo Balanço Patrimonial e pela Demonstração de Resultados. Este conjugado de documentos, quando estudados de forma interligada, podem mostrar onde e como a empresa gera caixa, se nas suas atividades fim, ou ainda, especulando com a venda de ativos fixos, ou apostando no mercado financeiro.

Demonstração do fluxo de caixa

Assim, a demonstração do fluxo de caixa é um relatório ilustrativo das origens do caixa gerado, indicando se o mesmo é formado de maneira sustentável a longo prazo. Mesmo empresas muito lucrativas, quando avaliadas por seu lucro líquido, podem tornar-se insolventes se não geram caixa ou equivalentes a caixa, isso para fazer frente às necessidades de curto prazo. Se a solvência da firma está ligada ao Contas a Receber, despesas pré-pagas e estoques, contas contábeis com liquidez menor, a companhia poderá não sobreviver a um evento fortuito, como um acidente ou incêndio. Geração de caixa determina a qualidade com a qual o lucro líquido é gerado. Assim, se o fluxo de caixa líquido for menor que o lucro líquido, pode começar a se preocupar: algo não está caminhando bem na gestão.

Para elaborar a demonstração do fluxo de caixa é preciso ter duas peças contábeis à mão: Balanço Patrimonial e Demonstração do Resultado.

A Tabela 11.7 resume uma situação de balanço. Neste exemplo, estamos verificando a geração de caixa do ano fechado de 2016. Sempre é recomendado que esta apuração seja realizada em bases mensais, pois um ano é muito tempo para realizar qualquer tipo de análise. Uma vez que se constate qualquer situação anormal, já será tarde demais para providências.

Tabela 11.7   **Balanço Patrimonial**

Ativo			Passivo		
	2015	2016		2015	2016
Ativo Circulante	68.224,00	144.606,11	Passivo Circulante	50.844,00	44.532,00
Caixa e outras disponibilidades	14.120,00	70.334,11	Fornecedores	20.124,00	17.908,00
Duplicatas a receber	21.420,00	33.552,00	Empréstimos Bancários	12.288,00	10.240,00
Estoques	25.600,00	37.648,00	Salários	8.192,00	8.192,00
Outros	7.084,00	3.072,00	Impostos e Contribuições	6.144,00	5.120,00
	-	-	Outros	4.096,00	3.072,00
	-	-		-	-
Despesas pré-pagas de LP	884,00	-	Passivos não circulantes	27.480,00	28.672,00
	-	-	Empréstimos Bancários	26.624,00	23.552,00
Ativo Permanente	101.376,00	82.800,00	Impostos Diferidos	856,00	5.120,00
Ativo Fixo	142.336,00	134.000,00		-	-
Depreciação acumulada	40.960,00	51.200,00	Patrimônio Líquido	92.160,00	154.202,11
	-	-	Capital Social	22.528,00	22.528,00
	-	-	Lucros Acumulados	69.632,00	131.674,11
	-	-		-	-
Total	170.484,00	227.406,11	Total	170.484,00	227.406,11

De posse do balanço, resta calcular as diferenças entre as contas para apurar se geramos ou perdemos Caixa com as mesmas. Observe, por exemplo, que se a empresa tinha um Estoque de R$25.600,00 em 2015 e fechou 2016 com

180   PARTE 4 **Valuation, Casos Práticos, Aplicações e Outras Coisinhas**

R$57.648,00, ela perdeu R$32.048,00 de Caixa, pois investiu dinheiro nesta conta contábil. Por outro lado, a conta Fornecedores, em 2015, estava com um saldo de R$20.124,00 e em 2016, esse saldo passou para R$17.908,00. A empresa também perdeu caixa, pois terá que usar outra fonte para financiar suas operações.

Tabela 11.8 **Perda ou Ganho de Caixa**

Ativo		
Conta do período seguinte	Aumentou	Empresa perde caixa
	Diminuiu	Empresa ganha caixa
Passivo		
Conta do período seguinte	Aumentou	Empresa ganha caixa
	Diminuiu	Empresa perde caixa

Baseados na Tabela 11.8, vamos então construir uma nova tabela, resumindo estas diferenças, por conta contábil, por meio da Tabela 11.9.

Tabela 11.9 **Geração ou Perda de Caixa**

Ativos		
	2015	2016	Diferenças
Duplicatas a receber	21.420,00	33.552,00	(12.132,00)
Estoques	25.600,00	37.648,00	(12.048,00)
Outros	7.084,00	3.072,00	4.012,00
Despesas pré-pagas de LP	884,00	-	884,00
Ativo Fixo	142.336,00	134.000,00	8.336,00
Total			(10.948,00)
Passivos		
Fornecedores	20.124,00	17.908,00	(2.216,00)
Empréstimos Bancários	12.288,00	10.240,00	(2.048,00)
Salários	8.192,00	8.192,00	-
Impostos e Contribuições	6.144,00	5.120,00	(1.024,00)
Outros	4.096,00	3.072,00	(1.024,00)
Empréstimos Bancários	26.624,00	23.552,00	(3.072,00)
Impostos Diferidos	856,00	5.120,00	4.264,00
Total			(5.120,00)

Com o resumo da Tabela 11.9, podemos então verificar que a empresa perdeu R$40.948,00 de caixa com as contas do Ativo. Por outro lado, com as contas do Passivo, a empresa perdeu R$5.120,00.

Entretanto, serão necessárias algumas informações da Demonstração de Resultados. Para isso, tomemos os valores da Tabela 10.3. Nesta tabela, que expressa a Demonstração do Resultado do Exercício, encontramos duas informações necessárias para compor nossa demonstração de caixa: o Lucro Líquido do Exercício, com valor de R$59.811,84, e a depreciação do período, no valor de R$10.240,00.

Com os dados à mão, resta elaborar a Demonstração do Fluxo de Caixa do ano de 2016, que nos indica um caixa gerado neste ano de R$38.103,84, conforme Tabela 11.10.

Tabela 11.10   ## Demonstração do Fluxo de Caixa

Conta	2016
Lucro Líquido do Exercício	62.042,11
Depreciação	10.240,00
Duplicatas a receber	(12.132,00)
Estoques	(12.048,00)
Outros	4.012,00
Fornecedores	(2.216,00)
Salários	-
Impostos e Contribuições	(1.024,00)
Outros	(1.024,00)
Impostos Diferidos	4.264,00
Caixa gerado pelas operações	52.114,11
Ativo Fixo	8.336,00
Caixa gerado pelas atividades de investimentos	8.336,00
Empréstimos Bancários	(2.048,00)
Empréstimos Bancários	(3.072,00)
Despesas pré-pagas de LP	884,00
Caixa gerado pelas atividades de financiamento	(4.236,00)
Total do caixa gerado	56.214,11
Caixa no início do período	14.120,00
Caixa no fim do período	70.334,11

Em resumo, a Tabela 11.11 expressa em grandes linhas esta demonstração:

Tabela 11.11   ## Demonstração do Fluxo de Caixa

Conta	2016
Caixa gerado pelas operações	52.114,11
Caixa gerado pelas atividades de investimentos	8.336,00
Caixa gerado pelas atividades de financiamento	(4.236,00)
Total do caixa gerado	56.214,11
Caixa no início do período	14.120,00
Caixa no fim do período	70.334,11

Fluxo de Caixa Livre — Free Cash Flow (FCF)

O fluxo de caixa livre, que na prática das empresas é sempre denominado na sua expressão em língua inglesa "free cash flow" (FCF), é o montante de caixa que a empresa gera após o pagamento de todas as suas despesas, incluindo as despesas líquidas de capital, gastos necessários para fazer frente às necessidades na aquisição e manutenção de ativos fixos (máquinas, equipamentos, etc.) e, assim, continuar operando[8].

O FCF fornece aos stakeholders[9] uma ideia de como a firma poderá pagar suas dívidas, aumentar seus investimentos e também o valor do negócio para os donos (acionistas).

Trata-se de uma medida sempre usada com o propósito de Valuation, pois a maioria dos analistas de bancos de investimentos, consultorias, peritos contadores e analistas, quando desejam estabelecer o valor de uma firma, seja qual for o propósito comprar, vender ou estudar, o fazem por meio do seu fluxo de caixa projetado, descontando-o a uma determinada taxa de atratividade, que melhor reflita o risco envolvido na operação. O valor presente deste fluxo de caixa, com mínimos ajustes, é o valor da transação.

Já o lucro líquido, por exemplo, não pode ser trazido a valor presente, considerando que "é formado de receitas e despesas que podem ter origens financeiras muito anteriores ou posteriores a seu lançamento contábil"[10]. Apenas o

---

[8] http://www.investopedia.com/terms/c/cashflow.asp#ixzz3vcZcV18s (conteúdo em inglês)

[9] Termo em língua inglesa que designa todos aqueles que se relacionam com uma empresa: acionistas, investidores, fornecedores, empregados, etc.

[10] MARTELANC, Roy; Pasin, Rodrigo; Pereira, Fernando. *Avaliação de Empresas*. São Paulo, Editora Pearson, 2010.

dinheiro do caixa pode ser investido ou aplicado a juro, deste modo, apenas o fluxo de caixa pode ser "movido no tempo" (veja mais sobre valor do dinheiro no tempo no Capítulo 2).

Todos sabem que a Demonstração do Resultado do Exercício é o melhor indicativo para verificar a rentabilidade de uma firma. Mas seria uma tolice pensar que um bom resultado poderia indicar uma performance geral também boa; muito embora a DRE revele de maneira fácil e direta fatos importantes. Mas, analisada isoladamente, a DRE não reflete o real montante dos benefícios revelados pelo lucro líquido apurado[11]. Confira a Demonstração do Resultado do Exercício, do conjunto de peças contábeis deste capítulo, na Tabela 11.12.

Tabela 11.12   ## Demonstração do Resultado do Exercício

Conta	2016
Receita Operacional Bruta	237.568,00
(-) Impostos sobre vendas	(32.768,00)
Receita Líquida Operacional	204.800,00
(-) Custo da Mercadoria Vendida	(81.920,00)
(=) Lucro Bruto	122.880,00
(-) Despesas Operacionais	(11.264,00)
(-) Depreciação	(10.240,00)
(-) Despesas Financeiras	(7.372,80)
(=) Lucro Antes do Imposto de Renda e da Contribuição Social	94.003,20
(-) Imposto de Renda e Contribuição Social	(31.961,09)
(=) Lucro Líquido do Exercício	62.042,11

Empresas que operam em segmentos diversos podem apresentar lucros que não guardam relação com a geração de caixa como, por exemplo, aquelas com altos índices de imobilização ou que investem excessivamente no giro (confira na Tabela 11.12). Normalmente, essas empresas apresentam bons lucros, mas geram pouco caixa e, pior, em alguns casos, até negativo[12].

Se você acredita naquele velho adágio de que dinheiro sempre faz dinheiro, então pegou a essência do FCF e o que ele representa para uma empresa. A demonstração do fluxo de caixa mostra de onde o dinheiro vem (cash inflow) e onde a empresa está gastando (cash outflow).

Baseado nisso, muitos investidores preferem usar o FCF, ao invés do lucro líquido como forma de avaliar a performance do negócio, pois o FCF é mais

---

[11] http://www.investopedia.com/terms/c/cashflow.asp#ixzz3vcZcV18s (conteúdo em inglês)

[12] MARTELANC, Roy; Pasin, Rodrigo; Pereira, Fernando. *Avaliação de Empresas*. São Paulo, Editora Pearson, 2010.

184   PARTE 4 **Valuation, Casos Práticos, Aplicações e Outras Coisinhas**

difícil de manipular, considerando-se que as suas informações são financeiras e dependem menos da discricionariedade do gestor, como no caso das provisões, que tanto afetam os resultados apurados pelo método do lucro líquido, apenas para citar um exemplo.

O leitor deve ter em mente que não há nenhuma crítica destrutiva quanto à importância da DRE. Sem dúvida, de maneira geral, ela é o mais importante dos relatórios contábeis. Esta parte, dedicada ao FCF, explica que, se o analista desejar conhecer inteiramente os resultados e entender profundamente a empresa, não pode prescindir de um exame integrado de pelo menos três documentos: FCF, DRE e Balanço Patrimonial. Saber ler e interpretar estas três peças contábeis é uma tremenda vantagem e diferencial para o mercado de trabalho.

Diferença entre lucro, caixa e medidas de desempenho

Como acabamos de ver, as diferenças entre o FCF e a DRE são sucintas. Tão importante quanto a rentabilidade é a liquidez de uma companhia, ou seja, sua capacidade de gerar caixa suficiente para fazer frente às obrigações[13]. Em linhas gerais, as empresas vão à falência porque não conseguem pagar suas contas, nunca por não serem rentáveis. Não obstante isso seja uma obviedade, muitos investidores a ignoram.

Por quê? Por olharem os resultados da firma de maneira não integrada, ou seja, prestam excessiva atenção à DRE e não enxergam a demonstração do fluxo de caixa.

Alguns autores tentam estabelecer indicadores com o uso do cash flow, como por exemplo, dividindo-o pela Receita Operacional Líquida (ROL). Supostamente, tal resultado deveria mostrar a capacidade de geração de caixa com o produto das vendas, ou ainda, numa medida genérica, o total do caixa gerado pela firma, em comparação com a ROL.

$$\% \text{ de caixa gerado} = \frac{\text{FCF}}{ROL}$$

Da mesma forma, outras medidas podem ser criadas. Todavia, o mais importante de tudo é que você entenda a relevância do fluxo de caixa.

Mas cuidado, não coloque todo o foco nele, pois a vida de uma empresa é muito mais que isso especialmente se tiver uma visão de longo prazo. Aliás, afaste-se de profissionais, gerentes e executivos que têm foco exclusivamente em fluxo de caixa de curto prazo, pois estes destroem as firmas para fazer

---

[13] http://www.investopedia.com/articles/stocks/07/easycashflow.asp#ixzz3vcZqYCXF (conteúdo em inglês)

caixa, embolsam polpudos bônus e depois são despedidos por quebrarem as companhias que dirigiam.

O fluxo de caixa, olhado como medida de longo prazo, juntamente com outras ferramentas contábeis como a DRE e o Balanço Patrimonial, irá permitir descobertas sensacionais de como a empresa está sendo gerenciada, pagando suas obrigações e gerando resultados para seus proprietários ou investidores[14].

Todavia, muito embora existam várias alternativas para entender e analisar o fluxo de caixa gerado, vamos nos preocupar com apenas duas:

- » Fluxo de caixa livre da empresa — Free Cash Flow to Firm (FCFF)
- » Fluxo de caixa livre do acionista — Free Cash Flow to Equity (FCFE)

Fluxo de Caixa Livre da Empresa — Free Cash Flow to Firm (FCFF)

Na verdade, o FCFF é o caixa gerado pela companhia, disponível para os detentores de dívidas (bancos) também proprietários do capital (donos e acionistas), isso depois de a firma ter pago todas as suas despesas e investimentos de capital. O FCFF separa o caixa gerado pelas operações do fluxo de caixa da dívida (confira na Tabela 11.11), revelando assim a real potencialidade da empresa de gerar recursos de caixa, em função de especificidades da gestão, operação, mercado e concorrência, independentemente das fontes de financiamento que utiliza.

DICA

Nesta parte, você irá observar que, na maioria das vezes, ao lado da expressão em língua portuguesa, colocamos o respectivo termo em inglês. Pensamos em facilitar para o leitor, pois, no uso diário daqueles que trabalham na área financeira das empresas, a maioria das expressões não é traduzida, mas empregada no original, como, por exemplo, o bottom line (lucro líquido). Os leitores brasileiros se complicam em relacionar as contas contábeis com a linguagem. Qual o modo certo? Em português, é claro. Quem está com a razão? Os contadores sempre têm a última palavra; em caso de dúvidas, fique com a opinião do contador.

IMPORTANTE

Ao final deste livro elaboramos um glossário de termos contábeis em inglês, e a sua respectiva tradução para o português.

O fluxo de caixa livre é o caixa disponível para todos os investidores, sejam eles de capital ou de crédito (dívidas); pode ser calculado a partir do lucro líquido ou do fluxo de caixa das operações (CFO).

---

[14] http://www.investopedia.com/terms/c/cashflow.asp#ixzz3vcZcV18s (conteúdo em inglês)

Calcular o FCFF usando o CFO é um método muito similar ao do cálculo do FCF. Isso se explica porque o FCFF é o fluxo de caixa disponível para todos os investidores, inclusive aquele que detém débitos emitidos pela empresa, pois a despesa financeira, que é caixa disponível para os detentores de dívida, deve ser somada novamente. O montante da despesa financeira disponível é aquele após as taxas, ou seja, despesa financeira multiplicada por 1 menos a taxa do imposto de renda e da CSLL (i): despesa financeira (1 - i).

Tal definição estabelece que o FCFF, calculado a partir do FCO, é igual a:

FCFF = CFO + [DF x (1 - i)] - Inv

Onde:

FCO = fluxo de caixa das operações (Cash Flow from Operations)

DF = despesas financeiras

Inv = investimentos em capital fixo, total das despesas de capital (Fixed Capital Investment — total capital expenditures ou simplesmente CAPEX)

Esta fórmula é diferente para as empresas que utilizam os conceitos de contabilidade da IFRS, pois não precisam somar novamente as despesas financeiras, afinal, isso é registrado contabilmente como parte das atividades financeiras. Contudo, considerando que as normas da IFRS permitem que os dividendos sejam parte do CFO, eles deverão, então, ser somados de volta.

Já o cálculo do FCFF, usando o lucro líquido do exercício, também é similar ao CFO, apenas deve incluir itens do balanço que diferenciam o lucro líquido do CFO. Para encontrar o FCFF, os investimentos em capital de giro (circulante) devem ser subtraídos e as despesas não financeiras devem ser somadas de volta. Confira na fórmula:

FCFF = LLE + DNF + [despesas financeiras x (1 - i)] - Inv - InvCG

Onde:

LLE = lucro líquido do exercício (net income)

DNF = Despesas não financeiras - depreciação e amortização (Non-cash Charges)

Inv = investimentos em capital fixo, total das despesas de capital (Fixed Capital Investment - total capital expenditures - CAPEX)

InvCG = investimentos em capital de giro (Working Capital Investments)

Como se percebe pela fórmula acima, o FCFF é uma medida bastante útil para determinados públicos da firma, como por exemplo, os proprietários, aqueles que emprestaram dinheiro, venderam mercadorias ou prestaram serviços, todos de significativos valores, e precisam saber se terão condições de receber.

Tudo isso se revela, pois este indicador mostra quanto de caixa pode ser retirado da companhia sem causar transtornos na operação[15].

Como dissemos anteriormente, existem muitas maneiras para calcular o FCFF, tudo dependerá das informações disponíveis e da capacidade técnica do analista. Por conta disso, sempre é bom contar com a ajuda de um contador. O modo mais comum e fácil é calcular a partir do Noplat (releia o Capítulo 10 para ter mais informações sobre o Noplat), conforme demonstra a Tabela 11.13.

Tabela 11.13   Demonstração do Fluxo de Caixa para a Empresa (FCFF)

Receita Operacional Bruta	237.568,00
(-) Impostos sobre vendas	(32.768,00)
(=) Receita Operacional Líquida	204.800,00
(-) Custo da Mercadoria Vendida	(81.920,00)
(-) Depreciação	(10.240,00)
(-) Despesas Operacionais	(11.264,00)
(-) Imposto de Renda Sobre as Operações	(31.961,09)
(=) Noplat	69.414,91
(+) Depreciação	10.240,00
(-) Capex	(8.336,00)
(-) Investimentos em Capital de Giro	(20.168,00)
(=) FCFF	51.150,91

De acordo com a Tabela 11.11, o fluxo de caixa para a empresa (FCFF), calculado a partir do Noplat, precisa de uma série de refinamentos e ajustes, a fim de eliminar as distorções econômicas e torná-lo unicamente financeiro, como por exemplo, adicionar a depreciação, subtrair as despesas de capitais e o ganho ou perda com capital de giro.

Veja alguns exemplos e suas fórmulas. Todas as variações aqui descritas estão baseadas inicialmente nas Tabelas 11.7 (Balanço Patrimonial) e 11.12 (Demonstração do Resultado do Exercício). Os dados que integram e compõem a Tabela 11.11 e as demais tabelas deste capítulo, completas, com suas várias interligações, estão disponíveis na página do livro na internet, no site da editora.

ATENÇÃO

Enquanto o Lucro Líquido do Exercício segue o regime da competência dos exercícios, o FCFF segue o regime de caixa.

---

[15] Vide o link: >http://www.investopedia.com/ (conteúdo em inglês)

Cálculo do FCFF a partir do EBITDA, Tabela 11.14[16]. O leitor deve levar em conta que as peças contábeis aqui explicadas são muito simplificadas. Quando for aplicá-las em casos específicos, será necessário o auxílio técnico de um contador ou perito.

FCFF = EBITDA − [ISO + Inv + InvCG + DF]

Onde:

EBITDA = lucros antes dos juros, impostos e depreciação e amortização (earning before interest, taxes, depreciation and amortization)

ISO = impostos sobre as operações

Inv = investimentos em capital fixo, total das despesas de capital (fixed capital investment − total capital expenditures - Capex)

InvCG = investimentos em capital de giro (working capital investments)

DF= despesas financeiras (juros sobre empréstimos e financiamentos)

Tabela 11.14 **Demonstração do Fluxo de Caixa para a Empresa (FCFF)**

(=) EBITDA	118.988,80
(-) Imposto de Renda e Contribuição Social	(31.961,09)
(-) Capex	(8.336,00)
(-) Investimentos em Capital de Giro	(20.168,00)
(-) Despesas Financeiras (juros)	(7.372,80)
(=) FCFF	(51.150,91)

Cálculo do FCFF a partir do EBIT, Tabela 11.15.

FCFF = CFO + DEPA [ISO − Inv + InvCG]

Onde:

EBIT = lucros antes dos juros e impostos (earning before interest and taxes)

DEPA = depreciação e amortização (depreciation and amortization)

ISO = impostos sobre as operações

Inv = investimentos em capital fixo, total das despesas de capital (fixed capital Investment − total capital expenditures - Capex)

InvCG = investimentos em capital de giro (working capital investments)

---

[16] Vide o link: >http://www.investopedia.com/ (conteúdo em inglês)

Tabela 11.15 ## Demonstração do Fluxo de Caixa para a Empresa (FCFF)

EBIT	101.376,00
(+) Depreciação	10.240,00
(-) Imposto de Renda e Contribuição Social	(31.961,09)
(-) Investimento em capital de giro	(20.168,00)
(-) Despesas de Capital (CAPEX)	(8.336,00)
(=) FCFF	51.150,91

Cálculo do FCFF a partir do Lucro Líquido do Exercício, Tabela 11.16[17].

FCFF = LLE + DF + DEPA - [Inv + InvCG]

Onde:

LLE = lucro líquido do exercício (net income)

Inv = investimentos em capital fixo, total das despesas de capital (fixed capital investment – total capital expenditures - Capex)

InvCG = investimentos em capital de giro (working capital investments)

DF = despesas financeiras (juros sobre empréstimos e financiamentos)

DEPA = depreciação e amortização (depreciation and amortization)

Tabela 11.16 ## Demonstração do Fluxo de Caixa para a Empresa (FCFF)

Lucro Líquido do Exercício	62.042,11
(+) Despesas financeiras	7.372,80
(+) Depreciação	10.240,00
(-) Despesas de Capital (CAPEX)	(8.336,00)
(-) Investimento em capital de giro	(20.168,00)
(=) FCFF	51.150,91

Cálculo do fluxo de caixa originado nas atividades operacionais (cash flow from operations), a partir do EBIT, Tabela 11.17[18].

---

[17] Vide o link: >http://www.investopedia.com/ (conteúdo em inglês)

[18] Vide o link: >http://www.investopedia.com/ (conteúdo em inglês)

FCFF = EBIT + DEPA - [ISO + InvCG + DF]

Onde:

EBIT = lucros antes dos juros e impostos (earning before interest and taxes)
DEPA = depreciação e amortização (depreciation and amortization)
InvCG = investimentos em capital de giro (working capital investments)
DF = despesas financeiras (juros sobre empréstimos e financiamentos)
ISO = impostos sobre as operações

Tabela 11.17   ## Demonstração do Fluxo de Caixa das Atividades Operacionais

EBIT	101.376,00
(+) Depreciação	10.240,00
(-) Imposto de Renda e Contribuição Social	(31.961,09)
(-) Investimento em capital de giro	(20.168,00)
(-) Despesas financeiras	(7.372,80)
(=) Fluxo de caixa das operações	52.114,11

Diferença entre FCF e lucro líquido

Existem duas diferenças entre o lucro líquido e fluxo de caixa livre.

A primeira trata da contabilização das aquisições de bens de capital e da apropriação das despesas de depreciação; esta última sempre muito linear. A metodologia do lucro líquido deduz as despesas de depreciação, enquanto a medida do FCF trabalha com o último período de aquisição de novos investimentos. Trata-se de uma diferença de abordagem bastante diferente, veja na Tabela 11.18.

Tabela 11.18   ## Diferenças de Apropriação de Bens de Capital e Depreciação

Tipo de medida	Componente	Vantagem	Desvantagem
Fluxo de caixa livre	Gastos com investimento do período anterior	Os gastos são em moeda corrente, mais próximos da realidade	As despesas de capital estão à discrição da empresa, assim podem se tornar esporádicas

(continua)

(continuação)

Tipo de medida	Componente	Vantagem	Desvantagem
Lucro líquido	Despesas de depreciação	A depreciação está relacionada com aquisições de capital acumuladas anteriormente, lineariza a medida	Imaginando uma inflação de 6% ao ano, um equipamento comprado por R$100,00 em dez anos deveria custar R$179,00.[19] Com uma depreciação linear de 10 anos, a depreciação da máquina ou equipamento acarretaria uma despesa anual de depreciação de R$10,00, mas o aparelho novo idêntico, teria uma depreciação de R$18,00, ou seja, 80% maior

Fonte: Investopedia.[20]

Já a segunda diferença está relacionada aos ajustes realizados no fluxo de caixa livre, que considera os investimentos (ou não) em despesas de capital de giro (InvCG), situação não levada em conta pela metodologia do lucro líquido. Empresas em fase de crescimento, com período médio de recebimento dos clientes de 45 dias, assim como o mesmo tempo para pagar fornecedores, ou ainda, com folha de pagamento semanal, quinzenal ou mesmo mensal, teriam que fazer um investimento em capital de giro maior. Da mesma forma, este fenômeno também poderia acontecer com pagamentos de lucros e dividendos.

Se uma empresa tem um crescimento negativo em vendas, mesmo que esporádico, será normalmente obrigada a reduzir as despesas de capital (investimentos), pois os recebíveis igualmente terão reduções. Tais movimentos contábeis são rapidamente mostrados pelo método do FCC, o que não acontece com o lucro líquido.

Fluxo de Caixa Livre do Acionista — Free Cash Flow to Equity (FCFE)

Como neste instante da leitura você já sabe tudo sobre o FCFF, resta apenas dizer que enquanto este calcula o montante de dinheiro gerado pela empresa (caixa) para os detentores de capital próprio e de terceiros, o FCFE preocupa-se apenas com o caixa gerado para os detentores do capital próprio, ou seja, com os donos ou proprietários e, no caso das grandes corporações, com os acionistas.

---

[19] [(1 + 0,06)10 − 1] x 100 = 79,09% − R$100,00 x 1,7909 = R$179,09

[20] Vide o link: >http://www.investopedia.com/ (conteúdo em inglês)

Assim, o Free Cash Flow to Equity (FCFE) é o fluxo de caixa disponível para os donos da empresa (proprietários e acionistas) e trata-se de uma medida derivada do FCFF, ou seja, normalmente é calculado a partir do FCFF, pois basta diminuir as despesas financeiras depois dos impostos, bem como adicionar o caixa resultante da tomada de dívidas (empréstimos líquidos)[21].

Isso significa dizer que aquelas empresas que pagam imposto de renda têm um benefício fiscal, pois podem descontar as despesas pagas a título de juros sobre empréstimos e financiamentos no imposto de renda. Veja a fórmula, de maneira simplificada, de acordo com todos os outros quadros apresentados neste e no Capítulo 10.

Para refazer os cálculos ou conferir as planilhas completas, vá até o site da editora na internet e acesse o arquivo em Excel com todas as planilhas interligadas.

Cálculo do fluxo de caixa gerado para os acionistas e proprietários (FCFE), a partir do FCFF, na Tabela 11.19, conforme a fórmula.

FCFE = FCFF - [DF + (DF x (1 - taxa do IR + CSLL)]

Onde:

FCFE = Fluxo de caixa disponível para os acionistas - proprietários e acionistas (free cash flow to equity)

FCFF = Fluxo de caixa disponível para a empresa (free cash flow to firm)

DF= despesas financeiras (juros sobre empréstimos e financiamentos)

Tabela 11.19 **Demonstração do Fluxo de Caixa dos Proprietários ou Acionistas**

Conta	2016
Receita Operacional Bruta	237.568,00
(-) Impostos sobre vendas	(32.768,00)
(=) Receita Operacional Líquida	204.800,00
(-) Custo da Mercadoria Vendida	(81.920,00)
(-) Depreciação	(10.240,00)
(-) Despesas Operacionais	(11.264,00)
(-) Imposto de Renda Sobre as Operações	(31.961,09)
(=) Noplat	69.414,91
(+) Depreciação	10.240,00
(-) Capex	(8.336,00)
	(continua)

[21] Vide o link: >http://www.investopedia.com/exam-guide/cfa-level-1/financial-statements/free-cash-flow.asp#ixzz3vdf44ZE7 (conteúdo em inglês)

(continuação)

Conta	2016
(-) Investimentos em Capital de Giro	(20.168,00)
(=) FCFF	51.150,91
(-) Despesas Financeiras (juros)	(7.372,80)
(+) Benefício Fiscal dos Juros (34% de R$10.752,00)	2.506,75
(=) FCFE	46.284,86

Comparativo entre o FCFF e o FCFE

Em última análise, são duas medidas distintas, também com interesses diferentes. Como dissemos anteriormente, trata-se de ajustes feitos a partir do lucro líquido, do Noplat, EBITDA ou EBIT, pois diferentes analistas usam fazer estes cálculos também de diversos modos, mas chegando ao mesmo resultado.

No começo deste livro dissemos "não tente fazer isso em casa". Sempre que precisar realizar um destes cálculos, procure a ajuda de um contador ou perito, pois o propósito deste livro é dar noções sobre os temas. Não se trata de ensinar como fazer, mas de adquirir capacidade de ler demonstrações contábeis sofisticadas e entendê-las como executivo, adquirindo senso crítico e gerencial, aumentando drasticamente a empregabilidade do leitor. São raros os profissionais de economia e finanças que dominam este assunto.

O FCFF é o caixa restante, disponível, que sobrou após a firma ter pago todas as suas despesas e realizado todos os investimentos necessários à sua manutenção e competitividade, sem se preocupar, entretanto, com as fontes de financiamento.

Por outro lado, falar em FCFE é ir além, ou seja, mais que o pagamento de todas as despesas que mencionamos na composição do FCFF, também será necessário pagar os juros das dívidas após o benefício fiscal destas, conforme as três últimas linhas da Tabela 11.19. Confira mais alguns conceitos na Tabela 11.20.

Tabela 11.20 ## Diferenças entre FCFF e FCFE

Fatores	FCFF	FCFE
Fluxo de caixa	Fluxo de caixa antes das dívidas	Fluxo de caixa depois das dívidas
Expectativa de crescimento	Crescimento do lucro operacional é representado pela taxa de reinvestimento	Crescimento do lucro líquido é fornecido pela taxa de retorno sobre o capital próprio
Taxa de desconto (atratividade)	WACC	CAPM ou custo do capital próprio

Fonte: Investopedia[22]

Confira algumas vantagens de uso do FCFF sobre o FCFE[23].

» Quando as despesas financeiras forem altas, o FCFE pode ser negativo. Entretanto, isso não significa que a firma não tenha valor. O FCFF pode mostrar que uma oportunidade de capitalização, juntamente com a gestão adequada, transformaria o empreendimento num bom negócio;

» A taxa de atratividade para descontar o FCFF a valor presente é o médio de mercado, portanto, muito mais real, já que o FCFE usa como taxa de desconto o valor da própria companhia; e

» Prever no longo prazo gastos com juros e amortizações de empréstimos não é tarefa trivial. Isso torna o FCFE mais difícil de calcular.

Nenhum destes conceitos seria de utilidade se o analista não souber perfeitamente as premissas que pretende assumir quando estiver calculando o valor da empresa, por meio dos métodos do FCFF e do FCFE.

A arte do Valuation reside no entendimento do analista, contador ou perito, sobre os fatores e conceitos aqui representados.

---

[22] Vide o link: >http://www.investopedia.com/ (conteúdo em inglês)

[23] MARTELANC, Roy; Pasin, Rodrigo; Pereira, Fernando. *Avaliação de Empresas.* São Paulo, Editora Pearson, 2010.

CAPÍTULO 11 **Noções de Fluxos de Caixa** 195

196   PARTE 4 Valuation, Casos Práticos, Aplicações e Outras Coisinhas

> **NESTE CAPÍTULO**
>
> **Avaliação de empresa pelo método dos múltiplos**
>
> **Os tipos de múltiplos mais usados em Valuation**
>
> **Uma aplicação simples à introdução e análise da estrutura da Valuation por múltiplos**
>
> **Metodologia de avaliação e modelo de múltiplos de mercado**
>
> **Uma síntese da avaliação por múltiplos**

Capítulo 12

Avaliação de Empresas pelo Método dos Múltiplos

Avaliação de Empresa pelo Método dos Múltiplos

Dentre vários modelos de avaliação de empresas, o método dos múltiplos de receitas é um dos mais utilizados pela simplicidade, facilidade de obtenção dos dados, necessidade de poucas informações, rapidez na manipulação dos números e menor volatilidade, ajustando-se, assim, perfeitamente aos casos de avaliação de pequenas empresas.

Certamente, em algum momento de nossas vidas já nos deparamos com situações como essa: "a minha empresa foi vendida por 10 vezes o faturamento"[1]. Os analistas e peritos não usam uma linguagem tão simplória. Eles certamente diriam que uma empresa foi negociada e o preço foi estabelecido por meio de múltiplos.

Mas o que seria isso? Significa dizer que uma companhia foi avaliada segundo informações parametrizadas de mercado, baseadas em pesquisas profundas e muito respeitadas. Assim, a firma foi realmente vendida por duas vezes a sua Receita Operacional Líquida ou cinco vezes o EBITDA anual que ela é capaz de gerar, por exemplo.

Mas o mercado tem ainda outros múltiplos muito mais sofisticados, ou seja, indicadores variáveis que direcionam o estabelecimento do valor, como o Preço Lucro (p/l)[2], para citar um exemplo utilizável para uma grande empresa.

O professor Damodaran[3] e a sua equipe pesquisam milhares de empresas e produzem tabelas de múltiplos que indicam o seu valor de mercado (Enterprise Value = EV[4]). A Tabela 12.1, mostra que entre 40 empresas pesquisadas no setor de educação, a relação EBITDA versus valor da companhia é de, em média, 6,96 vezes.

Mas é possível dizer que o valor de uma universidade aqui no Brasil equivale a 6,96 vezes o EBITDA que ela produz? A resposta é sim. Mas cuidado, tenha atenção ao porte, tradição, amadurecimento, estabilidade, localização e condições do negócio. Para entidades de menor porte, no Brasil, este valor deve variar para baixo, entre 4 e 5 vezes. Por conta destas peculiaridades, sempre aconselhamos a procurar um profissional do setor, um técnico do SEBRAE, por exemplo.

O uso de múltiplos internacionais aqui no Brasil deve ser acompanhado de um perito ou especialista de comprovada respeitabilidade e competência. Uma pequena empresa nos EUA pode faturar US$15 milhões, um valor para uma firma de porte médio nos nossos padrões.

---

[1] Vide o Link: >http://avaliacaodeempresa.com.br/multiplos/ — Gordon Valuations é um especialista em avaliação de empresas

[2] O preço lucro é um indicador muito simples e direto, indica a relação do lucro proporcionado pelo preço pago pela ação, representado pela fórmula P/L.

[3] Vide o link: >http://pages.stern.nyu.edu/~adamodar/ (conteúdo em inglês)

[4] Enterprise Value (EV), Total Enterprise Value ou Valor da Empresa é a medida, dada pelo mercado, do valor de uma empresa, considerando-se o agregado de todas as suas fontes de financiamento: credores, acionistas preferenciais, acionistas minoritários, empresas subsidiárias e acionistas ordinários.

Tabela 12.1 Indicadores de Valuation

Segmento	Número de empresas	EV/EBITDA + D	EV/EBITDA	EV/EBIT	EV/EBIT (1-t)
Publicidade	44	8.87	8.94	14.56	20.68
Veículos	19	6.60	10.03	20.93	29.44
Radiodifusão	29	9.53	9.53	12.98	17.89
Materiais de construção	39	10.69	11.42	16.09	23.14
Educação	40	6.59	6.96	16.42	26.65
Equipamentos elétricos	120	8.54	9.87	14.36	22.71
Construção civil	51	7.50	7.52	13.68	19.45
Agropecuária e agricultura	37	8.71	10.04	15.15	21.88
Revenda de veículos	26	11.49	11.49	17.36	27.44
Calçados	11	17.14	17.25	23.22	29.40
Transportes rodoviários	12	7.73	7.73	10.02	15.83
Total do mercado	7480	13.08	14.74	24.30	34.04

Assim, os múltiplos são indicadores de mercado que possibilitam a comparação entre diferentes companhias, mas de um mesmo setor. A grande vantagem da sua utilização é que a avaliação não irá fugir dos padrões de mercado, balizando valores de modo que ninguém irá comprar ou vender uma firma por um valor exagerado ou subavaliado.[5]

São inúmeras as possibilidades de utilização dos múltiplos, e as suas formatações também são as mais variadas: Valor da Empresa/EBITDA/Receita Operacional Líquida/EBIT/Lucro Líquido do Exercício[6], para citar alguns.

ATENÇÃO

Não aconselhamos a valoração de empresas por múltiplos. Quando necessário, a avaliação deve ser realizada por um perito qualificado e pelo método do fluxo de caixa descontado. Os múltiplos servem mais para referências e comparações.

Quais os tipos de múltiplos usados em Valuation?

O sucesso dos múltiplos reside na simplicidade, pois com apenas uma divisão, podemos estabelecer um valor de referência, por meio do qual ninguém se sentirá culpado de ter pago muito mais por um negócio do que ele realmente valia.

---

[5] EV = valor da empresa, EBITDA + D = EBIT da mais dívida, EBIT (1 - t) = EBIT multiplicado por 1 menos a taxa do imposto de renda.
[6] Vide o Link: >http://avaliacaodeempresa.com.br/multiplos/ — Gordon Valuations é um especialista em avaliação de empresas

$$\text{Múltiplo} = \frac{\text{Valor de Mercado da Empresa}}{\text{Indicador}}$$

Mas se os múltiplos são tão bons e simples, por qual razão 99% das avaliações são realizadas pelo complicado método do fluxo de caixa descontado?

Acontece que não se pode avaliar um negócio simplesmente pelo histórico do EBITDA produzido; é preciso muito mais, em especial, olhar as perspectivas futuras da companhia. É claro que 100% dos processos de Valuation, seja qual for o método, irá usar uma série de múltiplos comparativos para conferir se os valores não estão super ou subavaliados. Entre a miríade de opções de múltiplos existentes, vamos destacar quatro[7]:

>> *Múltiplos de lucro* — provavelmente é o mais conhecido e popular; é corriqueiro encontrar análises usando múltiplos de Preço/Lucro (P/L ou P/E[8]) de empresas. Para grandes companhias, o mais comum é encontrar o Preço por ação (P) dividido pelo Lucro por Ação (L). Porém, existem outros tipos que consideram o EBITDA, EBIT, etc. Para o caso brasileiro, usar parametrizações ou múltiplos para valorar uma firma usando valor de ações fica tremendamente prejudicado, pois o número de empresas organizadas neste formato (Sociedade Anônima) é reduzido, o mercado de capitais é novíssimo e incipiente e as informações, como por exemplo, as compiladas pelo professor Damodaran, simplesmente não existem.

>> *Múltiplos de valor patrimonial* — trata-se de um modelo fundamentado no valor de mercado da firma, dividido pelo valor do Patrimônio Líquido. Para o caso brasileiro, vemos uma lista enorme de restrições para o uso deste indicador, pois são inúmeras as variáveis a afetar o PL das firmas tupiniquins, distanciando-as da realidade de mercado.

>> *Múltiplos de receita* — sempre destacamos como o principal problema da contabilidade a discricionariedade com que são aplicados conceitos e critérios. Acontece que o assunto é complicado e, para piorar, as opções são muitas. Este é justamente o ponto forte dos múltiplos de receita, pois como ela é a primeira linha da DRE, é menos influenciada pela variedade de regras. Assim, seus resultados são mais confiáveis e aderentes ao mercado.

>> *Múltiplos setoriais* — estes seriam a melhor forma de comparação. Entretanto, no caso brasileiro, ainda vivemos a síndrome do segredo e os empresários são absolutamente reticentes sobre revelar dados do seu negócio, mesmo que para associações de classe e universidades. Por qual razão? Realmente não sabemos, mas acreditamos que por pequenez. Existem setores empresariais no Brasil sobre os quais nada se sabe. As informações existentes, quando aparecem, vêm do Governo. Imagine o leitor

---

[7] Vide o Link: >https://financeiros.wordpress.com/2009/10/19/avaliacao-por-multiplos-tipos-mais-comuns/

[8] P/E = price / earnings; preço / lucro.

que espetáculo seria poder comparar uma empresa, com outras do mesmo setor, em termos de faturamento, número de empregados, despesas, melhores práticas, etc.

Mas não importa o meio, você já percebeu que, sem uma contabilidade forte, tudo é de mentirinha. Deve-se investir em contabilidade de qualidade. Lembre-se da frase do professor Assaf: a contabilidade é muita cara e relevante apenas para ser usada para fins fiscais. Esta frase pode parecer solta no meio do livro, mas trata-se de uma das reflexões mais importantes e inteligentes na bibliografia da contabilidade gerencial.

É preciso muita atenção para utilizar múltiplos, pois a falta de parâmetro com outras firmas pode gerar falsas impressões. Lembre-se que os valores devem ser padronizados e as comparações devem ser feitas com empresas similares. E por último, lembre-se também que "assim como é fácil usar múltiplos, também é fácil cair em suas armadilhas"[9]. E lá vai um último conselho: não tente fazer isso sozinho em casa. O uso de múltiplos apenas pode ser aplicado quando acompanhado por um perito.

Uma aplicação simples à introdução e análise da estrutura do Valuation por múltiplos

De acordo com Assaf Neto[10], "a definição do valor de uma empresa é tarefa complexa, exigindo coerência e rigor conceitual na formulação do modelo de cálculo. Existem diversos sistemas de avaliação, embutindo certos pressupostos e níveis variados de subjetividade".

O objeto de avaliação deste exemplo é uma escola de primeiro grau. Trata-se de três sócios, um dos quais está se retirando da sociedade. A escola tem cerca de 400 alunos, em dois turnos, distribuídos de acordo com a Tabela 12.2.

Tabela 12.2 **Número de Alunos**

Turno	N III A	N IV A	N V A	N V B	1º A	1º B	2ª A	2º B	3º A	3º B	4º	5º	6º	7º	8º	9º	Total
Manhã					16	17							34	26	33	32	158
Tarde	6	32	15	16			16	16	32	35	31	35					234
Total																	392

---

[9] Vide o Link: >https://financeiros.wordpress.com/2009/10/19/avaliacao-por-multiplos-tipos-mais-comuns/

[10] Assaf Neto, Alexandre. *Finanças Corporativas e Valor*. São Paulo: Atlas, 2003.

Os dois principais itens de despesas são o aluguel e os funcionários, estes últimos em número de 30 pessoas. Os salários e as mensalidades estão alinhados com os preços de mercado; por se tratar de uma escola localizada num bairro de classe média baixa, ambos são bastante reduzidos.

A escola tem apenas 11 estudantes bolsistas, com níveis de desconto na mensalidade diferentes, variando de 20% até 100% (Tabela 12.2).

Tabela 12.3 — Dados Físicos e Financeiros para Avaliação

Turma	Conveniados	Independentes	Concessão de bolsa	Educação Infantil	Total de Professores
N-III-A	-	6	01 - 50% - 01 - 10%		
N-IV-A	-	32	01 - 50%	Tarde: 69	Educação Infantil: 05
N-V-A	-	15			1° a 5° ano: 08
N-V-B	-	16		Pré-escolar: 69	6° ao 9° ano: 07
Total	-	69			
1° ano A	-	16		1° ao 5° ano: 199	Secretária: 02
1° ano B	-	17			Coordenação: 02
2° ano A	-	16		6° ao 9° ano: 124	Direção: 01
2° ano B		16			Servente: 03
3° ano A		32	01 - 50%	Total: 392	Inform.: 01
3° ano B	1	35	01 - 100%		Auxiliar: 01
4° ano		31	01 - 50%	Educação Infantil	Total: 30
5° ano	13	22	01 - 20%	R$325,24	
Total	14	185			
6° ano	15	19	01 - 50%	1° ao 5° ano	
7° ano	15	11		R$334,80	
8° ano	19	13	01 - 20% - 01 - 50%		
9° ano	19	13	01 - 100%	6° ao 9° ano	
Total	68	56		R$355,00	
Total geral	82	310			

Para este exemplo de avaliação por múltiplos de receitas, foram utilizadas as demonstrações contábeis apresentadas no Balanço Patrimonial e nas Demonstrações de Resultado do Exercício, bem como em balancetes mensais, particularmente o utilizado como período base para a avaliação, de dezembro de 2016.

202   PARTE 4 **Valuation, Casos Práticos, Aplicações e Outras Coisinhas**

Ressalve-se que a entidade não possui auditoria externa periódica, fato lamentável; os seus resultados são analisados trimestralmente pelos sócios e por estes validados.

Não foram avaliados itens patrimoniais isoladamente. A metodologia aplicada buscou identificar o valor do negócio (operação). Eventuais itens relevantes, como edificações, instalações, imóveis ou equipamentos, que possuam valor de mercado ou de realização superior ao valor contábil, devem sofrer adição à parte.

Não foram identificadas contingências fiscais, tributárias ou trabalhistas, no processo de estudo da entidade. Eventuais valores relevantes que venham a ser apresentados pelo departamento jurídico podem ser objeto de dedução dos valores aqui apresentados.

Um dos objetivos desta avaliação é identificar um modelo adequado para o cumprimento do Contrato Social, relativamente à possibilidade de desligamento de sócios do quadro da firma e exercício do direito de preferência.

Dados financeiros e operacionais

A síntese do Balanço Patrimonial relativo ao exercício social de 2016 está representada na Tabela 12.4. Observe-se que a empresa tem ativos totais de R$255.866,00, majoritariamente formados por ativos fixos de móveis e utensílios.

Tabela 12.4   **Balanço Patrimonial**

Balanço Patrimonial — Moeda corrente de 2016			
Ativo		Passivo	
Circulante	79.306,00	Circulante	21.201,00
Disponível	79.306,00		
		Não circulante	0
Ativos fixos	176.560,00	Patrimônio Líquido	234.665,00
		Capital Social	48.000,00
		Lucros Acumulados	186.665,00
Ativo	255.866,00	Passivo	255.866,00

Já em termos de resultados, a escola apurou um lucro, em 31 de dezembro de 2016, de R$159.671,66, com uma margem líquida de 13,3%, que não está mal para um setor difícil de rentabilizar como o de atividades de ensino, conforme se pode constatar na Tabela 12.5.

Tabela 12.5 ## Demonstração de Resultados do Exercício

Demonstração do Resultado do Exercício R$ corrente de 2015 e 2016		
Conta	2015	2016
Receita operacional bruta	1.421.366,60	1.597.041,12
Deduções da receita bruta	-170.563,99	-1.916.44,93
Simples Nacional	-156.350,33	-175.674,52
Devolução de mensalidades	-3.642,00	-28.531,00
Receita líquida	1.090.810,28	1.201.190,66
Custos das vendas e serviços	0,00	0,00
Custos das vendas e serviços	0,00	0,00
Lucro bruto	1.090.810,28	1.201.190,66
Receitas (despesas) operacionais	-955.609,00	-1.050.372,00
Despesas administrativas	-324.966,00	-378.411,00
Despesas com pessoal	-607.638,00	-651.695,00
Despesas financeiras	-23.005,00	-20.266,00
Resultado operacional	135.201,28	150.818,66
Outras receitas e despesas	6.756,00	8.853,00
Resultado financeiro líquido	6.756,00	8.853,00
Prov. Imposto de Renda e Contribuição Social	0,00	0,00
Lucro líquido do exercício	141.957,28	159.671,66
Margem líquida percentual	13,0%	13,3%

Metodologia de avaliação

Para a avaliação econômico-financeira de uma empresa do setor educacional, vamos utilizar múltiplos de operações similares comparáveis. Tais estatísticas econômico-financeiras são raras, daí a necessidade de buscar parâmetros internacionais.

A avaliação deve procurar alcançar um valor econômico justo, ou seja, um valor que represente de modo equilibrado as potencialidades e perspectivas da entidade, incluindo aspectos intangíveis correlacionados e intrínsecos à atividade e geração de caixa.

Tal avaliação, porém, apesar de utilizar métodos e modelos quantitativos, não se processa exclusivamente mediante os fundamentos de uma ciência exata, não permitindo, portanto, uma precisão absoluta nos resultados, pois trabalha com premissas e hipóteses definidas pelo avaliador.

Nos bancos de dados disponíveis no mercado é possível identificar operações e avaliações que podem ser confiavelmente utilizadas, porém, com os ajustes necessários à adequação com a realidade organizacional da escola, ora analisada.

Nesse sentido, e pelo porte e características específicas de localização e modo de funcionamento, entende-se que a variação do número de alunos não deve ser considerada nos últimos anos. Assim, o volume de faturamento e a margem líquida são os elementos essenciais para o estudo e composição do modelo de avaliação a ser utilizado.

Modelo de múltiplos de mercado

Segundo a FIPECAFI[11], há alguns anos os fluxos de caixa (FCF) têm substituído os múltiplos de lucros e receitas na avaliação de empresas. Todavia, dentre os múltiplos mais utilizados destacam-se a receita operacional líquida e o EBITDA.

O EBITDA (Earnings Before Interests, Taxes, Depreciation and Amortization), ou lucros antes dos juros, impostos, depreciação e amortização, é determinado e combinado com os multiplicadores, resultando num valor estimado para a empresa.

A metodologia está fundamentada no conceito de que o valor da firma está diretamente relacionado à capacidade de gerar resultados, a partir de sua margem líquida em determinados períodos futuros. Portanto, o seu valor é medido pela multiplicidade gerada em razão do incremento potencial de seu faturamento e de margem líquida.

Nesta etapa da avaliação, o que se quer determinar é a capacidade comparada da entidade analisada, proveniente de suas operações normais, com o potencial de gerar valor apresentado pelo setor (serviços educacionais), em decorrência de suas características operacionais, o que inclui o potencial de força da marca, localização, carteira de clientes e demais aspectos intangíveis relacionados. Assim, com o uso de múltiplos, não há necessidade de avaliação complementar de intangíveis ou cálculos complexos de mensuração de goodwill.

Caracterização técnica da avaliação

A utilização de valores contábeis concede credibilidade à avaliação e pode ser considerada como parâmetro de valor, quando comprovados os dados.

Tais valores foram utilizados na composição dos valores empregados no processo de avaliação, assim como para as projeções, considerando ser uma entidade de capital fechado, com número definido de sócios e que possui aprovação das contas em atas de reunião formais.

---

[11] Fundação Instituto de Pesquisas Contábeis, Atuariais e Financeiras (FIPECAFI). *Avaliação de Empresas: da mensuração contábil à econômica.* São Paulo: Editora Atlas, 2001.

Metodologia e critérios adotados

Nas variáveis observadas, faturamento e margem líquida, verifica-se certa estabilidade nos últimos períodos. Observa-se que os custos operacionais não estão destacados das despesas no formato contábil tradicionalmente utilizado no Brasil. As receitas líquidas são basicamente compostas de mensalidades e pequenas vendas de serviços, com dedutibilidade de valores de agendas para alunos, devoluções de mensalidades e, principalmente, da dedução da tributação pelo regime do Simples Nacional.

As despesas operacionais são compostas por despesas administrativas com pessoal e aluguel, sendo estas duas as mais significativas. As Outras Receitas e Despesas (receitas não operacionais), que compõem o resultado líquido, são oriundas de rendimentos de aplicação financeira e, apesar de não apresentarem valor relevante, são desconsideradas para efeito de cálculo em um processo de avaliação. O volume de aplicações financeiras, entretanto, fonte geradora de tais receitas, deve ser considerado como disponibilidade.

Taxa de crescimento

Nos valores apresentados pela contabilidade da empresa, identifica-se um crescimento do Ativo da ordem de 14,16% ((R$255.866,00 / 223.268,79 - 1) x 100) no último período, considerando-se a base de dezembro de 2016, em relação ao encerramento do exercício em 31/12/2015.

Levando em conta o período comparativo de 12 meses (anualizando os dados de dezembro de 2016), tem-se um aumento proporcional de receitas da ordem de 12,4% ((R$1.597.041,12 / R$1.421.366,60 - 1) x 100).

A margem líquida (Resultado Operacional) apresentou, considerando 12 meses, variação proporcional de 13,3% em 2016 (Tabela 12.5).

Valor da empresa

Consideradas as premissas e as metodologias apresentadas anteriormente nesta avaliação, calcular o valor do EBITDA, para a determinação do valor da empresa, de acordo com um modelo tradicionalmente utilizado pelos analistas.

O valor das despesas financeiras também foi ajustado. De um total de R$20.266,00 foram subtraídos os valores correspondentes a despesas com fretes e seguros, que totalizaram R$995,06. O valor das despesas com depreciações e amortizações é idêntico aos apontados nas demonstrações, ou seja, de R$24.981,00. Comparando-se com 12/2015, tem-se a Tabela 12.6:

Tabela 12.6 Demonstração do EBITDA

Conta	2015	2016
Receita Operacional Líquida	1.090.810,28	1.201.190,66
(-) Custos	0,00	0,00
Lucro Bruto	1.090.810,28	1.201.190,66
(-) Despesas Operacionais	-955.609,00	-1.050.372,00
(+) Despesas Financeiras	23.005,00	20.266,00
(+) Depreciações e amortizações	24.981,00	24.981,00
EBITDA	183.187,28	196.065,66
Margem EBITDA	16,8%	16,3%

Assim, determina-se que a Margem EBITDA da escola de 2016 corresponde a 16,3% em dezembro de 2016, tendo sido de 16,8% no ano de 2015.

Observando-se os múltiplos do setor de serviços educacionais, verifica-se um sobrevalor, dado o volume de atividades e de receitas das empresas que compõem a carteira de análise. Vale dizer que mesmo com resultados negativos, ainda há empresas que possuem valor de mercado consideravelmente alto. Isto se justifica pelo crescimento do volume de operações de fusões e aquisições no setor nas últimas décadas, valorizando as companhias.

Apuração final do valor da empresa

De acordo com as variáveis envolvidas na análise, a empresa, por possuir margem EBITDA da ordem de 16,3%, e taxas de crescimento da receita operacional líquida em torno de 12,4% ao ano (R$1.201.190,66 / R$1.090.810,28 - 1), deve-se considerar como melhor múltiplo para sua avaliação o EBITDA (Tabela 12.7).

Em termos de Valuation, utiliza-se como regra empírica de mercado um múltiplo de EBITDA entre 4 e 6 vezes para a determinação de valor de uma empresa do ramo. Transações recentes, de menor porte, anunciadas pelas revistas especializadas do setor bancário, apresentaram, inclusive, múltiplos médios de até 6,5 vezes os EBITDAs das companhias investigadas. Há que se ter muita cautela com estas informações, pois é preciso também comparar a solidez, o porte e a tradição da entidade objeto da avaliação.

Tabela 12.7 Valuation

Indicador	Múltiplo de mercado	Valuation	Múltiplo da empresa
Múltiplo do Lucro Líquido	7,00	1.117.701,64	7,50
Múltiplo do EBITDA	6,00	1.176.393,97	6,11
Múltiplo da Receita	1,00	1.201.190,66	1,00
Valor de Mercado pelo EBITDA			1.176.393,97
Disponível em excesso			21.201,00
Dívida			-
Valor da Empresa (Valuation)			1.197.594,97

Dado que o EBITDA da empresa se encontra na ordem de R$196.065,66 e considerados os múltiplos utilizados, o valor do negócio antes dos ajustes estaria próximo a R$1.176.393,97 (R$196.065,66 x 6), conforme Tabela 12.7.

Se levado em conta o múltiplo de receitas, atualmente na ordem de 1 (uma) receita operacional líquida, teríamos um valor ligeiramente superior ao encontrado com o uso do EBITDA, de R$1.201.190,66. Neste caso, os peritos utilizam, também empiricamente, um múltiplo de receita situado entre 0,7 e 1,2.

Adicionalmente, se utilizada a margem líquida de 13,3% e um múltiplo de 7 vezes o lucro líquido, também alcançaríamos patamares muito próximos ao apontado pelo modelo do EBITDA, de R$1.117.701,64 (R$159.671,66x 7).

Resta-nos concluir que, com qualquer critério ou múltiplo utilizado, os valores apontam para um "Valor Justo" (fair value) de R$1.200.000,00, que pode ser considerado como base de negociação para os sócios.

A proposta final do avaliador, considerando o múltiplo do EBITDA gerado pela escola, de 6 vezes, devidamente ajustado pelo excesso de caixa e das dívidas (inexistentes), é de R$1.200.000,00.

Uma síntese da avaliação por múltiplos

Em síntese, a avaliação de um negócio com o uso de múltiplos, por um lado, facilita muito o processo, mas por outro, torna a avaliação pouco profissional. Isso sem dizer que, por basear-se em dados históricos, pode perder informações importantes, pois uma companhia com resultado ruim, mas com uma boa perspectiva, seria subavaliada. Existem três principais premissas em uma avaliação por múltiplos[12]:

---

[12] Vide o Link: >https://financeiros.wordpress.com/tag/avaliacao-por-multiplos/

208   PARTE 4 **Valuation, Casos Práticos, Aplicações e Outras Coisinhas**

» Os preços devem ser padronizados. Por exemplo, se você quiser calcular o múltiplo Preço/Lucro, precisa encontrar o preço por ação e o lucro por ação;

» É indispensável uma contabilidade de boa qualidade; e

» As empresas devem ser comparáveis, princípio difícil de atender, pois não existem empresas idênticas e, mesmo aquelas que estejam em mercados similares, podem divergir, em especial, com relação a perspectivas futuras.

Trata-se de uma metodologia simples. Qualquer pessoa poderá aplicá-la na prática e é muito fácil de entender. Contudo, por basear-se em acontecimentos similares com outras empresas, depende diretamente das informações de mercado, as quais, em vias normais, estão à disposição em universidades e revistas especializadas, como por exemplo, as publicações do professor Damodaran (Tabela 12.1).

É neste ponto que começam as dificuldades aqui no Brasil.

Em qualquer parte do mundo, os mercados sempre mostram uma tendência, ou seja, diferentes setores têm comportamentos também variados, mas como regra, o viés por setor é igual em qualquer parte do mundo. Por exemplo, uma empresa pequena oferece um nível de risco maior, independentemente de sua localização geográfica. A atividade bancária tem um beta menor que a de exploração de petróleo. Alimentos são investimentos mais seguros que maquinaria. A Tabela 12.8, elaborada pelo professor Damodaran[13], confirma isso.

Tabela 12.8 **Betas Selecionados**

Setor de negócios	Quantidade de empresas pesquisadas	Beta
Maquinaria	130	1.44
Metal e mineração	114	1.55
Equipamentos de escritório e serviços	24	1.82
Óleo e gás (Integrado)	7	1.54
Óleo e gás (Produção e exploração)	351	1.63
Óleo e gás (equipamentos)	143	1.74
Bancos (Regionais)	644	0.51
Bebidas (Alcoólicas)	22	0.94
Serviços financeiros	272	0.65
Alimentos (processamento)	89	0.89
Alimentos (atacadistas)	14	0.73
Total do mercado	7480	1.13

---

[13] Vide o Link: >http://pages.stern.nyu.edu/~adamodar/ — Última atualização em janeiro de 2016 — Por Aswath Damodaran (conteúdo em inglês)

Mas se os dados são assim tão claros e direcionados, qual o perigo do seu uso? Acontece que as condições brasileiras mantêm o mesmo viés dos setores americanos, mas a sua aplicação e interpretação não são tão fáceis. Por isso, sempre que usar o método na prática, precisará de um perito com muita experiência em avaliação de negócios para interpretar os dados: tamanho, solidez, localização, perspectivas, estabilidade, etc.

Em síntese, há uma grande diversidade de modelos de avaliação no mercado, os quais usam diferentes premissas e pressupostos, influenciando no valor final a ser determinado. Contudo, com a ajuda de um perito experiente, é possível encontrar características semelhantes que permitem classificá-los de uma forma mais abrangente.

Por conta destas fortes restrições, é sempre aconselhável usar o *fluxo de caixa descontado (discounted cash flow — DCF)* para determinar o valor da empresa[14]. Os múltiplos são excelentes como complementação e confirmação dos valores calculados pelo DCF.

Embora existam esses dois modelos de avaliação, além de muitos outros, o método de fluxo de caixa descontado (DCF) é a base para todos. Por isso, absorver os fundamentos do método DCF é a base para utilizar e compreender esta importante ferramenta: Valuation.

---

[14] Vide o Link: >https://financeiros.wordpress.com/tag/avaliacao-por-multiplos/

NESTE CAPÍTULO
Dois para cá e dois para lá; avaliando uma empresa de A a Z, pois a KFG vai perder um sócio
Peças contábeis básicas, informações iniciais essenciais
Calculado o Noplat, FCFF e o WACC
Cálculo do valor presente e do resíduo ou perpetuidade do fluxo de caixa projetado

Capítulo 13

Um Caso Prático e Completo de Avaliação de Empresa

Dois para Cá e Dois para Lá; Avaliando uma Empresa de A a Z

Em 12 capítulos, revisamos os pressupostos matemáticos que se relacionam com o chamado valor do dinheiro no tempo, sempre baseados no princípio de que existem vários tipos de moedas. Entre as mais comuns, destacam-se duas: valores nominais ou correntes e valores datados.

Uma simples frase como a anterior envolve muito estudo e conhecimento, pois será preciso uma boa matemática financeira para empregar nos cálculos de avaliações de empresas. Se isso não bastasse, também é necessário conhecer as mencionadas aplicações matemáticas com o uso do Excel, já que o processo de Valuation é extremamente complexo e não seria recomendável que alguém o realizasse "à mão".

Como segundo ponto, também se torna imprescindível o conhecimento conjuntural e, em especial, do negócio que se avalia: como caminha a economia, qual o desempenho do setor, expectativas de crescimento do produto, emprego e mercados. Além disso, também é preciso saber sobre inflação e moedas.

Por último, a parte mais difícil de todas: o conhecimento contábil.

Neste sentido, ao longo dos mencionados 12 capítulos anteriores, fizemos uma revisão aprofundada destes temas. Como falamos este livro não irá habilitá-lo para a tarefa de avaliador de empresas, entretanto, como se trata de um livro para leigos, você encontrará explicações minuciosas sobre os assuntos abordados, já que os autores mais renomados, como os americanos Copeland e Damodaran, e os brasileiros como Asaf, Martins, Martelanc, Samanez e Carlin, presumirão que ao se atrever a ler um de seus livros, de tema tão complexo, o leitor tenha conhecimentos básicos de matemática, conjuntura, informática e, principalmente, de contabilidade.

Por esta razão, estes espetaculares autores discutirão os grandes temas, apresentando técnicas e soluções, já que supõem que o leitor domine as mazelas e assuntos menores.

Em resumo, este capítulo tem como objetivo mostrar ao leitor um caso prático de avaliação empresarial, usando o método do fluxo de caixa descontado, também chamado de Discounted Cash Flow (DCF), mais precisamente com o uso do FCFF — Free Cash Flow To Firm — (fluxo de caixa livre para a empresa).

A KFG Vai Perder um Sócio

A KFG é uma empresa do ramo agropecuário, com características bastante interessantes. Foi fundada há cerca de 30 anos pelos empreendedores recém-casados Antônio e Maria. O objetivo do negócio é a compra, confinamento e venda de bezerros. A fazenda é extremamente profissionalizada e tecnológica; tornou-se uma verdadeira "fábrica de engorda", a tal ponto que para fazer uma salada de alface no almoço de domingo, eles têm que ir ao supermercado. Toda a atividade desenvolvida no local é com foco único e exclusivo no negócio. As vendas anuais chegam a mais de 90 mil cabeças.

Desafortunadamente, Antônio e Maria, embora bons amigos e pais de três lindos filhos resolveram terminar a relação. Considerando que Antônio pretende retirar-se do negócio, contrataram uma consultoria especializada em Valuation para estabelecer de forma justa a parte que cabe a cada um.

A Atividade Pecuária Empresarial

A atividade pecuária empresarial, um negócio milenar, vem se transformando e crescendo em sucessivos ciclos, alternando períodos de lucros e prejuízos, mas, na média, sempre mostrando uma boa rentabilidade. A despeito da crise em vários setores, do alto custo do dinheiro, do desenfreado aumento da mão de obra e do valor da terra, o preço da arroba do boi acaba compensando. Isso acontece muito em razão do desenvolvimento tecnológico e da profissionalização do homem de negócios do campo, que consegue aumentar a produtividade e cortar significativos custos[1].

Um novilho com 8 meses de idade e peso de 180kg, que no passado, com técnicas convencionais, alcançava o peso de 480kg após 36 meses — um ganho de peso médio diário de 278 gramas —, com confinamento e tecnologia, pode alcançar o mesmo peso depois de 18 meses. Estes prazos de 36 e 18 meses são calculados após o desmame, cerca de 6 meses depois do nascimento. "Quando colocamos em uma planilha os custos de produção, verificamos que o tempo é o maior vilão a comer o lucro do pecuarista. Tempo de vaqueiro, tempo de pasto, tempo para levar o boi ao abate" e outros.[2]

Esta é uma prova de que o investimento em técnicas que permitam diminuir o tempo gasto entre o desmame do bezerro e o abate de um boi vale à pena. Quando empregadas científica e estrategicamente, essas técnicas baixam os custos de produção e aumentam o giro e, por consequência, o lucro do empreendimento.

A KFG tem faturamento anual na casa dos R$230 milhões, e sua atividade é a compra, engorda e venda de bezerros.

Vamos Avaliar a KFG? Por Onde Começar?

Para avaliar a KFG, vamos adotar algumas premissas com vistas a facilitar o trabalho e entender os conceitos. Na prática, o perito irá desenvolver um plano de negócios (business plan) muito mais detalhado e consistente.

---

[1] Vide o Link: >http://www.nutroeste.com.br/arquivos/downloads/o-seu-boi-da-lucro-1696199.pdf, artigo do Engenheiro Agrônomo Luis Antônio Monteiro.

[2] Luiz Antônio Monteiro, Engenheiro Agrônomo, Diretor Técnico da Nutroeste Nutrição Animal Ltda.

» Trata-se de um setor que cresce historicamente em níveis superiores ao da economia em geral; a empresa acompanhará este crescimento;

» Não serão realizados investimentos adicionais;

» O negócio cresce com seus próprios recursos, ou seja, não serão necessários empréstimos e financiamentos adicionais aos já existentes;

» As despesas terão alguma redução adicional, as taxas crescem baseadas em históricos;

» A receita também cresce em bases históricas;

» Será empregado o método do FCFF — Free Cash Flow To Firm — (fluxo de caixa livre para a empresa);

» Todos os valores projetados são feitos em moeda corrente do ano;

» Para fins de projeção, serão usados os fluxos de caixa de 8 anos, sendo o ano "0" o ano de 2016 e o ano "8" o ano de 2024; e

» O valor da empresa será estabelecido em moeda corrente do ano de 2016.

O processo de avaliação seguirá a seguinte ordem de construção, baseado em dados históricos, mas, principalmente, em relação ao resultado de 2016, considerado um ano típico:

» Projeção das receitas operacionais;

» Projeção dos custos do serviço prestado, considerando-se custos fixos e variáveis;

» Cálculos das despesas financeiras, baseados no quadro de endividamento atual, sem crescimento;

» Projeção da Demonstração do Resultado do Exercício de 2017 até 2024 (oito anos, pois 2016 é o realizado do ano), abrangendo os principais indicadores: Lucro Operacional, EBIT, EBITDA, NOPLAT e Lucro Líquido do Exercício;

» Todos os ativos e passivos são operacionais;

» Será usado como referência o Balanço Patrimonial apurado no ano de 2016, todavia, sem projetá-lo;

» Projeção do FCFF, fluxo de caixa livre para a empresa, de 2017 até 2024;

» Cálculo do custo de capital próprio pelo método do CAPM; do capital de terceiros pelo custo atual dos empréstimos;

» Cálculo do WACC;

» Cálculo do valor presente líquido do FCFF, incluindo o resíduo (perpetuidade); e

» Ajustes e soma do valor final da empresa, a preços de 2016.

A sequência lógica segue o formato da Figura 13.1, levando em conta os itens apontados anteriormente. Considerando que os sócios estão em processo de separação, não listamos a Due Diligence como um requisito, entretanto, em praticamente todos os casos, ele é uma figura indispensável.

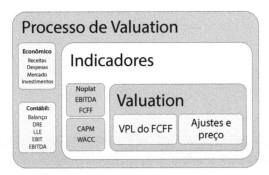

FIGURA 13.1: Processo de Valuation.

Peças Contábeis Básicas; Informações Iniciais Essenciais

Antes de qualquer coisa, para começar o processo de avaliação, precisamos buscar na contabilidade duas peças essenciais, que serão a base de todas as projeções: Balanço Patrimonial e Demonstração de Resultados do Exercício.

Segundo o site Portal da Contabilidade, uma contabilidade de qualidade é ferramenta indispensável para a gestão de negócios; a amplitude das informações escriturais vai além do simples cálculo de impostos e atendimento de legislações comerciais, previdenciárias e legais. Além disso, o custo de manter uma contabilidade completa (livros, diário, razão, inventário, conciliações, etc.) não justifica atender somente às necessidades fiscais. Quando a contabilidade é encarada como mera burocracia para atendimento governamental, informações relevantes podem estar sendo desperdiçadas, abrindo mão de um fator de competitividade com seus concorrentes e a tomada de decisões gerenciais com base em fatos reais e dentro de uma técnica comprovadamente eficaz.

Pensando nisso, empresários visionários investem em profissionais capacitados, automação e, para atestar a precisão das informações, executam rigorosos processos de auditoria externa sobre suas escriturações, mesmo não sendo obrigados por nenhuma norma a mantê-las[3].

Administrar uma companhia é uma tarefa complexa e ampla, necessitando de adequada estrutura de informações, sendo a contabilidade a principal delas.

A KFG é uma empresa preocupada com a qualidade da sua contabilidade. Quando vai ao banco pedir algum recurso, o gerente aceita suas informações como verdade, sem pedir para que os donos avalizem a operação na qualidade de pessoa física, atitude comum daqueles executivos de instituições

---

[3] Vide o Link: >http://www.portaldecontabilidade.com.br/tematicas/gestaocontabil.htm

financeiras desconfiados com "certos" balanços, que, afortunadamente, estão cada vez menos presentes no seu dia a dia.

A empresa, com ativos totais de R$227 milhões, tem uma situação equilibrada, mesmo tendo investido pesadamente em estoque e recebíveis no ano de 2016, como mostra a Tabela 13.1.

Tabela 13.1 ## Balanço Patrimonial

KFG — Balanço Patrimonial apurado de 31 de dezembro de 2016 — R$ mil (moeda corrente do ano)					
Ativo	2015	2016	Passivo	2015	2016
Ativo Circulante	68.224,00	144.606,11	Passivo Circulante	50.844,00	44.532,00
Caixa e outras disponibilidades	14.120,00	70.334,11	Fornecedores	20.124,00	17.908,00
Duplicatas a receber	21.420,00	33.552,00	Empréstimos Bancários	12.288,00	10.240,00
Estoques	25.600,00	37.648,00	Salários	8.192,00	8.192,00
Outros	7.084,00	3.072,00	Impostos e Contribuições	6.144,00	5.120,00
			Outros	4.096,00	3.072,00
Despesas pré-pagas de LP	884,00		Passivos não circulantes	27.480,00	28.672,00
			Empréstimos Bancários	26.624,00	23.552,00
Ativo Permanente	101.376,00	82.800,00	Impostos Diferidos	856,00	5.120,00
Ativo Fixo	142.336,00	134.000,00			
Depreciação Acumulada	40.960,00	51.200,00	Patrimônio Líquido	92.160,00	154.202,11
			Capital Social	22.528,00	22.528,00
			Lucros Acumulados	69.632,00	131.674,11
Total	170.484,00	227.406,11	Total	170.484,00	227.406,11

A Demonstração de Resultados revela uma situação bastante confortável, embora suas receitas tenham crescido apenas 3,4% (R$237.568,00 / R$229.702,97 - 1), as despesas foram controladas e o resultado foi mantido. A empresa fez uma Margem Líquida (Receita Operacional Líquida / Lucro Líquido do Exercício) de 30,3% (R$62.042,11 / R$204.800,00), excelente para o seu porte.

216 PARTE 4 **Valuation, Casos Práticos, Aplicações e Outras Coisinhas**

Entretanto, como vimos no Capítulo 10, lucro líquido não significa caixa e o fator determinante no estabelecimento do valor de uma firma é o caixa que ela consegue gerar (Tabela 13.2). O lucro líquido não é um indicador adequado para analisar o resultado operacional, pois, em termos de avaliação de empresas (Valuation), existem outros apontadores mais importantes, por revelarem explicitamente a capacidade de geração de recursos e estarem diretamente ligados ao FCF[4].

Tabela 13.2 ## Demonstração do Resultado do Exercício

KFG — DRE apurada em de 31 de dezembro de 2016 — R$ mil (moeda corrente do ano)		
Conta	2015	2016
Receita Operacional Bruta	229.702,97	237.568,00
(-) Impostos sobre vendas	(31.651,83)	(32.768,00)
Receita Líquida Operacional	198.051,14	204.800,00
(-) Custo da Mercadoria Vendida	(80.000,00)	(81.920,00)
(=) Lucro Bruto	118.051,14	122.880,00
(-) Despesas Operacionais	(11.000,00)	(11.264,00)
(-) Depreciação	(10.000,00)	(10.240,00)
(-) Despesas Financeiras	(8.554,40)	(7.372,80)
(=) Lucro Antes do Imposto de Renda e da Contribuição Social	88.496,74	94.003,20
(-) Imposto de Renda e Contribuição Social	(30.000,00)	(31.961,09)
(=) Lucro Líquido do Exercício	58.496,74	62.042,11

Com o Balanço Patrimonial e a DRE em mãos, vamos juntar os dados conjunturais de mercado e iniciar a projeção do fluxo de caixa. Nossa opção, de acordo com as premissas, é projetar o fluxo de 2017 até 2024 (8 anos) usando como base os dados contábeis de 2016 e 2015. O valor presente do fluxo será calculado em preços de 2016, nosso ano base de cálculo.

Vamos começar pelo mais fácil, projetando a receita. Considerando o histórico, constatamos que as vendas superam ligeiramente a casa de 93 mil cabeças por ano a um peso médio de 17 arrobas e um valor projetado de R$149,96 por arroba; a receita de vendas é, portanto, de R$237.568,00 em 2016.

---

[4] Vide o link: >http://www.investopedia.com/terms/n/nopat.asp (conteúdo em inglês)

CAPÍTULO 13 **Um Caso Prático e Completo de Avaliação de Empresa** 217

Tabela 13.3   # Projeção de Receita em R$ mil

Projeção da Receita	2016	2017	2018	2019	2020	2021	2022	2023	2024
Quantidade de bois vendidos	93.186	93.186	93.186	93.186	93.186	93.186	93.186	93.186	93.186
Preço da arroba do boi gordo	149,96	152,21	153,74	155,58	157,60	159,18	160,93	164,15	166,45
Peso médio por boi (arroba)	17	17	17	17	17	17	17	17	17
Receita de vendas	229.702,97	237.568,00	241.131,52	243.542,84	246.465,35	249.669,40	252.166,09	254.939,92	260.038,72

O mais complicado na projeção do fluxo de caixa são as despesas. Neste caso, tomamos da contabilidade as principais contas, dividindo-as em gastos fixos e variáveis e, por ser um negócio estável e com razoável linearidade de crescimento nos últimos anos, usamos as informações de 2015 e 2016 para projetar os demais anos até 2024. Confira como ficou na Tabela 13.4.

Tabela 13.4   # Projeção das Despesas em R$ mil

Custo da mercadoria vendida	2016	2017	2018	2019	2020	2021	2022	2023	2024
Bezerros	(23.105,88)	(23.476,94)	(23.851,71)	(24.230,23)	(24.612,53)	(24.998,66)	(25.388,64)	(25.782,53)	(26.180,35)
Pasto, forragens, suplementos	(16.717,65)	(16.457,91)	(16.195,57)	(15.930,61)	(15.662,99)	(15.392,71)	(15.119,72)	(14.843,99)	(14.565,52)
Máquinas e implementos agrícolas	(4.722,45)	(4.793,28)	(4.841,22)	(4.899,31)	(4.963,00)	(5.012,63)	(5.067,77)	(5.169,13)	(5.241,49)
Mão de Obra	(2.313,04)	(2.347,73)	(2.371,21)	(2.399,66)	(2.430,86)	(2.455,17)	(2.482,17)	(2.531,82)	(2.567,26)
Outros (energia, telefonia, água)	(6.168,09)	(6.260,62)	(6.323,22)	(6.399,10)	(6.482,29)	(6.547,11)	(6.619,13)	(6.751,51)	(6.846,03)
Vacinas, controle parasitário, antibióticos	(4.240,56)	(4.304,17)	(4.347,21)	(4.399,38)	(4.456,57)	(4.501,14)	(4.550,65)	(4.641,66)	(4.706,65)
Custo Variável	(57.267,67)	(57.640,65)	(57.930,14)	(58.258,29)	(58.608,25)	(58.907,41)	(59.228,08)	(59.720,64)	(60.107,31)
Pasto, forragens, suplementos	(17.905,98)	(18.660,60)	(19.134,13)	(19.730,75)	(20.394,65)	(20.885,51)	(21.442,56)	(22.563,41)	(23.328,72)
Máquinas e implementos agrícolas	(6.746,35)	(6.847,55)	(6.916,02)	(6.999,02)	(7.090,00)	(7.160,90)	(7.239,67)	(7.384,47)	(7.487,85)
Custo Fixo	(24.652,33)	(25.508,15)	(26.050,15)	(26.729,76)	(27.484,65)	(28.046,41)	(28.682,23)	(29.947,88)	(30.816,57)
Custo da mercadoria vendida	(81.920,00)	(83.148,80)	(83.980,29)	(84.988,05)	(86.092,90)	(86.953,83)	(87.910,32)	(89.668,52)	(90.923,88)

218   PARTE 4 **Valuation, Casos Práticos, Aplicações e Outras Coisinhas**

Seguindo esta progressão, vamos agora projetar as despesas financeiras da empresa. Para fazer esta planilha, estamos considerando que não serão contratados empréstimos extras, devendo manter-se o atual nível de endividamento do ano de 2016, no curto e longo prazos, de acordo com a Tabela 13.5.

Tabela 13.5 ## Projeção dos Empréstimos em R$ mil

Empréstimos bancários	2015	2016
Empréstimos bancários de curto prazo	12.288,00	10.240,00
Empréstimos bancários de longo prazo	26.624,00	23.552,00

Utilizando as informações da contabilidade, calculamos uma taxa média efetiva de juro de 21,8% ao ano, antes dos efeitos do imposto de renda. O leitor deve lembrar que estes custos financeiros contêm uma parte de juro e outra de efeitos inflacionários. Mais à frente, quando calcularmos a WACC da firma, para fins de desconto dos fluxos de caixa, iremos expurgar a inflação, pois todas as nossas projeções, neste capítulo, estão livres de tal fenômeno econômico.

Ponderando os saldos de 31 de dezembro (Tabela 13.5) com as despesas financeiras, obtemos uma taxa média de juros, antes dos efeitos do imposto de renda, de 21,8% para 2016 (R$7.372,80 / R$33.792,00 x 100); confira na Tabela 13.6. Caso você deseje conferir estes cálculos diretamente no Excel, acesse a página da editora na internet, onde você irá encontrar todas as tabelas, livres de senhas, podendo, inclusive, realizar simulações.

Para calcular o juro depois do imposto de renda, aplicamos o seguinte conceito:

$$Taxa\,de\,juro\,depois\,do\,IR = juro\left(1 - taxa\,do\,IR\right)$$
$$Taxa\,de\,juro\,depois\,do\,IR = 21,80\%\left(1 - 0,34\right) = 14,40\%$$

Mas qual a razão de expurgar os efeitos do imposto de renda? Acontece que o juro pago nos empréstimos e financiamentos é dedutível do imposto de renda. Isso é considerado um benefício fiscal, pois, efetivamente, as empresas que recolhem este imposto, na verdade, têm um custo menor.

Finalmente, basta expurgar a taxa de inflação e calcular a taxa de custo do Capital de Terceiros, ou seja, 14,40% - 6,50% = 7,90%. Mas de onde você tirou esta inflação de 6,50%, se o IPCA de 2015 ficou em 10,67%? Você tem razão, é uma forçada "na barra". Na verdade, fizemos uma média, puxando para baixo da inflação de 2015 e 2016, considerando então a taxa de 6,5%. Como temos dito, você será obrigado a assumir premissas, algumas das quais, em determinadas situações, podem até ser contestadas. Confira as contas na Tabela 13.6.

CAPÍTULO 13 **Um Caso Prático e Completo de Avaliação de Empresa**   219

Tabela 13.6   ## Projeção da Taxa de Juro

	2016	2017	2018	2019	2020	2021	2022	2023	2024
Dívida de curto prazo	10.240,00	10.342,40	10.445,82	10.550,28	10.655,79	10.762,34	10.869,97	10.978,67	11.088,45
Dívida de longo prazo	23.552,00	23.787,52	24.025,40	24.265,65	24.508,31	24.753,39	25.000,92	25.250,93	25.503,44
Total da dívida	33.792,00	34.129,92	34.471,22	34.815,93	35.164,09	35.515,73	35.870,89	36.229,60	36.591,89
Juro médio	21,8%	22,0%	22,0%	22,0%	22,1%	22,1%	22,2%	22,5%	22,6%
Despesa financeira	(7.372,80)	(7.500,29)	(7.575,29)	(7.673,09)	(7.783,28)	(7.861,12)	(7.951,14)	(8.146,03)	(8.274,57)
Juro médio após os efeitos do IR	14,40%	14,5%	14,5%	14,5%	14,6%	14,6%	14,6%	14,8%	14,9%
Taxa de inflação no Brasil	6,500%								
Custo real do capital de terceiros	7,90%								

Mas este juro de 21,8% ao ano é pouco ou muito? Esta é uma pergunta difícil de responder. Acontece que em termos internacionais, americanos ou europeus, uma taxa de juro de 21,8% é escorchante e inconcebível. Já aqui, em terras tupiniquins, com a taxa de inflação beirando os 11% em 2015, mas com viés de baixa e mais os riscos econômicos, nem tanto[5]. Segundo o Banco Central do Brasil, em 14 de fevereiro de 2016, a taxa de juro para pessoa jurídica — capital de giro, com prazo superior a 365 dias, variava entre 18,57% e 38,53%, ao ano, conforme Tabela 13.6.

Tabela 13.7   ## Banco Central — Taxa de Juro para Pessoa Jurídica — Capital de Giro

Posição	Instituição	Taxas de juros	
		% ao mês	% ao ano
2	Banco Santander (Brasil) S.A.	1,43%	18,57%
6	HSBC Bank Brasil S.A. Banco Múltiplo	1,63%	21,38%
8	Caixa Econômica Federal	1,76%	23,29%
9	Banco do Brasil S.A.	1,81%	23,95%
12	Itaú Unibanco BM S.A.	1,83%	24,30%
15	Banco Bradesco S.A.	1,84%	24,40%
22	Banco Triângulo S.A.	2,34%	32,04%
23	Banco Mercantil do Brasil S.A.	2,41%	33,14%

---

[5] Vide o Link: >http://www.bcb.gov.br/pt-br/sfn/infopban/txcred/txjuros/Paginas/RelTxJuros. aspx?tipoPessoa=2&modalidade=211&encargo=204

220   PARTE 4 **Valuation, Casos Práticos, Aplicações e Outras Coisinhas**

Posição	Instituição	Taxas de juros	
		% ao mês	% ao ano
24	Banco Tricury S.A.	2,49%	34,29%
25	Banco Banestes S.A.	2,53%	35,02%
26	Banco Sofisa S.A.	2,56%	35,39%
27	Banco do Estado de SE S.A.	2,75%	38,53%

E este índice de endividamento é alto ou baixo? Existe um índice na contabilidade para medir o endividamento geral, que não é muito revelador quando calculado por si. Seu resultado precisa ser comparado com o de outras empresas do setor. Confira:

$$\text{Índice de Endividamento Geral} = \frac{\text{Capital de Terceiros}}{Ativo\,total}\,x100$$

$$\text{Índice de Endividamento Geral} = \frac{R\$33.792,00}{R\$227.406,11}\,x100 = 14,86\%$$

Há também um indicador clássico para medir a capacidade da empresa de pagar juros contratuais: é o Índice de Cobertura de Juros, que consiste no conhecimento dos lucros antes dos juros e do imposto de renda (LAJIR ou EBIT) e as despesas anuais de juros. Mas, cuidado, este indicador também deve ser avaliado por séries históricas e pela comparação de outras empresas do setor.

$$ICJ = \frac{LAJIR\text{ ou EBIT}}{\text{JURO }(1/(1\text{-a}))} = ICP = \frac{R\$\,101.376,00}{R\$\,10.752,00(1/(1\text{-a}))} = 6,22\%$$

Onde "a" é a alíquota do imposto de renda. A equação (1/(1 - a)) é incluída de forma a ajustar os pagamentos de juro com o valor anterior ao imposto de renda, consistente com o numerador. Avalia a capacidade de pagamento de juro. O resultado não está mal, mas pode melhorar muito.

Com estas informações, será possível compor a DRE. Vale dizer que ela será a peça fundamental de todo este processo de avaliação.

O documento contábil de apuração do Lucro Líquido do Exercício é a Demonstração do Resultado do Exercício[6], que "tem como objetivo principal apresentar de forma vertical resumida o resultado apurado em relação ao conjunto de operações realizadas num determinado período, normalmente, de doze meses". A última linha da demonstração de resultados da Tabela 13.8. O Lucro Líquido do Exercício, em finanças apelidado de Bottom line (última linha), é uma das informações mais preciosas a respeito de uma companhia. Trata-se do Lucro Operacional deduzidas das receitas e despesas financeiras (decorrentes do financiamento das atividades da operação; refletindo a estrutura de capital

---

[6] Vide o link: >http://www.portaldecontabilidade.com.br/guia/demonstracaodoresultado.htm

da empresa), das despesas não operacionais, extraordinários e não recorrentes (não têm ligação direta com as atividades operacionais) e do imposto de renda e contribuição social (Tabela 13.8).

Conforme já vimos anteriormente, o Lucro Líquido do Exercício não é um indicador adequado para analisar o resultado operacional, pois, em termos de avaliação de empresas (Valuation), existem outros apontadores mais importantes por revelarem explicitamente a capacidade de geração de recursos e estarem diretamente ligados ao FCF[7]. Por esta razão, é preciso fazer alguns ajustes na DRE, transformando suas informações em caixa, conforme a Tabela 13.8.

Tabela 13.8 **Projeção da Demonstração de Resultados do Exercício, R$ Corrente do Ano**

Conta	2016	2017	2018	2019	2020	2021	2022	2023	2024
Receita Operacional Bruta	237.568,00	241.131,52	243.542,84	246.465,35	249.669,40	252.166,09	254.939,92	260.038,72	263.679,26
(-) Impostos sobre vendas	(32.768,00)	(33.259,52)	(33.592,12)	(33.995,22)	(34.437,16)	(34.781,53)	(35.164,13)	(35.867,41)	(36.369,55)
Receita Líquida Operacional	204.800,00	207.872,00	209.950,72	212.470,13	215.232,24	217.384,56	219.775,79	224.171,31	227.309,71
(-) Custo da Mercadoria Vendida	(81.920,00)	(83.148,80)	(83.980,29)	(84.988,05)	(86.092,90)	(86.953,83)	(87.910,32)	(89.668,52)	(90.923,88)
(=) Lucro Bruto	122.880,00	124.723,20	125.970,43	127.482,08	129.139,34	130.430,74	131.865,48	134.502,79	136.385,82
(-) Despesas Operacionais	(11.264,00)	(11.432,96)	(11.547,29)	(11.685,86)	(11.837,77)	(11.956,15)	(12.087,67)	(12.329,42)	(12.502,03)
(-) Depreciação	(10.240,00)	(10.393,60)	(10.497,54)	(10.623,51)	(10.761,61)	(10.869,23)	(10.988,79)	(11.208,57)	(11.365,49)
(-) Despesas Financeiras	(7.372,80)	(7.500,29)	(7.575,29)	(7.673,09)	(7.783,28)	(7.861,12)	(7.951,14)	(8.146,03)	(8.274,57)
(=) Lucro Antes do Imposto de Renda e da Contribuição Social	94.003,20	96.350,32	97.499,63	98.756,68	99.744,24	100.837,88	102.818,76	104.243,73	104.243,73
(-) Imposto de Renda e Contribuição Social	(31.961,09)	(32.759,11)	(33.149,87)	(33.577,27)	(33.913,04)	(34.284,88)	(34.958,38)	(35.442,87)	(35.442,87)
(=) Lucro Líquido do Exercício	62.042,11	63.591,21	64.349,75	65.179,41	65.831,20	66.553,00	67.860,38	68.800,86	68.800,86

---

[7] Vide o link: >http://www.investopedia.com/terms/n/nopat.asp (conteúdo em inglês)

222   PARTE 4 **Valuation, Casos Práticos, Aplicações e Outras Coisinhas**

Lucro Operacional Líquido Depois dos Impostos (Noplat)

Acabamos de afirmar que o Lucro Líquido do Exercício, embora seja um importante indicador, não serve para os nossos propósitos de avaliação, por não revelar o caixa gerado e, pelo método de Valuation que escolhemos para avaliar a KFG, este será a base de todos os nossos cálculos, ou seja, encontrar o FCFF.

Assim, se o leitor realmente deseja entender e desenvolver o processo de Valuation precisa calcular o Noplat = Net operating profit after taxes (lucro operacional líquido depois dos impostos). Você também irá encontrar na literatura a denominação de Noplat por Net operating profit less adjusted taxes (lucro operacional líquido depois do ajuste dos impostos).

Trata-se de uma figura contábil, representativa da capacidade de geração de resultados das operações normais; seu potencial de gerar riqueza em decorrência de características próprias do negócio independente das fontes de financiamento utilizadas pelos gestores[8].

A Tabela 13.8, expressa uma típica situação de demonstração do Lucro Líquido do Exercício, no valor, deste exemplo, de R$62.042,11 em 2016.

Caso você estivesse partindo da Receita Operacional Bruta, da mesma forma, com alguns outros ajustes, poderia obter o Noplat; confira na Tabela 13.9. Para a finalidade do Valuation, sem nenhuma dúvida, ele é o mais importante indicador, por mostrar o potencial de geração de caixa em firmas com níveis de endividamento normal, a maioria dos casos em análise. Vale ressaltar que empresas muito endividadas têm outras medidas, melhores e mais sofisticadas, de análise de valor. Neste caso, como as despesas financeiras são baixas, o Noplat é muito parecido com o lucro líquido, no valor de R$69.414,91. A diferença para o Lucro Líquido do Exercício, neste simplificado exemplo, é a despesa financeira de R$7.372,80.

Tabela 13.9 Cálculo do Noplat

Demonstração do Resultado do Exercício em Real mil (R$)	Ano A
Receita Operacional Bruta	237.568,00
(-) Impostos sobre vendas	(32.768,00)
(=) Receita Operacional Líquida	204.800,00
(-) Custo da Mercadoria Vendida	(81.920,00)
(-) Depreciação	(10.240,00)

(continua)

---

[8] Vide o link: >http://www.cavalcanteassociados.com.br/utd/UpToDate389.pdf

(continuação)

Demonstração do Resultado do Exercício em Real mil (R$)	Ano A
(-) Despesas Operacionais	(11.264,00)
(-) Imposto de Renda sobre as Operações	(31.961,09)
(=) Noplat	69.414,91
Alíquota do Imposto de Renda e Contribuição Social	34%
Imposto de Renda	25%
Contribuição Social	9%

Assim, devido ao Noplat referir-se a lucros operacionais totais, com os ajustes feitos para os impostos, ele representa os lucros gerados pelas operações essenciais da firma depois de subtrair os impostos sobre o rendimento relacionados com suas operações principais. Por tal razão, o Noplat é frequentemente utilizado como insumo na criação de modelos de avaliação de fluxo de caixa descontado, em detrimento de Lucro Líquido, pois elimina os efeitos da estrutura de capital (dívida versus patrimônio líquido)[9]. Se acrescentarmos os juros, o imposto de renda e a depreciação, teremos o EBITDA como resultado (tabela 13.10).

Tabela 13.10   **Demonstração do EBITDA**

Noplat	69.414,91
(+) Despesas Financeiras (juros)	7.372,80
(+) Imposto de Renda sobre as Operações	31.961,09
(+) Depreciação	10.240,00
(=) EBITDA	118.988,80

Já se diminuirmos do NOPLAT o custo monetário do capital total, obteremos o lucro econômico, bastante semelhante ao modelo de EVA; confira na tabela 13.11. É claro que os nossos exemplos aqui são muito simples, pois se trata de um livro para leigos. Na vida real, você irá precisar da ajuda de um contador para encontrar o indicador.

Tabela 13.11   **Cálculo do Noplat**

	2015	2016
Lucro Líquido do Exercício	58.496,74	62.042,11
(+) Despesas financeiras	8.554,40	7.372,80
(=) Noplat	67.051,14	69.414,91

---

[9] Vide o link: >https://en.wikipedia.org/wiki/NOPLAT (conteúdo em inglês)

PARTE 4 **Valuation, Casos Práticos, Aplicações e Outras Coisinhas**

Confira agora como fica a nossa projeção para os oito anos que iremos utilizar no processo de Valuation, de acordo com a Tabela 13.12, quando calculamos o Noplat, fazendo ajustes a partir da Receita Operacional Líquida. Observe que o ano de 2016 é composto por dados realizados e fornecidos pela contabilidade. Já as informações de 2017 até 2024 (oito anos) são projetadas.

Tabela 13.12   ## Cálculo do Noplat

	2016	2017	2018	2019	2020	2021	2022	2023	2024
Receita Operacional Bruta	237.568,00	241.131,52	243.542,84	246.465,35	249.669,40	252.166,09	254.939,92	260.038,72	263.679,26
(-) Impostos sobre vendas	(32.768,00)	(33.259,52)	(33.592,12)	(33.995,22)	(34.437,16)	(34.781,53)	(35.164,13)	(35.867,41)	(36.369,55)
(=) Receita Operacional Líquida	204.800,00	207.872,00	209.950,72	212.470,13	215.232,24	217.384,56	219.775,79	224.171,31	227.309,71
(-) Custo da Mercadoria Vendida	(81.920,00)	(83.148,80)	(83.980,29)	(84.988,05)	(86.092,90)	(86.953,83)	(87.910,32)	(89.668,52)	(90.923,88)
(-) Depreciação	(10.240,00)	(10.393,60)	(10.497,54)	(10.623,51)	(10.761,61)	(10.869,23)	(10.988,79)	(11.208,57)	(11.365,49)
(-) Despesas Operacionais	(11.264,00)	(11.432,96)	(11.547,29)	(11.685,86)	(11.837,77)	(11.956,15)	(12.087,67)	(12.329,42)	(12.502,03)
(-) Imposto de Renda Sobre as Operações	(31.961,09)	(32.759,11)	(33.149,87)	(33.577,27)	(33.913,04)	(34.284,88)	(34.958,38)	(35.442,87)	(35.442,87)
(=) Noplat	69.414,91	70.137,53	70.775,73	71.595,44	72.626,92	73.320,48	73.830,64	75.521,93	77.075,44

Fluxo de Caixa Livre da Empresa — Free Cash Flow to Firm (FCFF)

O FCFF é o caixa gerado pela companhia, disponível para os detentores de dívidas (bancos) e também para os proprietários do capital (donos e acionistas), isso depois de a firma ter pagado todas as suas despesas e investimentos de capital.

Ele separa o caixa gerado pelas operações do fluxo de caixa da dívida, revelando assim a real potencialidade da empresa de gerar recursos, em função de especificidades da gestão, operação, mercado e concorrência, independentemente das fontes de financiamento que utiliza. Assim, o FCFF é o caixa disponível para todos os investidores, sejam eles de capital (donos) ou de crédito (dívidas), podendo ser calculado a partir de vários indicadores, como o lucro líquido ou do fluxo de caixa das operações.

CAPÍTULO 13 **Um Caso Prático e Completo de Avaliação de Empresa**   225

Ademais, o FCFF é uma medida bastante útil para determinados públicos da firma, como por exemplo, os proprietários ou aqueles que emprestaram dinheiro, venderam mercadorias ou prestaram serviços. Todos precisam saber se terão condições de receber. Tudo isso se revela, pois, o indicador mostra o quanto de caixa pode ser retirado da companhia sem causar transtornos na operação[10].

As maneiras para calcular o FCFF dependerão das informações disponíveis e da capacidade técnica do analista. Por conta disso, sempre é bom contar com a ajuda de um contador. O modo mais comum e fácil é calcular a partir do Noplat (releia o Capítulo 10 para ter mais informações sobre o Noplat), conforme demonstra a Tabela 13.13.

De acordo com a Tabela 13.13, o fluxo de caixa para a empresa (FCFF), calculado a partir do Noplat, precisa de uma série de refinamentos e ajustes, a fim de eliminar as distorções econômicas e torná-lo unicamente financeiro, como por exemplo, adicionar a depreciação, subtrair as despesas de capitais e o ganho ou perda com capital de giro.

Tabela 13.13 ## Cálculo do FCFF

	2016	2017	2018	2019	2020	2021	2022	2023	2024
(-) Impostos sobre vendas	(32.768,00)	(33.259,52)	(33.592,12)	(33.995,22)	(34.437,16)	(34.781,53)	(35.164,13)	(35.867,41)	(36.369,55)
(=) Receita Operacional Líquida	204.800,00	207.872,00	209.950,72	212.470,13	215.232,24	217.384,56	219.775,79	224.171,31	227.309,71
(-) Custo da Mercadoria Vendida	(81.920,00)	(83.148,80)	(83.980,29)	(84.988,05)	(86.092,90)	(86.953,83)	(87.910,32)	(89.668,52)	(90.923,88)
(-) Depreciação	(10.240,00)	(10.393,60)	(10.497,54)	(10.623,51)	(10.761,61)	(10.869,23)	(10.988,79)	(11.208,57)	(11.365,49)
(-) Despesas Operacionais	(11.264,00)	(11.432,96)	(11.547,29)	(11.685,86)	(11.837,77)	(11.956,15)	(12.087,67)	(12.329,42)	(12.502,03)
(-) Imposto de Renda Sobre as Operações	(31.961,09)	(32.759,11)	(33.149,87)	(33.577,27)	(33.913,04)	(34.284,88)	(34.958,38)	(35.442,87)	(35.442,87)
(=) Noplat	69.414,91	70.137,53	70.775,73	71.595,44	72.626,92	73.320,48	73.830,64	75.521,93	77.075,44
(+) Depreciação	10.240,00	10.393,60	10.497,54	10.623,51	10.761,61	10.869,23	10.988,79	11.208,57	11.365,49
(-) Capex	(8.336,00)	(8.461,04)	(8.545,65)	(8.648,20)	(8.760,62)	(8.848,23)	(8.945,56)	(9.124,47)	(9.252,22)
(-) Investimentos em Capital de Giro	(20.168,00)	(20.369,68)	(20.573,38)	(20.820,26)	(21.090,92)	(21.301,83)	(21.536,15)	(21.966,87)	(22.274,41)
(=) FCFF	51.150,91	51.700,41	52.154,24	52.750,49	53.536,98	54.039,65	54.337,72	55.639,15	56.914,30
Receita Operacional Bruta	237.568,00	241.131,52	243.542,84	246.465,35	249.669,40	252.166,09	254.939,92	260.038,72	263.679,26

---

[10] Vide o link: >http://www.investopedia.com/ (conteúdo em inglês)

226   PARTE 4 **Valuation, Casos Práticos, Aplicações e Outras Coisinhas**

Todas as tabelas aqui descritas estão baseadas inicialmente na Tabela 13.1 (Balanço Patrimonial) e na Tabela 13.2 (Demonstração do Resultado do Exercício). Os dados que integram e compõem a Tabela 13.13 e as demais tabelas deste capítulo, completas, com suas várias interligações, estão disponíveis na página do livro na internet, no site da editora.

Calculando a Taxa de Atratividade

Chegamos a uma parte crucial do processo de Valuation: calcular a taxa de desconto do fluxo de caixa projetado na Tabela 13.13, cálculo do FCFF.

Por que isso é importante? Ora, quanto maior for esta taxa de atratividade, tanto menor será o valor presente, e, como consequência, também será menor o valor da avaliação. Daí que os principais autores dedicam capítulos inteiros nestas projeções, com a intenção de eliminar, tanto quanto possível, a subjetividade, e tornar os preços mais reais.

Para o caso brasileiro, temos uma complicação a mais: a elevada taxa de inflação. Assim, vamos fazer todas as contas, e, ao final, retirar a inflação, usando apenas a taxa de juro real. Como você verá, ela será sempre muito alta.

A empresa tem, basicamente, dois capitais que financiam suas operações, que irão nos interessar neste caso de avaliação: o Capital de Terceiros, representado pelas dívidas em bancos (empréstimos e financiamentos) e o Capital Próprio, ou o dinheiro que os sócios investiram.

Para calcular o custo das dívidas (Capital de Terceiros) é muito fácil, pois vamos utilizar as taxas que a companhia está pagando para os bancos, fazendo uma média ponderada delas. Já para calcular o custo do Capital Próprio (Patrimônio Líquido) é um pouco mais complicado, mas vamos usar um método consagrado, unanimidade entre os autores.

Deste modo, o custo médio ponderado de capital da empresa, conhecido apenas por WACC (do inglês weighted average capital cost), será a taxa de juro que a empresa paga pela utilização dos diversos capitais que a financiam, sejam estes próprios ou de terceiros.

Calcular a taxa do WACC é indispensável nos projetos de determinação do valor da empresa, o chamado Valuation, pois, como dissemos, será a taxa de referência utilizada para descontar os seus fluxos de caixa e finalmente estabelecer quanto vale a companhia.

O WACC é, então, a taxa que a firma deverá pagar, em média, a todos aqueles que de uma forma ou outra "colocaram" dinheiro na empresa, sejam estes: bancos, fornecedores ou proprietários, isso para financiar seus ativos.

O custo médio ponderado do capital é definido como a média ponderada dos diversos capitais que financiam uma firma, representado matematicamente por:

$$WACC = Ke\left(\frac{E}{D+E}\right) + Kd\left(\frac{D}{D+E}\right)$$

Onde:

WACC = custo médio ponderado de capital

Ke = Custo de capital dos proprietários

Kd = Custo das dívidas

E = Patrimônio Líquido da empresa (equity)

D = Dívidas da empresa (debt)

Custo do Capital de Terceiros

Vamos começar pelo mais fácil, calculando a taxa paga pelo Capital de Terceiros. Mesmo sabendo que não são apenas estes os fluxos monetários a financiar a companhia, vamos usar apenas as dívidas, ou seja, empréstimos e financiamentos. Confira na Tabela 13.14.

Tabela 13.14 **Cálculo do Custo do Capital de Terceiros**

Dívida	2016
Dívida de curto prazo	10.240,00
Dívida de longo prazo	23.552,00
Total da dívida	33.792,00
Juro médio	21,8%
Despesa financeira	7.372,80
Juro médio após os efeitos do IR	14,40%
Taxa de inflação no Brasil	6,50%
Custo real do capital de terceiros	7,90%

Existem muitas maneiras para fazer esta conta. Poderíamos, por exemplo, tomar todos os contratos de dívidas, planilhá-los, e, ao final, ponderar o custo do empréstimo pelo volume, encontrando assim a taxa média de todos eles, como fizemos na Tabela 13.15, na qual a taxa é de 22% antes do IR e 17% após os benefícios deste imposto.

228 PARTE 4 **Valuation, Casos Práticos, Aplicações e Outras Coisinhas**

Tabela 13.15 Dívida Ponderada, a Preços de Mercado

Dívida	Valor	Proporção	Taxa efetiva anual	Custo ponderado
Empréstimo Banco A	3.000,00	11%	44%	5%
Empréstimo Banco B	2.000,00	8%	44%	3%
Empréstimo Banco C	3.100,00	12%	45%	5%
Debêntures	18.112,50	69%	12%	8%
Total da dívida	26.212,50	100%		22%
Custo total da dívida após os efeitos do IRPJ (21%)				17%

Neste exemplo prático, optamos por retirar do balanço o valor do saldo dos empréstimos de curto e longo prazo, comparando com o juro pago no ano e, assim, encontrando a taxa de juro média. Como o saldo destas contas em 2015 e 2016 é muito parecido, comparamos o valor do juro com o total, ou seja, em 2016, dividimos o juro de R$7.372,80, pelo saldo de R$33.792,00, encontrando a taxa de 21,8% ao ano, como demonstrado na Tabela 13.16.

Tabela 13.16 Cálculo da Taxa de Juro

Dívida	2015	2016
Dívida de curto prazo	12.288,00	10.240,00
Dívida de longo prazo	26.624,00	23.552,00
Total da dívida	38.912,00	33.792,00
Juro médio	22,0%	21,8%
Despesa financeira	8.554,40	7.372,80

Uma vez encontrada a taxa de 21,8%, é preciso descontar o benefício fiscal do imposto de renda, neste caso de 34%.

$$Taxa\ de\ juro\ após\ os\ efeitos\ do\ IR = taxa\left(1 - taxa\ do\ ir\right)$$
$$Taxa\ de\ juro\ após\ os\ efeitos\ do\ IR = 21,8\left(1 - 0,34\right) = 14,40\%$$

Para finalizar, consideramos uma inflação média entre os anos de 2015 e 2016 de 6,5%, descontando da taxa de 14,40%, ou seja, 14,40% - 6,50% = 7,90%, como explicado na Tabela 13.17.

CAPÍTULO 13 **Um Caso Prático e Completo de Avaliação de Empresa** 229

Tabela 13.17   ## Cálculo da Taxa de Juro

Conta	2015	2016
Dívida de curto prazo	12.288,00	10.240,00
Dívida de longo prazo	26.624,00	23.552,00
Total da dívida	38.912,00	33.792,00
Juro médio	22,0%	21,8%
Despesa financeira	8.554,40	7.372,80
Juro médio após os efeitos do IR	14,5%	14,40%
Taxa de inflação no Brasil		6,500%
Custo real do capital de terceiros		7,90%

Custo do Capital Próprio

Esta é uma parte muito interessante: como calcular o custo do Capital Próprio, ou seja, que taxa de juro querem os acionistas por terem investido e, principalmente, arriscado ao colocar dinheiro no negócio. Como assim, acionista arrisca? A resposta é sim, e muito. Em março de 2016, a taxa Selic estava cotada pelo Banco Central a 14,25% ao ano, com uma inflação pouco acima de 10% ao ano. Isso quer dizer que você poderia ter investido seu rico dinheirinho em títulos do Governo e recebido algo em torno de 4% de taxa de juro real.

Deste modo, para arriscar num negócio de gado, administrar uma propriedade imensa e complexa, um investidor sadio precisa ganhar umas cinco vezes mais. Ou não?

Nos projetos de Valuation, a unanimidade dos peritos utiliza o CAPM para calcular a taxa de juro que remunera o Capital próprio. Para saber mais sobre este assunto, releia o Capítulo 4.

Para aqueles que trabalham ou estudam finanças, o modelo de precificação de ativos financeiros, como é chamado o Capital Asset Pricing Model — CAPM, é uma medida utilizada para determinar a taxa teórica que melhor represente o retorno de um ativo, levando em consideração o risco oferecido pelo mesmo.

Os investidores, como regra geral, sempre procuram a melhor taxa de retorno, mas tenha atenção com a seguinte afirmação: investidores, por definição, são repulsivos a qualquer espécie de risco e, quando o assumem, exigem uma compensação por isso, chamada prêmio[11].

---

[11] Vide o link: >http://avaliacaodeempresa.com.br/adm/uploads/106pdfO-Modelo-CAPM.pdf

A aplicação do CAPM[12] precisa de uma adaptação para ser usado no Brasil, já que toda a base teórica deste método utiliza elementos estatísticos americanos; mas nem tudo está perdido, é possível chegar a um resultado satisfatório do custo do capital próprio brasileiro com alguns ajustes na fórmula clássica tradicional do CAPM que estudamos anteriormente:

$$Ki = Rf + \beta(Rm - Rf)$$

Mas qual a razão em fazer correções para aplicar a fórmula aqui em terras brasileiras? Elas se justificam pela falta de informações financeiras a respeito do mercado empresarial brasileiro. Deste modo, para eliminar esta falta de dados fidedignos, é preciso incorporar mais alguns elementos à fórmula básica, como:

» Prêmio pelo tamanho da empresa (porte)
» Prêmio pelo Risco Brasil
» Diferença entre a taxa de inflação do Brasil e dos Estados Unidos.

O formato tradicional do CAPM, incorporando estes elementos, assume a seguinte formulação matemática:

$$Ki = R_f + \beta x (R_m - R_f) + Ppp + Prb + \#if$$

Onde:

K_i = taxa de juro a ser paga pela empresa

R_f = taxa de juro livre de risco

R_m = taxa de retorno de portfólio de mercado

$R_m - R_f$ = prêmio por risco; diferença entre a taxa livre de risco e a taxa de mercado

β = Beta, medida do risco do ativo em relação a uma carteira de ações padrão

Ppp = Prêmio pelo tamanho da empresa (porte)

Prb = Prêmio pelo Risco Brasil

\#if = Diferença entre a taxa de inflação do Brasil e dos Estados Unidos.

O ajuste proposto destaca três elementos adicionais. Empresas menores são exigidas a pagar uma taxa de retorno maior, pois quanto menor a firma, maior risco oferece. Conforme já estudamos anteriormente, os dados americanos podem ser utilizados neste caso, já que o importante é a tendência setorial e não os números em si. Embora os valores de risco sejam diferentes, as tendências das curvas de risco são iguais no Brasil e nos EUA, confirmam os especialistas.

---

[12] Sérgio de Carvalho, economista, consultor em finanças corporativas, mestre em Economia pela UCAM-RJ e mestre em Contabilidade pela PUC-RJ. Autor, professor e especialista em avaliação de empresas.

Estes riscos variam entre 1% e 5% ao ano. Para saber mais sobre estes índices, sugerimos que consulte o IbbotsonSBBI Valuation Yearbook[13], uma referência padrão do mercado mundial para determinar o risco da empresa e custo de capital, muito utilizado na avaliação de negócios.

Já o prêmio de risco Brasil é a taxa extra exigida pelos investidores internacionais para emprestar para brasileiros. Mas quanto? Como calcular? Várias instituições fazem este tipo de cálculo, entretanto, o mais conhecido e reconhecido é o calculado pelo banco americano JP Morgan, baseado na precificação de títulos de mercados emergentes. Confira em www.acionista.com.br[14].

Finalmente, o terceiro elemento: calcular a diferença da taxa de inflação entre os Estados Unidos e o Brasil.

Vejamos os dados para calcular este exemplo prático, usando os conceitos da fórmula demonstrada anteriormente:

> » R_f = taxa de juro livre de risco. Os títulos do Tesouro dos EUA são instrumentos financeiros emitidos para financiar a dívida pública nacional. Existem quatro tipos de títulos do Tesouro, todos muito líquidos e fortemente negociados no mercado secundário. É considerado o investimento mais seguro do mundo. Para este caso iremos considerar que a taxa de juro livre de risco oferecida, é de 5,23% ao ano[15].

> » R_m = taxa de juro médio, pago pelo mercado pelo investimento em um portfólio de ações. Vamos considerar a taxa de retorno de um portfólio de investimentos, a preços de mercado com retorno de 11,41% ao ano[16].

> » β = Beta alavancado, medida do risco do ativo em relação a uma carteira de ações padrão. Tomaremos os valores da Tabela 4.11, setor agropecuário, com beta de 1,25[17].

> » Ppp = Prêmio pelo tamanho da empresa (porte). Elemento-chave na avaliação de empresas de qualquer tamanho; é a avaliação de risco. No

---

[13] Vide o link: >http://www.nacva.com/store_product.asp?prodid=37 (conteúdo em inglês)

[14] Vide o link: >http://www.acionista.com.br/graficos_comparativos/080715-risco-brasil-embi+-mensal.jpg. O EMBI+ — Emerging Market Bonds Index Plus ou Índice de Títulos da Dívida de Mercados Emergentes é um índice desenvolvido pelo JP Morgan, baseado nos bônus emitidos pelos maiores países latino-americanos e outros emergentes para medir a capacidade do país de saldar o montante dos títulos da sua dívida.

[15] Vide o Link: >http://pages.stern.nyu.edu/~adamodar/ — trata-se da média aritmética de 1928 até 2015, atualização do dia 5 de janeiro de 2016, do US Treasury Bond para 10 anos. Fonte AswathDamodaran.

[16] Vide o Link: >http://pages.stern.nyu.edu/~adamodar/ — trata-se da média aritmética de 1928 até 2015, atualização do dia 5 de janeiro de 2016, do retorno anual do investimento no S&P 500 (Standard &Poor's Composite Index) para 10 anos. Fonte AswathDamodaran.

[17] Vide o Link: >http://pages.stern.nyu.edu/~adamodar/ (conteúdo em inglês) — trata-se da média aritmética de 65 empresas listadas na NYSE, atualização de janeiro de 2016, do setor agropecuário (Farming/Agriculture). Fonte AswathDamodaran.

método de fluxo de caixa descontado é preciso capturar esse risco. Como neste caso trata-se de uma empresa pequena, o risco estimado é de 3,19%.[18]

» Prb= Prêmio pelo Risco Brasil de 2,85%[19].

» #if = Diferença entre a taxa de inflação do Brasil e dos Estados Unidos de 5,5%[20].

Confira o resumo desta maçaroca de números na Tabela 13.18.

Tabela 13.18 ## Cálculo do CAPM

	CAPM ajustado para cálculo do custo de Capital Próprio.	
Rf	Taxa de juro livre de risco	5,23%
β	Beta, medida do risco do ativo em relação a uma carteira de ações padrão	1,25
Rm	Taxa de retorno de portfólio de mercado	11,41%
Rm - Rf	Prêmio por risco; diferença entre a taxa livre de risco e a taxa de mercado	6,18%
Ppp	Prêmio pelo tamanho da empresa (porte)	3,19%
Prb	Prêmio pelo risco Brasil	2,85%
#if	Diferença entre a taxa de inflação do Brasil e dos Estados Unidos	5,50%
Ki	Custo do capital próprio	24,50%
	Expectativa de inflação no Brasil	6,50%
Ki	CAPM real, líquido de inflação	18,00%

Uma vez composta a tabela de dados, é possível aplicar a fórmula do CAPM, ajustada para as condições econômicas brasileiras; confira:

$$K_i = R_f + \beta x (R_m - R_f) + Ppp + Prb + \#if$$
$$K_i = 5,23 + 1,25(11,41 - 5,23) + 3,19 + 2,85 + 5,50$$
$$K_i = 18,00\% \text{ ao ano}$$

---

[18] Vide o Link: >http://conferences.pionline.com/uploads/conference_admin/The_Dimensions_of_Popularity_in_the_Stock_Market_Ibbotson.pdf. Fonte: Ibbotson SBBI Classic 2015 Yearbook: Market results for Stocks, Bonds, Bills, and Inflation, 1926–2014, Morningstar, Inc (conteúdo em inglês).

[19] Vide o Link: >http://www.acionista.com.br/graficos_comparativos/embi-us$-mensal.htm. Tomamos o valor de maio de 2015, por considerar que o valor atual é muito afetado pela crise, todavia, no futuro, este deverá regredir.

[20] Vide o Link: >http://pt.global-rates.com/estatisticas-economicas/inflacao/indice-de-precos-ao-consumidor/ipc/estados-unidos.aspx. Em dezembro de 2015 a taxa de inflação no Brasil alcançou estratosféricos 10,67% e nos Estados Unidos 0,73%. Considerando que a taxa brasileira deverá baixar futuramente, para fins deste exemplo, consideramos 5,5% ao ano, como sendo a diferença de taxa entre os países.

E agora é calcular o WACC

Uma vez que calculamos o custo do Capital Próprio (Patrimônio Líquido) e do Capital de Terceiros (dívidas), resta agora fazer a ponderação dos dois e calcular o custo médio ponderado de capital, conhecido pela sigla WACC.

De acordo com o estudado no Capítulo 4, o WACC (do inglês weighted average capital cost) é a taxa de juro que as empresas pagam pela utilização dos diversos capitais que a financiam, sejam estes próprios ou terceiros, pois será a taxa de referência (taxa de atratividade ou taxa de desconto) utilizada para descontar os seus fluxos de caixa projetado na Tabela 13.13, e, finalmente, estabelecer quanto vale a parte de cada um, Antônio e Maria.

É importante observar que o valor desta taxa (WACC) é estabelecido por fatores externos à empresa e não pela sua administração.

Quanto mais complexa for a estrutura de capital, mais trabalhoso é calcular o WACC, matematicamente representado por:

$$WACC = Ke\left(\frac{E}{D+E}\right) + Kd\left(\frac{D}{D+E}\right)$$

Onde:

WACC = custo médio ponderado de capital

Ke = Custo de capital dos proprietários

Kd = Custo das dívidas

E = Patrimônio Líquido da empresa (Equity)

D = Dívidas da empresa (debt)

De modo a tornar a aplicação da fórmula mais fácil de visualizar, vamos tabelar os dados que calculamos até agora.

Tabela 13.19   Dados para Cálculo do WACC

#	Conta	2016	Fonte
Kd	Custo real do capital de terceiros	7,90%	Tabela 13.17
Ke	Custo do capital próprio	18,00%	Tabela 13.18
E	Capital Próprio	154.202,11	
D	Capital de Terceiros	33.792,00	Tabela 13.1
D + E	Capital Próprio + Capital de Terceiros	187.994,11	

Aplicando a fórmula tradicional temos que o valor do WACC é de 16,18% ao ano.

$$WACC = 18,00\left(\frac{R\$154.202,11}{R\$154.202,11 + \$33.792,00}\right) + 7,90\left(\frac{R\$33.792,00}{R\$154.202,11 + \$33.792,00}\right)$$

WACC = 16,18% ao ano.

Entretanto, como fizemos todos os cálculos usando o Excel, cujas planilhas você poderá encontrar no site da internet da editora, vamos representar estas contas em formato de tabela. Confira a seguir.

Tabela 13.20   ## Cálculo do WACC

Tipo de capital	Valor	Custo	Peso	Custo Ponderado	(Soma) WACC
Custo real do Capital de Terceiros					
Capital de Terceiros	33.792,00	7,90%	17,98%	1,42%	
Custo real do Capital Próprio					
Capital Próprio	154.202,11	18,00%	82,02%	14,76%	
Total	187.994,11				16,18%

Observe na Tabela 13.20, que inicialmente ponderamos os dois tipos de capitais cuja soma importa em R$187.994,11 (R$33.792,00 + R$154.202,11), sendo que a primeira, com o peso de 17,98% (R$33.792,00 / R$187.994,11), tem custo médio de 7,90% (Tabela 13.19), e a segunda, cujo peso é de 82,02% (R$154.202,11 / R$187.994,11), tem um custo médio de 18,00% (Tabela 13.19).

Ponderando o custo do capital de terceiros de 7,90% ao ano, pelo peso de 17,98%, encontramos a taxa de 1,42%. Já repetindo os mesmos cálculos para o custo do capital próprio de 18,00% ao ano pelo peso de 82,02%, encontramos o valor de 14,76%.

Ufa!!! Finalmente, basta somar os dois percentuais para encontrar o WACC de 16,18% (1,42% + 14,76%).

Estamos Perto do Fim, Agora É Calcular o Valor Presente do Fluxo de Caixa

Estamos quase prontos para revelar o valor que Antônio terá direito a receber ao se retirar da sociedade que tem com Maria. É claro que o Valuation não fornece um valor pronto e acabado. Ainda terão que acontecer negociações entre o casal, fazer ajustes nos valores e estabelecer como será a forma de pagamento.

Já fizemos um breve levantamento sobre o setor agropecuário, levantamos informações macroeconômicas, revisamos as peças contábeis de 2016, sendo estas a Demonstração de Resultados e o Balanço Patrimonial. Depois fizemos ajustes na DRE para encontrar o Noplat; este indicador será a base de todas as nossas contas. Feito isso, calculamos o FCFF, projetando os anos de 2017 até 2024, oito anos.

Cálculo do valor presente do fluxo de caixa projetado

Mas por que oito anos de projeção? Normalmente os peritos que realizam os cálculos de Valuation utilizam o prazo de 10 anos como horizonte de estudo. Mas não há nenhuma fórmula prática ou padronizada para dizer quantos anos serão. Nós sempre aconselhamos a fazer os cálculos com dez anos. Todavia, neste exemplo, optamos por oito anos por uma razão prática, pois com dez anos as tabelas ficariam muito grandes e difíceis de colocar no livro. O professor Sérgio de Carvalho[21] ensina seus alunos a escolher o tempo de projeção baseado em dados da empresa, combinados com cenários econômicos, como o exposto na Tabela 13.21.

Tabela 13.21   Projetando o Horizonte de Estudo

Risco	Baixo	Alto	Médio
Variáveis críticas: Bem essencial? Sem bens substitutos? Pequeno efeito renda?	Sim	Não	Médio
Estabilidade da demanda?	Alta	Baixa	Média
Variáveis críticas: Elevada escala de produção?	Muito	Pouco	Médio
Variáveis críticas: Crescimento com "salto tecnológico"? Sujeito a "choques de oferta"?	Pouco	Muito	Médio
Estabilidade da oferta?	Alta	Baixa	Média

---

[21] Sérgio de Carvalho, economista, consultor em finanças corporativas, mestre em Economia pela UCAM-RJ e mestre em Contabilidade pela PUC-RJ. Autor, professor e especialista em avaliação de empresas.

Risco	Baixo	Alto	Médio
Setores de atividade	Infraestrutura; bens essenciais; pouca concorrência	Inovação; incerteza se os mercados ficarão maduros; muita concorrência	Demais
Exemplo	Energia, água e saneamento, transporte público, veículos, ensino fundamental e médio, serviços básicos de saúde (hospitais, etc.), seguros, medicamentos essenciais, bebidas, cigarros, exploração e produção de petróleo, bancos	Eletroeletrônicos, entretenimento, biotecnologia, informática, telecomunicações, esportes, commodities de alta volatilidade de preços (grãos especialmente)	Todos os demais setores como comércio varejista, transporte aéreo, indústria de alimentos, produtos de beleza e higiene, têxtil, imóveis, commodities com menor volatilidade de preços (minérios e carnes, por exemplo), siderurgia, químico e petroquímico, construção civil pesada
Horizonte do Fluxo de Caixa	10 anos	5 anos	5 a 10 anos

Observe que o "horizonte de estudo" está ligado à incerteza da projeção. Deste modo, um setor com pouca previsibilidade precisa ter uma projeção também curta. Não é possível estimar um fluxo de caixa de dez anos para o setor de construção civil, por exemplo. Exagerando, basta um "espirro" do governo para que as coisas mudem de um mês para outro, como por exemplo, a contratação do crédito imobiliário pela Caixa Econômica.

Setores com mais previsibilidade podem ter projeções mais alongadas.

Finalmente, uma parte muito técnica, mas também cheia de subjetividades: a taxa de desconto do fluxo de caixa, ou WACC, que será usada para calcular o valor presente do fluxo e do resíduo, parte fundamental do nosso trabalho.

Observe a Tabela 13.13. Veja que copiamos a última linha da tabela; no instante "0", ou seja, no ano de 2016, o valor é de R$51.150,91, no instante "1" de R$51.700,41 e, assim por diante. A taxa de desconto será a mesma que calculamos na Tabela 13.20, ou seja, 16,18% ao ano.

Tabela 13.22 Cálculo do Valor Presente com o uso da Fórmula

Ano		2016	2017	2018	2019	2020	2021	2022	2023	2024
Período	Período	0	1	2	3	4	5	6	7	8
(=) FCFF		51.150,91	51.700,41	52.154,24	52.750,49	53.536,98	54.039,65	54.337,72	55.639,15	56.914,30
Valor presente do FCFF de 2016	0	51.150,91								
Valor presente do FCFF de 2017	1	44.500,11								
Valor presente do FCFF de 2018	2	38.638,81								
Valor presente do FCFF de 2019	3	33.637,81								
Valor presente do FCFF de 2020	4	29.384,76								
Valor presente do FCFF de 2021	5	25.529,82								
Valor presente do FCFF de 2022	6	22.095,49								
Valor presente do FCFF de 2023	7	19.473,76								
Valor presente do FCFF de 2024	8	17.145,80								
VPL do Fluxo de Caixa		281.557,28								

Nossa tarefa é trazer todos estes valores para o instante "0", ou seja, 2016. Mas o valor de 2016 já está no instante zero, o que devo fazer com ele? Espetáculo; não devemos fazer nada com ele, mas todos os outros valores serão "movidos" no tempo. Embora tenhamos sempre aconselhado a não fazer este cálculo na mão, vamos fazer um exemplo apenas para ilustrar. Veja o valor presente do instante 6 (2022), na fórmula; caso tenha dúvidas, releia o Capítulo 2:

$$VP = VF \times (1+i)^{-n}$$
$$VP = 54.337,72 \times (1+0,1618)^{-6}$$
$$VP = 22.095,49$$

IMPORTANTE

Caso você esteja lendo este livro e fazendo as contas na calculadora, eventualmente poderá encontrar diferentes valores. Por que isso acontece? Nós fizemos todos os cálculos no Excel, usando todas as casas possíveis depois da vírgula. Eventualmente ao repetir esta conta, quando você colocar 16,18%, um valor arredondado, estará provocando uma pequena diferença.

Somando todos os valores, em moeda de 2016, temos um valor presente do fluxo de caixa de R$281.557,28.

Para testar, vamos fazer o teste de São Tomé, usando a função VPL do Excel. Se tiver dúvidas de como realizar estes cálculos, revise o Capítulo 3.

Tabela 13.23   Cálculo do Valor Presente com o uso do Excel

	A	B	C	D	E	F	G	H	I	J
1										
2	Ano	2016	2017	2018	2019	2020	2021	2022	2023	2024
3	Período	0	1	2	3	4	5	6	7	8
4	(=) FCFF	51.150,91	51.700,41	52.154,24	52.750,49	53.536,98	54.039,65	54.337,72	55.639,15	56.914,30
5										
6			WACC	16,18%						
7			VPL	281.557,28						
8										
9										

Como fizemos este cálculo? Na planilha do fluxo de caixa, escreva WACC na célula C6 e VPL na célula C7. Posicione o cursor na célula D7, clique em funções, procure por funções financeiras, corra o cursor até o final, pois ele está em ordem alfabética, e a função VPL estará no final. Clique em VPL e a planilha vai perguntar primeiramente a taxa de juro, coloque o cursor sobre o resultado do WACC (16,18%) da célula D6 e tecle enter. Em seguida, a planilha vai pedir os valores; marque as células C4 até J4. Mas e a célula B4? Este valor já está no presente. Se você o marcar, o resultado sairá errado. Assim, no instante que teclar enter, o resultado de R$230.406,37 irá aparecer na célula D7. Adicione o valor de R$51.150,91 da célula B4 e obterá o VPL de R$281.557,92.

Cálculo do valor presente do resíduo ou perpetuidade

Para estabelecer o valor da empresa, é preciso estabelecer o valor presente do FCFF que calculamos em R$281.557,92, de acordo com a Tabela 13.23. Também é necessário calcular o valor presente do resíduo, ou seja, aquele valor que supostamente seria gerado após o período de estudo, também chamado de perpetuidade.

Todos sabem que as empresas produzem fluxos de caixa infinitos, pois foram feitas para durar para sempre. Deste modo, para avaliar quanto vale uma companhia, por exemplo, é preciso conhecer a soma do valor atual dos infinitos valores futuros[22] que ela gera e acrescentar ao valor presente do fluxo de caixa:

$$Valuation = VP\,do\,FCFF + VP\,Resíduo$$

Para "levar" o valor da perpetuidade (resíduo) para 2016, nosso instante "zero", vamos utilizar a fórmula abaixo (caso deseje saber mais sobre o assunto, releia o Capítulo 5).

Relendo o Capítulo 5, você descobre que podemos usar três tipos de fórmulas para calcular o valor presente da perpetuidade, conforme Tabela 13.24.

Considerando que o setor agropecuário apresenta crescimento constante e que as projeções para o setor produtor de carne são muito promissoras, vamos usar a fórmula da opção "C".

Tabela 13.24   **Cálculo do Valor Presente do Resíduo (Perpetuidade)**

A — Método simples sem crescimento. Valor presente da perpetuidade	B — Método com crescimento constante. Valor presente da perpetuidade	C — Método de crescimento constante acelerado. Valor presente da perpetuidade
$P = \dfrac{Valor\,/\,i}{\left(1+i\right)^{n-1}}$	$P = \dfrac{Valor\,/\left(i-g\right)}{\left(1+i\right)^{n-1}}$	$P = \dfrac{\left[Valor\left(1+g\right)\right]/\left(i-g\right)}{\left(1+i\right)^{n-1}}$

---

[22] Vide o Link: >http://www.professornews.com.br/index.php/utilidades/gestao-empresarial/7284-como-calcular-o-valor-presente-da-perpetuidade

Para calcular o "g", iremos usar a mesma taxa de crescimento do FCFF. Observe que, em 2016, o valor do fluxo de caixa era de R$51.150,91, passando para R$56.914,30 em 2024.

$$Taxa\ de\ crescimento\ do\ FCFF = [(R\$56.914,30 / R\$51.150,91)^{1/8} - 1]100$$
$$Taxa\ de\ crescimento\ do\ FCFF = 1,34\%\ ao\ ano$$

Agora é aplicar a fórmula:

$$VP\ da\ perpetuidade = \frac{Valor\ do\ FCFF\ de\ 2024(1+g)/(WACC-g)}{(1+WACC)^{n-1}}$$

$$VP\ da\ perpetuidade = \frac{R\$56.914,30(1,0134)/(0,1618-0,0134)}{(1,1618)^{8-1}}$$

$$VP\ da\ perpetuidade = R\$136.064,13$$

ATENÇÃO

Como isso é muito importante, vamos conferir para ver se você entendeu. Veja na Figura 13.2. Primeiro descontamos o valor de R$56.914,30, do ano 2024 para o ano de 2023, resultando em R$388.753,86. Em seguida, descontamos novamente, agora de 2023, para o ano base de 2016.

Observe que, no denominador da fórmula, acrescentamos "n-1", pois o fluxo de caixa tem 8 períodos; entretanto, o nosso valor está no período "7" (2023), daí a necessidade de descontar um período.

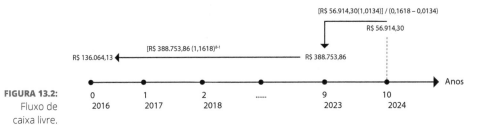

FIGURA 13.2: Fluxo de caixa livre.

Para que você não esqueça mais, vamos repetir os valores em formato da Tabela 13.25:

Tabela 13.25   VPL do Resíduo

Valor Presente da Perpetuidade	
Taxa de atratividade (WACC) ao ano	16,18%
Valor da perpetuidade	56.914,30

Valor da perpetuidade em 2025	388.753,86
VPL da perpetuidade em 2016	136.064,13

Confira agora como ficou o valor presente do fluxo de caixa mais a perpetuidade, na abela 13.26:

Tabela 13.26 ## Valor Presente do Fluxo de Caixa e da Perpetuidade

Ano	2016	2017	2018	2019	2020	2021	2022	2023	2024
Período	0	1	2	3	4	5	6	7	8
(=) FCFF	51.150,91	51.700,41	52.154,24	52.750,49	53.536,98	54.039,65	54.337,72	55.639,15	56.914,30
VPL do Fluxo de Caixa	281.557,28								
Valor do resíduo no ano 7 (perpetuidade)								388.753,46	
VPL do resíduo (perpetuidade)	136.064,13								
VPL do fluxo de caixa e do resíduo	417.621,41								
WACC	16,18%								
Taxa de crescimento do FCFF	1,34%								

Depois de tanto trabalho, temos o valor final da empresa? Ainda não, é preciso fazer mais um pequeno ajuste. Do valor encontrado do fluxo de caixa e da perpetuidade, de R$417.621,41, vamos descontar a dívida líquida de R$33.792,00 e, considerando que a empresa tem caixa em excesso, vamos acrescentar este valor na soma. Confira na Tabela 13.27. Esta somatória nos dará o valor da empresa de R$439.163,52.

Tabela 13.27 ## Valor da Empresa

Conta	2016
VPL do fluxo de caixa e do resíduo	417.621,41
Valor do Caixa em excesso	55.334,11

Dívida líquida	(33.792,00)
Valor da empresa	439.163,52

Finalmente, vamos calcular alguns indicadores econômicos e financeiros, para poder comparar com múltiplos da mesma indústria, se estiverem disponíveis (Tabela 13.28).

Tabela 13.28 ## Indicadores Econômicos e Financeiros

Indicador	2016
Índice de Endividamento Geral	14,86%
EBITDA margem	58,1%
VPL / EBITDA	3,51
Valuation / EBITDA	3,69
Valuation / Receita Operacional Líquida	2,14
Valuation / Lucro Líquido do Exercício	7,08
Margem Líquida	30,3%
Índice de Liquidez Corrente	3,25

PARTE 4 Valuation, Casos Práticos, Aplicações e Outras Coisinhas

5

Valuation Fácil — A Parte dos Dez

NESTA PARTE...

Alguns aspectos interessantes ligados ao Valuation e suas aplicações estão aqui. Enganam-se aqueles que pensam que o Valuation deve ser feito apenas quando estiver vendendo ou comprando alguma coisa. Ele integra o plano de negócios, ou seja, é apenas uma pequena parte do planejamento empresarial. É claro que se a sua empresa nunca fez um business plan antes, vai sofrer um pouco para elaborar o primeiro. Mas não se trata de nada tão difícil. Veja os analistas dos bancos de investimento, por exemplo: eles fazem diariamente valuations sobre as empresas que administram para, assim, poderem estabelecer o valor das ações.

Nesta linha, empresas começando suas atividades, as chamadas startups, devem fazer Valuation para poder convencer os prováveis anjos (investidores em startups) a colocarem seu rico capital nestes negócios. Mas será? É claro que sim! Foi deste modo que fizeram muitos daqueles que você considera grandes, como Instagram, Dropbox e Facebook.

Valuation também é uma peça fundamental na empresa organizada. Se feito repetidamente pode evitar grandes aborrecimentos em ações judiciais que envolvem acionistas ou cotistas.

> **NESTE CAPÍTULO**
>
> **Olhando os negócios sob a perspectiva do investidor**
>
> **A expansão do negócio pode ser uma "opção"? Inputs para avaliar a opção de expandir. Avaliando uma opção para expandir**
>
> **Coisas para lembrar sobre avaliações de negócios**

Capítulo 14
A Parte dos Dez

Este capítulo, chamado A Parte dos Dez, contém dez tópicos que podem ajudar você a entender conceitualmente o significado de Valuation, suas limitações, complexidades, aplicações e alguns cuidados que devem ser considerados quando da sua elaboração. O Valuation é um choque de realidade que empurra as companhias para tomarem decisões sobre a qualidade da gestão.

Nesta parte, abordamos algumas razões pelas quais você pode precisar realizar uma avaliação periódica da sua empresa. Mas como assim? Não vou vender nada.

O Valuation é algo que muitos empresários pensam como desnecessário, a menos e até que chegue a hora de vender ou comprar uma companhia. Mas, por outro lado, uma avaliação pode ser uma ferramenta útil para o planejamento de médio prazo e mesmo de longo prazo. Mas vai além, aplica-se igualmente para startups[1], proteção da família, planos de aposentadoria, admissão de um novo sócio, tomada de empréstimos e financiamentos, casos de divórcio e muitas outras necessidades.

---

[1] Uma companhia startup ou simplesmente startup é uma empresa recém-criada, ainda em fase de desenvolvimento e pesquisa de mercados. O termo tornou-se popular internacionalmente durante a bolha da internet, quando um grande número de empresas ponto com foram fundadas. Fonte: Wikipédia.

Há ainda também aqueles empresários que têm seus negócios avaliados periodicamente como parte do processo de prestação de contas com os acionistas, ou apenas consigo mesmos.[2]

Na medida em que o clima econômico continua a mudar, em especial na área de finanças, é cada vez mais importante acompanhar de perto o valor da firma. O valor do negócio varia para cima e para baixo e mesmo que ele tivesse sido avaliado há apenas um ano, provavelmente não teria o mesmo valor hoje[3].

Seu Negócio Está em Fase de Startup?

As startups normalmente não têm um alto valor financeiro de mercado, se é que tem algum valor; um verdadeiro pesadelo para os empreendedores que precisam desesperadamente de recursos para expandir uma nova iniciativa. É neste contexto que o Valuation das empresas que estão iniciando, portanto, em fase de investimento, pode ser uma poderosa arma na captação de recursos, mesmo tendo seus fluxos de caixa calculados sobre o crescimento potencial, ou seja, sobre a projeção dos seus fluxos de caixa futuros. O Valuation pode mitigar este ponto fraco, mostrando para os possíveis aplicadores e financiadores, oportunidades de fazer bons negócios, a exemplo do acontecido com o Instagram, apenas para citar um exemplo. Esta valoração, sempre acompanhada por um plano de negócios, pois é parte integrante dele, dará às partes interessadas uma imagem clara sobre a existência de saúde financeira no empreendimento, bem como de suas perspectivas e potencialidades, além de fornecer uma métrica compreensível de quanto exatamente o investimento vale.

Negócios novos e promissores são as apostas prediletas dos anjos (do inglês angels), audazes investidores buscando empreendimentos para aplicar seus recursos no médio prazo, crescer com eles e depois sair, lucrando se possível, e depois buscando outras oportunidades. Empresas em fase de startup precisam ser valoradas, pois de que outro modo o empreendedor saberá qual parcela pode oferecer aos investidores? Firmas na fase de desenvolvimento inicial são desesperadamente carentes de recursos e buscam por empréstimos e financiamentos. O Valuation dirá como e quanto elas poderão absorver de recursos.

Com a variedade de novas opções de captação de recursos disponíveis para os proprietários de pequenas empresas, é importante saber o valor da firma antes

---

[2] Vide o Link: >https://en.wikipedia.org/wiki/Business_valuation
[3] Vide o Link: >https://aksbdc.org/wp-content/uploads/2011/02/What_Is_Your_Business_Worth.pdf

248   PARTE 5 **Valuation Fácil — A Parte dos Dez**

de começar. Por exemplo, é possível usar angels[4] e crowdfunding[5] para buscar investidores não credenciados para comprar ações ou cotas como forma de levantar fundos. Mas, para determinar quantas ações ou cotas o empreendedor pode ceder para determinado investidor, primeiro é indispensável atribuir valor ao negócio. Além do mais, se a ideia for a de tomar emprestado via capital de terceiros, bancos, por exemplo, e pretender usar o novo empreendimento como garantia, muito mais complexa será a operação, pois, em linhas gerais, bancos são refratários ao risco por natureza.

Como é possível medir o valor de uma empresa que começou há um mês? Ou pior, que ainda não começou, é apenas um projeto na prancheta? Quando estamos valorizando algo que pode ou não acontecer no futuro, há um monte de espaço para suposições. Por que a valorização de inicialização importa? É simples: ela determina quanto a companhia deve trazer de resultados no futuro para que um investidor conceda em troca, dinheiro no presente.

Na fase inicial, ou startup, o valor da empresa é baixo; em linhas gerais, nada mais que a simples soma dos ativos imobilizados e de algum caixa. Entretanto, o Valuation tem o mágico poder de revelar a sua geração de caixa futura e assim estabelecer o seu real ou potencial valor. Por quê? Vamos dizer que você está procurando um investimento de empreendedores anjos de cerca de R$100.000,00 em troca de cerca de 10% da sua empresa. Sua avaliação antes de receber este aporte é de R$1 milhão. Isso, entretanto, não significa que a sua empresa vale R$1 milhão agora. Você provavelmente não poderia vendê--la neste momento por esse montante. Visto deste modo, o Valuation da fase inicial é especialmente calcado sobre o potencial de crescimento, guardando pouca ou nenhuma relação com o valor presente[6].

Como você calcula a sua avaliação nas fases iniciais?

Plano de negócios e Valuation são essenciais para o empreendedor descobrir de quanto capital a empresa irá precisar até um determinado ponto, onde poderá andar "sozinha" ou, pelo menos, mostrar-se mais atraente para o mercado investidor.

---

[4] Investidor anjo (angels) é uma pessoa física que faz investimentos com seu próprio capital em empresas nascentes com um alto potencial de crescimento como as startups. Fonte: Wikipédia.

[5] Financiamento coletivo (crowdfunding) consiste na obtenção de capital para iniciativas de interesse coletivo através da agregação de múltiplas fontes de financiamento, em geral pessoas físicas interessadas no negócio. O termo é também usado para descrever especificamente ações na internet com o objetivo de arrecadar dinheiro para artistas, jornalismo cidadão, pequenos negócios e startups, campanhas políticas, iniciativas de software livre, filantropia e ajuda a regiões atingidas por desastres, entre outros. Fonte: Wikipedia.

[6] Vide o Link: >http://quickbooks.intuit.com/r/finding-funding/4-reasons-to-perform-a-company-valuation/. Artigo de autoria de Suzanne Kearns) (conteúdo em inglês)

Como você sabe, a empresa anda em ciclos, representados por fases de crescimento. Digamos que esse número é de R$100.000,00, pelos próximos 18 meses. Assim, esta opção deve ser construída solidamente, pois em caso contrário, o investidor (anjo) poderá perceber suas fraquezas ao negociar e, certamente, regateará para obter uma parcela maior do capital com menos dinheiro. Por quê? Ora, porque é preciso mostrar que o negócio é promissor, e mais, comprovar que este é o valor mínimo indispensável para crescer para a próxima fase. Se a startup não conseguir o dinheiro, não vai crescer, fato que vem em desfavor do interesse do investidor.

No segundo ponto, é preciso avaliar qual parcela do capital será dada ao investidor. Não pode ser mais do que 50%, porque isso vai deixá-lo como minoritário; além de tirar a sua liberdade, também retira a vontade do empreendedor de trabalhar duro. Entretanto, se o Valuation for capaz de revelar que o negócio vale no futuro R$1 milhão, os R$100.000,00 de que acabamos de falar significam uma parcela de 10% do novo negócio. Mas os investidores (anjos) são muito preparados e espertos. Dar 10% do capital é pouco, pois o investidor deve merecer um prêmio pelo risco. Assim, pela experiência mercadológica, sabemos que a tal parcela deve ser alguma coisa entre 10% e 40%, dependendo da negociação que o empreendedor conseguir fazer com o investidor.

Finalmente, em qual intervalo de tempo o investimento deve entrar no caixa da startup? Isso vai depender de como outros investidores valorizam empresas similares e de como você irá convencer o investidor de que o empreendimento realmente vai crescer rápido[7].

De qualquer forma, lembre-se, sem nenhum romantismo: investidores são profissionais, falam entre si. Considere sempre ao tratar com algum deles estes pontos:

» Transparência total é a ordem;
» Promessas não convencem, número e fatos sim;
» Empreendedores costumam ser sonhadores, valorizam suas ações além da realidade; e
» Profissionalismo, Valuation e pesquisas falam mais que mil palavras.

Como determinar a avaliação?

Realidades irrefutáveis, não meras palavras sobre o funcionamento e a existência da empresa, é que irão motivar os investidores a colocar a mão no bolso e investir na startup. Conversa mole, além de não ajudar, atrapalha, pois, pessoas que falam muito não são, como regra geral, dignas de confiança.

---

[7] Vide o Link: >http://quickbooks.intuit.com/r/finding-funding/4-reasons-to-perform-a-company-valuation/ (conteúdo em inglês)

O processo de Valuation de uma startup é comumente descrito como sendo "mais uma arte do que uma ciência". É por esta razão que devemos torná-lo uma ciência[8]. Desconsiderando aquela série interminável de informações que habitualmente mostramos aos investidores, com balanço, relatório e demonstrações, na verdade, o que irá realmente "fazer a cabeça" daqueles que têm capital para investir são constatações reais[9].

Considere que as coisas não estão indo a favor da nova empresa. Entretanto, se o novo negócio for um site e este tem 100.000 cliques de visita no dia, existe uma chance espetacular de levantar R$1 milhão com um anjo, pois, com 100% de certeza, o investidor irá supor que este número pode ser superado em curto espaço de tempo. É neste ponto que o seu business plan entra, para mostrar, faticamente, que é possível obter os resultados e uma vez que isso seja demonstrado, mais o negócio vale a pena[10].

Mas se o empreendedor for dono de uma boa reputação, o empreendimento pode caminhar para frente por inércia. Imagine alguém com a fama de Jeff Bezos[11]; caso ele demonstrasse que vai empreender um negócio, isso por si já tem justificativa para uma alta valorização do produto ou serviço oferecido, não importando qual seja a sua próxima ideia. Empresários com resultados espetaculares, mesmo que sejam de muito tempo atrás, em geral, também tendem a obter avaliações mais elevadas. Mas alguns inovadores receberam financiamento sem atração e sem sucesso anterior significativo. Dois exemplos são estudados em profundidade pelo site "funders and founders" (empreendedores e financiadores). Kevin Systrom[12], fundador do Instagram, levantou os seus primeiros US$500 mil numa ideia baseada em um protótipo, no momento chamado Brnb. A mesma história com o idealizador do Pinterest, Ben Silbermann[13]. Nos dois casos citados, os empreendedores apenas disseram que foram motivados pela sua própria intuição ao idealizar o negócio. Entretanto, sabe-se que eles foram extremamente hábeis em colocar a ideia no papel e assim atrair o capital que precisavam para começar as empresas.

Isto pode parecer contraintuitivo, porque a existência de receitas significa que a inicialização está mais perto de realmente fazer dinheiro. Mas startups não são apenas sobre como ganhar dinheiro, mas sobre como crescer rápido, enquanto ganha dinheiro. Se o crescimento não é rápido, então estamos

---

[8] Melville, Ian, Gordon, Ian. Inspections and Reports on Dwellings: Reporting for Buyers. Routledge, United Kingdom, 2016 (conteúdo em inglês)

[9] Vide o Link: >http://fundersandfounders.com/how-startup-valuation-works/ (conteúdo em inglês)

[10] Vide o Link: >http://fundersandfounders.com/how-startup-valuation-works/ (conteúdo em inglês)

[11] Jeffrey Preston ou "Jeff" 'Bezos (1964–) é um empresário estadunidense conhecido por fundar e ser o presidente e CEO da Amazon.com, uma importante e famosa empresa de comércio eletrônico dos Estados Unidos. Fonte Wikipédia

[12] Kevin Systrom é um empreendedor e engenheiro de software norte-americano conhecido como o cofundador e CEO do Instagram. Formou-se em 2006 pela Universidade Stanford com uma licenciatura em gestão de ciência e engenharia. Fonte: Wikipédia

[13] Ben Silbermann (1982–) é um empresário americano cofundador e CEO da Pinterest, um quadro de avisos virtual que permite organizar imagens, links, receitas e outras coisas.

olhando para um negócio tradicional de fazer dinheiro e isso não é atraente para um investidor.

Mesmo que seu produto esteja em estágio inicial, se tiver um canal de distribuição adequado e funcionando, valoriza muito o negócio.

Investidores são animais gregários, andam em grupos. Se algo é bom e rentável, eles podem pagar um prêmio maior. Parecem peixinhos no coral, nadam todos contíguos, fazendo movimentos harmoniosos em conjunto.

Com uma boa metodologia de demonstração e comprovação de viabilidade, somada a uma excelente imagem, pode-se elevar um negócio. Entretanto, não desanime, pois a falta de reputação e informações reais apenas com projeções não vão impedi-lo de levantar dinheiro e ter uma avaliação mercadológica alta.

Como terceiro ponto: as receitas. Elas são muito mais importantes para as startups que utilizam serviços de internet do que as de produto e consumo. Receitas tornam a empresa mais fácil de valorar. Caso a startup já esteja produzindo alguma coisa, a captação de recursos é, invariavelmente, mais fácil. Crescimento lento significa menos dinheiro ao longo de um período maior de tempo, e tal fraqueza logo será detectada por investidores especializados. Entretanto, como eles são muito preparados, rapidamente, também sabem como isso pode ser consertado, se for possível. Em síntese, se for promissor, o investidor enxerga.

Para startups fora do ambiente da web, cujos objetivos sejam a prestação de serviços ou a venda de produtos, a questão da receita também é crucial e pode diminuir a valorização, mesmo que isso aconteça temporariamente. Há uma boa razão para isso, e tem uma explicação: se você está faturando seus consumidores e usuários, mas o recebimento não está adequado, vai crescer mais lentamente, até que consiga encontrar uma maneira de gerenciar o faturamento e, consequentemente, a receita. Se o problema for resultado de má-formação da força de vendas ou mercado mal trabalhado, por ser uma questão gerencial, pode-se resolver mais facilmente. Todavia, se os problemas de vendas e faturamento forem decorrentes de concorrentes, a situação é mais complicada, pois os investidores logo perceberão esta fraqueza e eles são muito reticentes a brigar com gigantes, especialmente se estes são muito profissionais e capitalizados.

Você precisa de uma alta valorização?

Quando iniciamos uma startup com alta valorização, nem tudo serão rosas, pois para a próxima rodada, será preciso uma valorização ainda maior. Isso significa que a firma precisa crescer muito entre os dois turnos.

Uma regra empírica de mercado é que dentro de 18 meses é preciso mostrar crescimento acelerado, dobrando ou triplicando as receitas. Se não o fizermos, estaremos levantando um "down round[14]". Existe alguém interessado em colocar mais dinheiro em um negócio de crescimento lento? Em condições mercadológicas normais, crescer lentamente é extremamente desfavorável para aqueles que precisam de capital de risco externo. Daí a empresa corre o risco de ficar sem o dinheiro que tanto precisa para expandir. Tudo se resume a duas estratégias[15]. Vejamos a seguir.

A primeira trata-se de adotar o pensamento popular: "para ser grande é preciso pensar grande", fazer crescer as receitas dentro da maior valorização possível, empregando todos os recursos disponíveis para crescer mais rapidamente. Observe que é uma estratégia ousada. Todos querem fazer isso, você diria. É verdade, mas fazer bem feito e pensado é para poucos. Caso esta estratégia funcione, obtém-se uma valorização muito maior na próxima rodada, tão elevada que a própria startup pode pagar por si mesma.

Veja um exemplo lógico. Uma arrancada mais lenta de crescimento irá oferecer um retorno menor ao investidor e, como consequência, vai experimentar diluição do capital do empreendedor de 50%, ou seja, para uma empresa que tem valor de R$1 milhão, um investidor que aportou R$200 mil exige uma parcela de capital de 50%. Claro, pois os sócios terão que oferecer quotas maiores aos "anjos" por empréstimos ou aportes de investidores sempre que o "negócio" for mais arriscado. Todavia, por outro lado, se a empresa for capaz de mostrar uma inicialização mais veloz, será também mais fácil obter recursos e não será necessário ceder tanto, trocando 50% do capital por um aporte equivalente a 20%. Ora, se na negociação o empreendedor conseguisse ceder 30% ao invés dos 50% mencionados, o empreendedor salvaria 20% do valor da empresa para si, ou para outras oportunidades de captação.

Na verdade, a prática é outra, pois é preciso comprovar esta possibilidade. Tarefa nada fácil, pois os anjos são muito preparados e oportunistas. Mas uma coisa é certa: quanto mais promissor for o negócio, mais fácil tomar recursos e menores as concessões a serem feitas.

Já o segundo ponto sugere que o acompanhamento dos instantes iniciais do novo negócio deve ser realizado obsessivamente. Gastar o mínimo possível, controlar tudo no detalhe, mas apontando sempre para uma taxa de crescimento constante. Não há nada de errado com crescimento rápido, mas a valorização é maior com crescimento aumentando de forma constante. A principal métrica de todos

---

[14] Uma segunda ou subsequente rodada de venture capital ou private equity financing, para uma startup que não é capaz de aumentar os preços tanto quanto o fez em financiamentos anteriores, será muito mais difícil de obter, pois os investidores a enxergarão como de valorização menor. A avaliação, na visão dos capitalistas, pode ter caído por conta do preço por ação ou cota ter diminuído ou porque os investidores exigiram uma participação acionária maior na companhia com o mesmo capital, ou ainda, por estar num período de financiamento escasso. Fonte: yourdictionary.com

[15] Vide o Link: >http://fundersandfounders.com/how-startup-valuation-works/ (conteúdo em inglês)

os casos é o crescimento, pois ele significa tração. É indispensável saber todos os detalhes da sua ocorrência, de sucesso ou de fracasso.

Olhando os negócios sob a perspectiva do investidor

É importante entender o pensamento do investidor, antes de colocar à mesa tudo aquilo que você tem para oferecer-lhe.

O primeiro ponto que os investidores consideram é como irão sair do negócio no futuro. Não pense que eles querem ficar ao seu lado para o resto da vida. No lucro ou no prejuízo, eles irão sair assim que o investimento performar (ou não) uma determinada quantia em determinado prazo.

Como segunda consideração, vamos ainda calçar os sapatos do investidor[16], sendo muito otimistas e imaginando que eles projetam que o Instagram seria vendido por US$1 bilhão no futuro. Desta forma, eles pensaram qual condição de mercado irá levá-lo a crescer ao ponto de alguém o comprar por US$1 bilhão? Com estes elementos, os investidores irão projetar quanto de dinheiro será preciso colocar no negócio, para que este adquira a performance projetada. Perceba que não se trata de intuição ou muito menos de elucubrações impensadas; tudo é feito usando um plano de negócios muito bem estudado. O caso real do Instagram que recebeu um total de US$56 milhões em financiamento de um investidor vai nos ajudar a descobrir quanto este "anjo"conseguiu receber no final do processo, ou seja, na venda (ou saída) da companhia.

Observe que conta espetacular, mas tenha em mente que os exemplos são sempre relacionados aos casos de sucesso e nem todos os investimentos têm minimamente a chance de um desempenho comparável ao do Instagram. Veja este cálculo: US$1 bilhão - US$56 milhões = US$944 milhões. Isso é quanto de valor a empresa criou. Vamos supor que eventuais dívidas já tenham sido deduzidas e os custos operacionais também já foram absorvidos. Então, todos os envolvidos no Instagram, coletivamente, fizeram um lucro de US$944 milhões no dia em que o Facebook o comprou[17]. Um belo investimento, não acha o leitor?

No terceiro passo, o investidor irá calcular a percentagem que possui. Se ele financiou o Instagram na fase de arranque, digamos em 20% ou US$11,2 milhões (a parte complicada para o anjo é estabelecer estas projeções para perder menos, pois não é de se esperar que todos os negócios nos quais ele colocou dinheiro tenham uma performance vitoriosa), ele deve ter negociado

---

[16] Em português costuma-se dizer: colocar-se no lugar da pessoa, para sentir o que ela sente, "onde o calo aperta". Já em inglês, é costume dizer calçar os sapatos dos outros, também para ver onde aperta e dói o calo.

[17] Vide o Link: >http://fundersandfounders.com/how-startup-valuation-works/ — Escrito por Anna Vital — www.anna.vc (conteúdo em inglês)

uma parcela de capital maior que esta. Há casos, por exemplo, em que um investidor coloca 20% e fica com 50% do capital[18].

Mas pior, quem investe precisa pensar também em como não diluir o seu capital, pois o mercado está cheio de venture capital (VCs) procurando oportunidades. Aquele anjo que financiou a firma desde cedo não quer diluir seu capital pelos demais VCs que, com certeza, virão mais tarde e podem comprar 30% da sua empresa. Vamos supor que, no final, o anjo fica diluído para 10%. Ora, 10% de US$940 milhões é igual a US$94 milhões. Vamos dizer que este foi um bom cenário, o que daria ao investidor um retorno de 10 vezes o seu dinheiro, pois aplicou cerca de 10% (US$11,2) e retirou cerca de 100% (US$94,0)[19].

Fazer Valuation de startup realmente é importante?

Considere dois exemplos de grande sucesso: Dropbox e Instagram. É claro que tais empresas têm situações muito peculiares e não são a regra do mercado, mas devemos estudá-las para tentar entender os acontecimentos e depois copiar as partes boas e tentar aplicá-las na prática. Ambas as companhias começaram como um show de um homem só, ou seja, um visionário empreendedor, extremamente competente e com uma boa ideia, mas com enorme capacidade de demonstrar isso na prática. Igualmente foram avaliadas em mais de US$1 bilhão. Mas elas começaram com avaliações muito diferentes, confira:

Drew Houston[20] formulou a ideia do Dropbox depois de várias vezes esquecer em casa seu pen drive enquanto era estudante no MIT. Ele falou que com os serviços de internet da época, "sofria problemas de lentidão da rede, arquivos grandes, erros e isso só me fez pensar muito". Assim, começou fazendo algo para si próprio e depois percebeu que poderia ajudar outras pessoas com problemas parecidos. Drew fundou a Dropbox, Inc. em 2008, e, logo em seguida, conseguiu investimento de capital "semente" com a empresa Y Combinator de US$20 mil em troca de 5% daquilo que seria o Dropbox. A avaliação pré- -investimento da futura companhia era de US$400 mil. O Dropbox foi oficialmente lançado no TechCrunch50 do ano de 2008, uma conferência anual de tecnologia.

Kevin Systrom[21] foi para a linha de base ventures e recebeu US$500 mil em troca de cerca de 20% da Brbn (antecessor do Instagram), cuja avaliação era

---

[18] Vide o Link: >http://fundersandfounders.com/how-startup-valuation-works/ (conteúdo em inglês)

[19] Os valores percentuais mencionados são apenas ilações do autor.

[20] Andrew W. "Drew" Houston (1983–) é um empresário americano (Acton, Massachusetts); mais conhecido por ser o fundador e atual presidente executivo da empresa Dropbox, de serviço de backup e armazenamento online. Fonte: Wikipédia

[21] Kevin Systrom (1983–) é um empreendedor e engenheiro de software norte-americano (Holliston, Massachusetts) conhecido como o cofundador e CEO do Instagram. Formou-se pela Universidade Stanford com uma licenciatura em gestão de ciência e engenharia. Fonte: Wikipédia

CAPÍTULO 14 **A Parte dos Dez** 255

de US$2,5 milhões. Ele teve sua primeira experiência do "mundo da tecnologia" quando era um estagiário no Odeo, a empresa que resultou no Twitter. Também passou dois anos no Google, onde trabalhou no Gmail e no Google Reader, dentre outros produtos. Systrom sempre teve uma paixão por produtos sociais que permitem as pessoas se comunicarem mais facilmente. Toda esta experiência combinada com sua paixão pela fotografia tornou o Instagram um acontecimento natural. A rede de compartilhamento de fotos que também recebe vídeos foi vendida por US$1 bilhão ao Facebook. O Instagram é atualmente uma das melhores plataformas de resultado para o Facebook, com alto poder de replicação e conversão de ações de marketing em vendas e, por conta disso, é o queridinho das empresas Disney, Activision, Lancome, Banana Republic e CW, que investem grande volume de dólares em anúncios no Instagram.

Mas vem a pergunta: por que os valuations são tão diferentes? E a questão mais importante: o que importava no final? Outras coisas que influenciaram a avaliação e fizeram com que os investidores tivessem coragem de arriscar quantias tão relevantes?

É claro que nestes dois casos de extremo sucesso, foram vários os fatores a influir na exorbitante valorização dos negócios: sorte, momento oportuno, planos de negócios perfeitos, ideia genial, obsessão dos empreendedores, recursos dos anjos (investidores), genialidade e comprometimento dos funcionários, dentre outras centenas de fatores.

De toda forma, tenha em mente que o mundo está cheio de ideias espetaculares que não decolam especialmente por falta de um fator: mostrar que são viáveis no médio prazo. Mas onde alguém poderia deixar claro que um novo negócio tem tudo para poder acontecer no médio prazo?

No Valuation, é claro. Mas tenha claro que não apenas o empreendedor irá fazer o Valuation; os investidores (anjos) também o farão. E mais: preste atenção, pois eles são muito experientes, sabem tudo de negócios e acertam, na média, em muito daquilo que colocam dinheiro.

Você, que é mais cético, diria que eles tiveram sorte? Certo? Errado! As suas ideias eram excelentes, promissoras. Mas eles foram muito competentes em representá-las financeiramente. Sem isso, nunca teriam acontecido.

Assim, o business plan que acaba por resultar, ao final, na avaliação prospectiva do lançamento da nova firma, deve ser muito aderente à realidade, e mais: transparente, para que os investidores possam realmente captar a boa ideia e se sintam seguros em aplicar seu capital, dentre as múltiplas oportunidades, no seu negócio, apenas porque ele é o melhor.

Mas no Brasil, isso funciona?

É sempre assim, os exemplos de startups que receberam investimento de private equity ou venture capital estão lá nos Estados Unidos e apenas são citados os casos de sucesso como Facebook, Instagram e Dropbox.

E diria aquele leitor mais cético: quero ver algum exemplo brasileiro, pois quem teria coragem de apoiar e investir numa empresa tupiniquim?

Ledo engano de quem pensa assim. Cada dia são maiores os números das empresas que conseguem passar pela "peneira", aliás, muito fina, dos investidores profissionais que aplicam bilhões de dólares aqui no Brasil em novos negócios. Mas por que eles fazem isso? Os empreendedores mudaram, eles são pessoas muito preparadas, seguem todas as regras da cartilha, são mestres da transparência e do profissionalismo. E nada disso teria validade se eles não apresentassem um Valuation bem preparado, mas sobretudo crível. Veja os exemplos de empresas como a catarinense Axado e outras como Conta Azul, Easy Taxi, 99Taxi e Pfase.

A startup brasileira Nubank, que opera no ramo de cartões de crédito sem anuidade, já conseguiu captar milhões de dólares em investimentos. Confira algum dos milhares de exemplos de sucesso de novos negócios no Brasil na Tabela 14.1.

Tabela 14.1 **Investimento em Startups Brasileiras[22]**

Empresa startup	Ramo de atividade	Valor investido por anjos
Nubank	Cartão de crédito	US$82 milhões
Psafe	Aplicativos de segurança e performance	US$30 milhões
Beleza na WEB	E-commerce de produtos de beleza	US$30 milhões
Officer	Distribuidora de software	US$16 milhões
Loggi	Plataforma digital de entregas	US$14 milhões
GetNinjas	Conecta profissionais aos clientes	US$13 milhões
WebRadar	Big data e internet das coisas	US$10 milhões
Eduk	Educação	US$10 milhões

---

[22] Jornal Gazeta do Povo, Curitiba, edição de 18/19 de junho de 2016, página 29.

Outros fatores que influenciam o Valuation

Não obstante o talento e a disciplina serem fatores fundamentais para um piloto de fórmula 1 subir ao pódio, também é preciso um verdadeiro exército de mecânicos, técnicos, especialistas e engenheiros para levá-lo a tal lugar. "Uma boa equipe não estará completa sem técnico, preparador físico, nutricionista, médicos, fisioterapeuta, empresário, sparring (pessoas que treinam com o lutador) e uma legião de pessoas que torcem para o seu sucesso, os fãs. Ou seja, mesmo dentro da luta, a vitória de um indivíduo é fruto do trabalho de um time."[23]

Uma das questões fundamentais que todos os especialistas em startup aconselham é reservar uma parcela do capital para futuros funcionários. Por que fazer isso? Porque o empreendedor e o investidor querem ter certeza de que haverá incentivo suficiente para atrair talentos para a startup. Lembre-se; nenhum homem é uma ilha. Será preciso também motivar o time que acompanha o empreendedor na startup. Mas quanto é que se reserva? Normalmente, é alguma coisa entre 10% e 20%. Quanto maior for esta parcela, mais baixa é a valorização do arranque. Por quê? Porque o valor dos futuros funcionários é algo que você ainda não tem. São opções configuradas de modo a serem concedidas a algo que ainda não existe. E já que eles são esculpidos fora da empresa, este valor deve ser deduzido da avaliação.

Você Está Vendendo Seu Negócio?

Tenha em mente: sempre que realizar uma avaliação formal do negócio, deve fazê-lo numa determinada data de valorização ou na linguagem dos economistas, na "data base de preços". Aos olhos do mercado, o valor do negócio permanecerá o mesmo desde essa data, até que outra avaliação seja realizada. Isso pode causar problemas se a necessidade de vender for imediata e a última avaliação tiver sido feita quatro anos atrás, por exemplo. Mas é tão demorado fazer uma avaliação? Sim, em especial na primeira vez; trata-se de um trabalho de alta complexidade, requerendo profissionais especializados. Por conta desta máxima, a maioria dos especialistas recomenda que o empresário passe por um processo de Valuation anualmente.

Para determinar o valor justo de mercado da empresa, um avaliador precisará realizar um completo business plan, que conterá uma avaliação formal em um de seus capítulos.

---

[23] Almeida, Eduardo. No caminho da vitória. Editora Integrare: São Paulo, 2014

Este é o primeiro passo para avaliar o negócio e vai ajudar a identificar as áreas-chave de valor que podem ser usadas nas negociações, quaisquer que sejam. Além disso, a avaliação irá apontar fraquezas possíveis de serem fortalecidas e, assim, melhorar a transação.

Mas atenção, se você tem sociedade com um parente, amigo ou parceiro e não possuiu contrato de compra ou venda elaborado por um advogado, lá vai mais um conselho: precisa fazê-lo imediatamente![24]

Um contrato de compra ou venda é o equivalente a um ato de vontade para os empresários, especificando o que aconteceria com a firma no caso de algum desastre imprevisto acontecer a um dos sócios. Parte deste exercício de avaliação é para que eles possam chegar a um acordo sobre o quanto vale o negócio.

Ao invés de fazer uma avaliação com o seu melhor palpite ou consultar aquele seu "primo" que sabe tudo, este é o momento perfeito para obter uma opinião de valor de um profissional gabaritado.

O tipo de avaliação a ser desenvolvida vai depender do motivo: venda, compra, divórcio, retirada, falecimento, dentre outros. Uma empresa pode ter muitos valores diferentes, dependendo de quem está pedindo e por quê. Se você precisar de um Valuation desenvolvido por um perito contador experiente, espere pagar pelo menos de R$25.000,00 a R$35.000,00.

Para muitos empresários, um parecer autenticado do valor de mercado de um M&A[25] profissional pode ser ao mesmo tempo acessível, bem como inteiramente conveniente e adequado para a tomada de decisões internas.

Uma coisa é saber o tamanho da empresa, mas outra é saber se o negócio vale a pena. Se você está inseguro sobre o valor do seu ativo, o Valuation pode ser a hora para descobrir[26].

Sazonalidade do negócio, um cuidado a ser considerado

Na maioria das empresas agrícolas, para citar um exemplo, os resultados estão sujeitos a picos e vales em receitas e despesas durante o ano; elas não são distribuídas uniformemente ao longo de doze meses.

Mas atenção, esta afirmação não vale apenas para empresas agrícolas, pois uma porção de outras atividades também tem níveis relativos, em muitos casos, bastante fortes de sazonalidade.

---

[24] Vide o Link: >http://www.allantaylor.co/3-reasons-other-than-selling-to-get-a-business-valuation/

[25] Mergers and acquisitions, abreviado M&A (fusões e aquisições) é a área de finanças corporativas que trata da compra e venda de empresas.

[26] Vide o Link: >http://www.allantaylor.co/3-reasons-other-than-selling-to-get-a-business-valuation/

As peças do Balanço Patrimonial merecerão, portanto, um olhar significativamente diferente no final de um período. Por conta disso, nunca é bom analisar valores anualizados ou consolidados. Séries históricas mensais, quando vistas principalmente no formato de análise horizontal[27], sempre ajudam muito e são capazes de mostrar as sazonalidades.

Observe a Tabela 14.2: não é possível chegar a qualquer conclusão sobre a sazonalidade apenas analisando estes números; para uma avaliação mais aprofundada é preciso olhar os valores sob uma perspectiva mensal.

Tabela 14.2 ## Demonstração do Resultado do Exercício

Demonstração do Resultado do Exercício, apurada em 31 de dezembro — R$ mil (moeda corrente do ano)	
Receita Operacional Bruta	237.568,00
(-) Impostos sobre vendas	(32.768,00)
Receita Líquida Operacional	204.800,00
(-) Custo da Mercadoria Vendida	(81.920,00)
(=) Lucro Bruto	122.880,00
(-) Despesas Operacionais	(11.264,00)
(-) Depreciação	(10.240,00)
(-) Despesas Financeiras	(7.372,80)
(=) Lucro Antes do Imposto de Renda e da Contribuição Social	94.003,20
(-) Imposto de Renda e Contribuição Social	(31.961,09)
(=) Lucro Líquido do Exercício	62.042,11

Aqui é preciso falar de como a avaliação de negócios pode ser especialmente importante em um negócio sazonal, pois o valor do capital, em qualquer firma, é a soma do valor presente de todos os benefícios econômicos que podem ser derivados a partir dos ativos subtraídos dos passivos. A medição deste valor envolve a aplicação de vários múltiplos de fluxo de caixa, receitas ou Patrimônio Líquido, cada um a partir de um ponto específico no tempo.

É possível que o avaliador inexperiente ou o usuário desinformado de uma avaliação possa confundir uma posição de capital positivo ou negativo, como a estabilidade financeira e o poder de permanência dos fatores, apenas porque está analisando resultados consolidados como os da Tabela 14.2.

Negócios sazonais, muitas vezes, terminam o ano fiscal com capital de giro negativo. Este aparente saldo negativo ou positivo, a partir do nível normal

---

[27] Análise horizontal e vertical são técnicas de análise de informações financeiras, nas quais os números são dispostos em séries mensais, geralmente transformados em percentuais, um modo fácil de perceber alterações erráticas nos valores. Para saber mais sobre o assunto, consulte Antonik, Luis. *Empreendedorismo: Gestão Financeira para Micro e Pequenas Empresas.* Editora Alta Books: Rio de Janeiro, 2016.

260   PARTE 5 **Valuation Fácil — A Parte dos Dez**

ou médio durante um ano fiscal completo, não precisa ser adicionado ao valor de negócio em funcionamento. É importante perceber estas nuances se os superávits ou outras transferências para o próximo período são contempladas; constatar se existem valores significativos nestes períodos lentos do ano ou se eles ocorrem em ciclos plurianuais. Se, por exemplo, a empresa vender a colheita em ciclos plurianuais, estes conceitos e cuidados na análise são ainda mais importantes. Se a companhia acaba de vender todo o estoque de cinco anos numa única vez, por exemplo, em dinheiro, ela teria reduzido o valor da empresa e isso se refletiria em uma avaliação do negócio.

Problemas ambientais — seu pior pesadelo

É muito gratificante ver os resultados dos esforços do empreendedor na criação de valor. Mas é alarmante ver e ouvir a atitude pouco ocasional que muitos tomam para com os efeitos potencialmente devastadores de valor de uma gestão ambientalmente inconsciente. Questões de responsabilidade ambiental podem, literalmente, devastar o patrimônio da firma em poucos meses — destruindo um capital que levou gerações para ser construído[28].

Assim, riscos e ameaças devem ser transformados em oportunidade de repensar a forma de como se pode lucrar com corte de desperdícios, reduzindo custos de produção, desenvolvendo melhores relações com os vizinhos e evitando litígios onerosos e multas.

Nos últimos 20 anos, as questões de risco e responsabilidade ambientais surgiram e se tornaram um dos motivos mais importantes na destruição de valor enfrentada pelas empresas, e são, portanto, importantes fatores na avaliação do negócio. Pior ainda, as questões ambientais podem ser um impedimento para o planejamento de sucessão empresarial.

Acreditamos que os custos potenciais de corrigir possíveis problemas ambientais — na maioria das vezes escondidos e certamente não anunciados — não podem mais ser negados ou afastados na parte traseira de relatórios de avaliação de negócios. Que tipo de empresas e propriedades podem ter riscos ambientais? Qualquer coisa que pudesse de alguma maneira prejudicar o solo, o ar ou a poluição da água, seja direta ou indiretamente, deve ser rigorosamente estudada.

Os credores estão exigindo quase automaticamente inspeções ambientais antes de conceder empréstimos, uma vez que são consideradas ponto basilar nos estabelecimentos dos custos financeiros ou juro. As companhias de seguros de

---

[28] Vide o Link: >http://www.family-business-experts.com/family-business-valuation.html (conteúdo em inglês)

propriedade também começam a se preocupar por causa de sua exposição ao pagamento dos créditos para coisas como:

» Exposição do empregado a elementos agressivos ou nocivos;
» Gestão descuidada, oferecendo riscos ou danos físicos aos colaboradores e à população;
» Incêndios, vazamentos e explosões;
» Danos de quaisquer espécies que o produto fornecido por sua empresa possa causar aos clientes.

As companhias de seguros, por sua vez, tentam passar responsabilidades e custos de volta para seus clientes através de aumento dos prêmios, cobertura limitada ou negada, condições mais exigentes e rigorosas sobre as operações, e mudando reivindicações dentro do prazo do contrato, negando responsabilidade. Todos estes apontamentos afetam o valor, seja pelo aumento dos custos, ou dos riscos, ou venda direta de ativos para pagar os danos.

Proteja a Sua Família

Para lidar com um divórcio ou outro problema de família é necessário saber o valor da firma. Esta informação será peça importante em qualquer tipo de discussão, amigável ou judicial.

Como todos sabemos, os amigos nos deixam, os casais se separam, parentes brigam, as coisas mudam. Há muitas razões para ter uma avaliação atualizada e assim melhor planejar e lidar com emergências.

Se algum imprevisto acontecer, como uma ruptura, acidente ou falecimento, uma avaliação do negócio poderia ajudar a família a lidar com a potencial venda ou dissolução da empresa[29]. Saber o valor da companhia também pode ser importante no processo de adição de um parceiro, mesmo que ele seja seu filho, irmão ou cunhado, por exemplo.

Quando as partes com laços familiares têm interesse em uma empresa de capital fechado, o valor justo de mercado das participações deve ser estabelecido para uma partilha equitativa dos bens. Muitas vezes, o testemunho de especialistas é necessário, pois, sem isso, um acordo não pode ser alcançado. Na maioria dos casos, um único avaliador pode ser mantido em conjunto pelas partes. O interesse comercial do casal pode ser uma parte significativa de um estabelecimento ou de uma propriedade durante uma dissolução conjugal,

---

[29] Vide o Link: >http://www.articlesbase.com/ask-an-expert-articles/why-do-you-need-a-business-valuation-7363516.html (conteúdo em inglês)

pois, ao menos que o contrato de casamento tenha esta condição especificada, o cônjuge pode ter direito à metade dos ativos[30].

Mesmo aqueles que viviam juntos sem formalização têm seus ativos sujeitos à divisão equitativa, baseado em quanto este ativo vale. Mas lembre-se do importante: as partes podem concordar ou discordar destes valores e aí começa a demanda.

Por que demonstrações financeiras não dizem muito sobre valor?

As demonstrações financeiras são preparadas para apresentar os resultados da história financeira da empresa, normalmente, para o ano passado. Entretanto, elas não são preparadas para mostrar um valor maior que alguém realmente poderia pagar por seu patrimônio[31].

A avaliação do negócio da família é uma arte, não uma ciência, e leva em conta não apenas os números, mas também tudo o mais sobre o negócio que se consideraria importante, como tradição, respeitabilidade, qualidade e respeito aos clientes e fornecedores.

A avaliação do negócio da família, por outro lado, é preparada com o único propósito de estimar o que um comprador informado pagaria por aquilo que um vendedor informou.

Avaliação do negócio da família: Por que é tão importante?

Muitos empresários consideram que a avaliação da empresa da família é um dispendioso investimento e com pouco uso, já que não existe pretensão de vender a firma. Ledo engano, pois o Valuation pode ser uma valiosa e poderosa ferramenta de gerência, devendo ser considerada como parte do processo anual de planejamento estratégico, não apenas o resultado de uma conta para cumprir o evento da venda.

As ações da Petrobras estavam sendo vendidas a R$40,00 em 2012. Em 2016 os preços das ações chegaram a R$9,00. Esta redução aconteceu simplesmente por vontade do mercado? Os preços baixaram porque os investidores resolveram vender o papel? Se você acredita nestas duas afirmações, precisa rever urgentemente seus conceitos.

---

[30] Vide o Link: >http://smallbiztrends.com/2014/09/reasons-to-get-a-business-appraisal.html (conteúdo em inglês)

[31] Vide o Link: >http://www.family-business-experts.com/family-business-valuation.html (conteúdo em inglês)

Os preços das ações sobem e descem em função dos analistas de mercado, que fazem, diariamente, complexos processos de avaliação das empresas que controlam para seus respectivos bancos e fundos de investimento. Ao final destes Valuations, os analistas calculam o valor da ação. Ou seja, em 2012, colocaram todos os dados dentro de uma planilha e chegaram à conclusão que o valor era R$40,00. Já em 2016, com toda a confusão e problemas que a empresa se meteu, o Valuation dos investidores indica que o preço não pode ser maior de R$9,00.

Assim, não imagine que Valuation é uma peça confeccionada uma vez na vida da empresa, mais precisamente no momento em que ela será vendida.

Para se fazer um Valuation é preciso, antes de mais nada, de um business plan, ora, isso nada mais é que um processo de planejamento.

Nos negócios da família, o processo é mais ou menos assim: manter um business plan atualizado, com projeções de fluxos de caixa financeiros é uma necessidade.

Razões para a realização de uma avaliação de empresas familiares

Assim, existem muitas razões para se fazer um valuation em empresas familiares, como forma de proteger o patrimônio da família[32]:

» Compra ou venda de ações dos empregados e familiares;

» Aposentadoria ou venda de uma parte das cotas de membros da família;

» Planejamento do futuro dos herdeiros;

» Planejamento tributário sobre direitos sucessórios, especialmente sobre imóveis;

» Acompanhando do progresso de planos de negócios;

» Planos de remuneração baseados em desempenho de empregados e familiares; e

» Divórcio ou separação de casais.

---

[32] Vide o Link: >http://www.family-business-experts.com/family-business-valuation.html (conteúdo em inglês)

O que precisa ser valorado e por que a avaliação é necessária?

A avaliação do negócio familiar requer conhecimentos especiais. Por exemplo, o patrimônio de uma empresa familiar é muito mais difícil de vender do que o capital de sua contraparte de capital aberto.

Por que isso acontece? Ele é menos líquido e tende a ser avaliado em múltiplos mais baixos, independentemente dos indicadores econômico-financeiros adotados: lucro antes dos impostos, fluxo de caixa, lucro dos proprietários, etc. Isso é intuitivamente óbvio, quando se considera que as empresas que vão a público para criar um mercado, levantar capital e vender participações dos fundadores, prestam informações detalhadas sobre o investimento, e quanto mais informações os investidores possuem, tanto mais seguros eles ficam e assim também são levados a aplicar seus capitais a taxas mais baixas[33]. Lembre-se: menos risco, menores taxas.

Acordos de compra e venda, instrumentos preciosos para evitar aborrecimentos

Um dos dispositivos mais eficazes usados para transferir a propriedade de um negócio é o acordo de compra e venda ou transferência e partilhamento de cotas, realizado entre os sócios, neste caso, entre os membros da família. Trata-se de um documento vivo, atualizado constantemente, devendo ser composto aos olhos dos advogados e dos contadores. Lembre-se que, se o acordo partir de um pressuposto errado, pode acontecer que os fiscais da Receita Federal não concordem com ele. Por conta disso, sempre é bom buscar um aconselhamento técnico sério e de confiança. Espertezas custam caro, subavaliações com finalidades de driblar impostos resultam, na maioria das vezes, em pesadas consequências.

A dica importante é: super ou subavaliação podem levar a penalidades fiscais substanciais. Documentação adequada dos fatos e aderência contábil e jurídica são fundamentais para a sustentabilidade destes tipos de acordo. A avaliação do negócio irá refletir esses fatores em valores mais altos e riscos menores.

---

[33] Vide o Link: >http://www.family-business-experts.com/family-business-valuation.html (conteúdo em inglês)

Resultado operacional da empresa familiar

A maioria das empresas familiares é operada para o benefício financeiro dos membros. Normalmente, a família é proprietária de todos os ativos, fato que lhe concede todo o direito de operar o negócio como entender, dentro da lei. O desafio da avaliação do negócio da família, na estimação do valor do empreendimento, é reafirmar as receitas e despesas operacionais de modo a refletir que serviços, investimentos e gastos são necessários para operar o negócio, e se estes têm valor de mercado. Como assim? Muitas firmas mantêm pessoas desnecessariamente em postos de gerência apenas por serem membros da família. Também é comum "misturarem ativos pessoais", como casas e carros, com os bens de propriedade da empresa.

Este desafio é uma faca de dois gumes. Se um dos parentes — pai/mãe — exerce dois ou três empregos dentro do negócio, mas recebe apenas um salário, lucros operacionais precisam ser atualizados para refletir o que o comprador terá que pagar para ter todas estas funções desempenhadas. Se o salário de outro membro da família, que também presta serviços, é excessivo em comparação com o que terá de ser pago por esse serviço em níveis de mercado, o lucro operacional pode ser ajustado para cima durante a avaliação do negócio da família, na medida em que a despesa não será necessária. Em alguns casos, a despesa inteira pode ser removida a partir da consideração futura, uma vez que não há nada de valor fornecido. O ajuste também deve considerar como risco para o negócio a possível ausência súbita do familiar em razão de doença ou morte[34].

Como se pode perceber, muitas vezes, as empresas acumulam bens não necessários para a produção de renda. Eles podem ser o excesso de terrenos, o condomínio na praia, o carro dos membros da família, casas residenciais e até obras de arte. A avaliação da empresa irá adicionar esses ativos excedentes ao valor do negócio operacional.

Planejamento de Negócios

Passar pelo processo de ter um negócio avaliado pode ser uma experiência importante que irá abrir a mente dos empreendedores em todos os sentidos. Muitos empresários tendem a ficar obcecados em crescer, uma busca que, na maioria das vezes, gira em torno de métricas como: receita de vendas ou margens brutas e controles de custos. Mas o crescimento não garante rentabilidade, muito menos aumenta, automaticamente, o valor do negócio[35].

---

[34] Vide o Link: >http://www.family-business-experts.com/family-business-valuation.html

[35] Antonik, Luis Roberto. *Empreendedorismo: Gestão Financeira para Micro e Pequenas Empresas.* Editora Alta Books: Rio de Janeiro, 2016

Ensinam os consultores que deveríamos olhar para o negócio da mesma maneira que um comprador faria, e, assim, descobrir quais são as razões, fatores e elementos necessários para impulsionar o valor da firma para cima, ou, ao contrário, levá-lo para baixo[36].

Empresas bem planejadas e controladas valem mais. Será? Quem conhece a vida das empresas sabe que as despesas devem ser controladas com todo o cuidado e rigor, pois as pequenas ficam grandes e as grandes maiores ainda. A sorte é eterna amiga dos outros que compram barato e vendem caro.

Transforme os dados da contabilidade em percentuais, pois fica muito mais fácil para controlar. Crie relatórios e indicadores.

Peter Drucker[37] é o pai da Administração moderna. Nas suas múltiplas contribuições para a ciência da administração empresarial, deixou a chamada "APO", ou administração por objetivos, termo introduzido popularmente em 1954, em seu livro The Practice of Management (*A Prática da Administração de Empresas*, Editora Thomson Pioneira), que consiste num sistema de administração empresarial com a finalidade de "medir" numericamente o desempenho das diferentes áreas e setores, envolvendo todos os níveis administrativos (Figura 14.1[38]).

O mais interessante nesse processo de avaliação e acompanhamento de desempenho é que a técnica da APO é um instrumento de administração participativa, envolvendo o empresário, os gerentes e os subordinados. Todos discutem as métricas a serem avaliadas, estabelecem objetivos de consenso e depois as avaliam. Trata-se de um processo pelo qual o empreendedor e seus colaboradores identificam objetivos comuns a ser alcançados e definem áreas de responsabilidade, de acordo com os resultados planejados no orçamento. Essas métricas guiarão a empresa na sua atividade.

---

[36] Vide o Link: >https://www.entrepreneur.com/article/81176 (conteúdo em inglês)

[37] Peter Ferdinand Drucker (1909–2005) foi um escritor e professor na Graduate School of Management, da Claremont Graduate University, Califórnia, Estados Unidos. Este consultor administrativo de origem austríaca é considerado como o pai da administração moderna, sendo o mais reconhecido dos pensadores do fenômeno dos efeitos da globalização na economia em geral e em particular nas organizações — subentendendo-se a administração moderna como a ciência que trata sobre pessoas nas organizações, como dizia ele próprio. Fonte: Wikipédia.

[38] Antonik, Luis Roberto. *Empreendedorismo: Gestão Financeira para Micro e Pequenas Empresas*. Editora Alta Books: Rio de Janeiro, 2016

[39] Antonik, Luis Roberto. *Empreendedorismo: Gestão Financeira para Micro e Pequenas Empresas*. Editora Alta Books: Rio de Janeiro, 2016

FIGURA 14.1: Indicadores--chave de desempenho.[39]

Uma empresa voltada para objetivos numéricos de controle alcança o sucesso com mais facilidade. No estabelecimento das métricas, devemos fixá-las por ordem de prioridade e, proporcionalmente, quanto ao valor que contribuem para o resultado geral.

Para exercitar o planejamento dos negócios, aconselhamos duas ferramentas, sendo a primeira totalmente qualitativa, para fazer parte do planejamento tático da empresa. Não importa o tamanho da empresa, o empresário deve reunir-se todos os meses, nem que seja consigo mesmo e "pensar" nos resultados e no ambiente, mas de um ponto de vista totalmente qualitativo, sem considerar objetivos numéricos. Este exercício mental de planejamento chama-se análise SWOT[40]. A sigla SWOT provém de palavras escritas em língua inglesa, que significam: forças, fraquezas, oportunidades e ameaças. Confira na Figura 14.2[41].

A análise SWOT é um instrumento simples, capaz de produzir resultados surpreendentes. A técnica da análise SWOT foi desenvolvida pelo professor Albert Humphrey, da Universidade Stanford (EUA). No entanto, sua criação é um tanto controversa e creditada a vários professores. Todavia, os aficionados pela leitura de Sun Tzu (500 a.C.), escritor chinês mais conhecido por sua obra A Arte da Guerra, poderão encontrar as seguintes palavras "concentre-se nos pontos fortes, reconheça as fraquezas, agarre as oportunidades e proteja-se contra as ameaças"[42].

---

[40] SWOT = Forças (Strengths), Fraquezas (Weaknesses), Oportunidades (Opportunities) e Ameaças (Threats).

[41] Antonik, Luis Roberto. *Empreendedorismo: Gestão Financeira para Micro e Pequenas Empresas*. Editora Alta Books: Rio de Janeiro, 2016.

[42] Fonte: Wikipédia.

[43] Antonik, Luis Roberto. *Empreendedorismo: Gestão Financeira para Micro e Pequenas Empresas*. Editora Alta Books: de Janeiro, 2016.

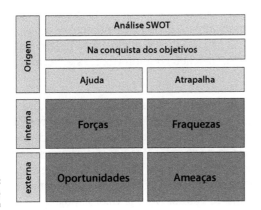

FIGURA 14.2: Análise SWOT.[43]

A simplicidade da análise SWOT está no ponto em que ela pode ser executada com apenas uma simples folha de papel dividida em quatro partes. A análise SWOT "pensa" a empresa, analisando questões do ponto de vista interno (pontos fortes; forças; pontos fracos; fraquezas) e externo (oportunidades e ameaças).

Como segundo ponto, agora totalmente numérico, o exercício sugerido é o orçamento empresarial. Mas não estamos falando daquele orçamento anual no qual os executivos e colaboradores se digladiam durante todo o mês de novembro para fechar os valores e depois passam um ano inteiro olhando para um único número: o resultado.

Planejar é mais do que isso, precisamos de um business plan completo, com todos os detalhes físicos, estratégicos, cujos resultados culminem no valor da empresa, ou seja, num Valuation.

Mas vamos fazer um valuation todos os meses? Sim. Pode parecer difícil, mas toda a complicação está em montar o primeiro; depois de quatro meses de acompanhamento seguro e sistemático, tudo fica mais fácil e fluído.

Veja, por exemplo, os analistas dos bancos. Imagine um analista de uma importante corretora brasileira responsável pelo setor de energia. Ele tem, sob a sua guarda, todas as informações minuciosamente detalhadas de quinze empresas: Alupar; Cesp; Cemig; Coelce; CPFL Energia; Copel; Eletrobrás; Eletropaulo; Energias BR; Equatorial; Light S/A; TAESA; Tractebel; AES Tiete, e; Etran Paulist. Estas companhias compõem o Índice BM&F Bovespa Energia Elétrica (IEE), resultado de uma carteira teórica de ativos, cujo objetivo é ser o indicador do desempenho médio das cotações dos ativos de maior negociabilidade e representatividade do setor de energia elétrica.

Este analista estruturou um Valuation nos ternos do exemplo que descrevemos no Capítulo 13, todavia, com mais detalhamento e informações, cuja atualização é feita diariamente. Qual o objetivo de tão hercúleo trabalho? Calcular, ao final do dia, quanto vale a companhia, e dividir pelo número de ações, estabelecendo assim quanto vale a ação naquele determinado dia de pregão. Com estas informações, ele "alimenta" o mercado com informações e "forma" os preços dos papéis.

Iríamos ainda mais além. Nestes tempos bicudos de crise, seria difícil encontrar um analista de mercado que cuida de apenas quinze ações, como no nosso exemplo de energia. Na verdade, ele cuida de muito mais, como: saneamento, comunicações e energia, por exemplo. Mas por que estamos dizendo isso para você, leitor? Para que você saiba que o processo é complexo e difícil, mas é possível fazer. O esporte do momento ou da moda, um dos mais praticados nas rodas financeiras, chama-se Valorar. Você já valorou hoje?

O Planejamento de Aposentadoria

Proprietários de empresas sempre assumem um risco enorme por aplicarem parcela considerável do seu Patrimônio Líquido — normalmente 65% a 85% — investida em um único ativo: seus negócios[44]. Isso se deve ao fato de que os empreendedores trabalham em um contexto, no qual, na maioria das vezes, é impossível medir o sucesso em termos numéricos. Além disso, avaliar o impacto da economia de mercado sobre a sua firma também pode ser um problema. Assumir riscos é parte intrínseca de empreender. Mas, se os resultados de uma decisão são incertos, como avaliar o risco envolvido? Ora, medir sistematicamente os resultados pode reduzir riscos, mas cuidado, pois a obsessão por métricas pode tornar os investidores cautelosos demais e avessos a riscos.[45]

Todavia, um bom planejamento e sobretudo o acompanhamento sistemático dos resultados são fatores-chave de sucesso em qualquer gestão, em especial, quando se investe no longo prazo com a finalidade de aposentadoria: "se mesmo projetos muito bem estruturados desde o início correm o risco de fracassar, imagine aquelas empreitadas em que algumas etapas no processo de planejamento são queimadas?"[46]

Estes empreendedores, com visão de longo prazo, também esperam financiar a totalidade ou parte considerável das aposentadorias com as receitas provenientes da venda dos negócios, quando a hora dramática chegar.

Proprietários de pequenas empresas muitas vezes têm um senso inflado do valor da sua empresa. Se você está contando com o lucro proveniente da venda

---

[44] Vide o Link: >https://www.linkedin.com/pulse/20140626145436-33878921-3-reasons-besides-selling-to-get-a-business-valuation (conteúdo em inglês)

[45] Vide o Link: >http://www.parceirosvoluntarios.org.br/o-negocio-de-risco/

[46] Cerbasi, Gustavo Petrasunas e Paschoarelli, Rafael. *Finanças para Empreendedores e Profissionais Não Financeiros.* Editora Saraiva: São Paulo, 2007.

de seu negócio para apoiá-lo na aposentadoria, quanto mais cedo determinar se a sua estimativa do valor da empresa é realista, melhor.

Imagine a decepção se este empreendedor pensou que a sua firma valia R$5 milhões e, no momento que chegou a hora derradeira de vender e se aposentar, descobriu que os negócios valiam não mais que um terço. Quando se trata de aposentadoria, seus objetivos pessoais podem ser a primeira coisa que você considera. O próximo deve ser quanto seu negócio vale a pena e como essa quantidade vai — ou não — apoiar seus objetivos subjacentes para si e para o negócio, quando você não estiver mais no comando.

VERSÁTEIS E COMPLEXAS — AS OPÇÕES

Opções são instrumentos utilizados no mercado financeiro e que conferem ao titular o direito (mas não a obrigação) de comprar ou vender um determinado ativo (ação, título, bem, projeto ou empresa), por um valor determinado, em um certo momento, enquanto o vendedor é obrigado a concluir a transação.

Uma opção, como o próprio nome diz, é de exercício opcional, ela só dá direitos a seu possuidor. O emissor ou lançador de opções, por outro lado, assume a obrigação de honrar o prometido pelo papel. Por conta disso, uma opção tem custo adicional, pago pelo possuidor.

Uma pessoa compra uma opção que lhe dá o direito de comprar daqui a 120 dias, cinco mil arrobas de boi por R$150,00. Para realizar esta operação, pagou R$2.250,00, ou seja, uma taxa de 0,3% (5.000 x R$150,00 x 0,003). Decorrido o prazo, a arroba do boi está cotada:

Opção 1 = R$145,00. Neste caso, ele não exerce a opção, pois ninguém vai comprar por R$150,00 aquilo que está valendo R$145,00. Ao não exercer a opção, a pessoa perde a taxa paga. De quanto foi o prejuízo? R$2.250,00.

Opção 2 = R$160,00. Neste caso, ela exerce a opção, pois vai comprar por R$150,00 aquilo que está valendo R$160,00. Ao exercer a opção, a pessoa ganha R$50.000,00 (5.000 x R$5,00). De quanto foi o lucro? R$47.250,00 (R$5,00 da diferença de preços, menos a taxa paga de R$2.250,00). É uma aposta.

Embora seja um instrumento de controle de risco e hedge, o investimento em opções exige perfeita compreensão dos fundamentos e planejamento estratégico, sob pena de graves prejuízos. O investidor que conhecer os fundamentos das opções terá um meio efetivo de lidar com o risco, pois passará a ter à sua disposição uma grande variedade de escolhas diferentes de investimentos.[47]

A Expansão do Negócio Pode Ser uma "Opção"?

Falar sobre expansão de negócios e Valuation num livro Para Leigos é forçar um pouco. Entretanto, como queremos que você tenha uma pequena referência sobre o assunto, vamos explicar rápida e simplificadamente como poderia ser este tipo de valoração.

Valuation e investimentos são um assunto complexo e se você quiser entender melhor e aprofundar-se neste tema, consulte os livros do Damodaran e Copeland, na parte denominada Leitura Recomendada, ao final deste livro.

Isso será necessário, pois os investimentos realizados pela empresa afetarão profundamente os fluxos de caixa e, normalmente, à primeira vista, os Discounted Cash Flow (DCF) poderão ser negativos. Além disso, os modelos para cálculos dos valores presentes, que discutimos no Capítulo 5, terão outras variações.

É claro que os papas do Valuation, como Damodaran e Copeland não irão lhe explicar detalhes de contabilidade, uso do Excel e matemática, pois tais autores pressupõem que você já domine estes assuntos. Para entender os detalhes básicos, você precisará de um livro como este, para leigos.

Inputs para avaliar a opção de expandir o negócio

Em finanças, "opção" significa o direito de comprar ou não algum ativo. Mas o que tem a ver isso com Valuation? Ora, um novo empreendimento poderia ser dividido em dois projetos. No primeiro, teríamos o seu startup, ou seja, a fase inicial de funcionamento. Já no segundo projeto, se tudo correr bem na primeira fase, pode expandi-lo. Onde entra a opção? É isso; ou seja, o empreendedor tem o direito, mas não a obrigação de ir em frente. Explicando melhor: ele pode optar por continuar o negócio, ou não.

Para entender como estimar o valor da opção de expandir, vamos começar por reconhecer que existem dois projetos, em geral, que se impulsionam. O primeiro projeto (startup) geralmente tem um valor presente líquido negativo e é reconhecido como um investimento com mais risco.

Vamos explicar melhor este assunto sobre investimentos empresariais divididos em partes. Será muito mais seguro se a expansão puder ser dividida em dois ou mais projetos. O primeiro será executado imediatamente e poderá ter fluxo de caixa negativo. Todavia, o segundo irá funcionar como uma opção do mercado financeiro, ou seja, temos uma opção a exercer, mas apenas o faremos se isso nos for favorável. Mas e se não for favorável? Ora, faremos como os investidores do mercado: não exercemos a opção e perdemos a taxa, ou seja, neste caso, o investimento inicial. Mas e o montante investido no primeiro projeto, vamos perdê-lo? Isso mesmo, todavia, lembre-se que é melhor perder uma parte, que um todo (Figura 14.3).

FIGURA 14.3: Exercício de opções.

O segundo projeto é o potencial de expansão que vem como decorrência do primeiro; ele representa o ativo subjacente para a opção[48]. O valor presente dos fluxos de caixa que você geraria, se fosse investir hoje (a opção de expansão) no segundo projeto, é o valor do ativo subjacente no modelo de precificação de opções. Se existe uma incerteza substancial sobre o potencial de expansão, é provável também valor presente volátil, pois tudo pode mudar ao longo do tempo; como as circunstâncias mudam.

A variação entre o valor presente dos dois projetos é que iremos usar para valorar a opção de expansão.

A vida da opção é bastante difícil de definir, uma vez que normalmente não há período de exercício imposto externamente. Ao avaliar a possibilidade de expandir, a vida da opção será uma restrição interna imposta pela firma sobre si mesma. "Por exemplo, uma empresa que investe em pequena escala na China pode impor uma restrição que vai expandir dentro de 5 anos ou retirar-se do mercado. Por que ela faria isso? Pode haver custos consideráveis associados à manutenção de uma pequena presença ou a empresa pode ter recursos escassos e necessita deles para serem investidos em outros lugares."[49]

É muito complicado entender isso? Nada. Pense da seguinte maneira: você vai empreender um negócio, todavia, por prudência, está dividindo-o em dois projetos, já que o risco associado é grande e, pior, existe incerteza sobre a sua performance. Assim, ao final do primeiro projeto, quando chegar a hora de exercer a "opção" — mas agora em função do novo fluxo de caixa, que neste instante abrangerá os dois projetos —, o empreendedor decide se continua (exerce ou não a opção).

---

[47] Vide o Link: >https://pt.wikipedia.org/wiki/Mercado_de_op%C3%A7%C3%B5es
[48] Vide o Link: >http://people.stern.nyu.edu/adamodar/pdfiles/valn2ed/ch29.pdf (conteúdo em inglês)
[49] Vide o Link: >http://people.stern.nyu.edu/adamodar/pdfiles/valn2ed/ch29.pdf (conteúdo em inglês)

Avaliando uma opção para expandir

O professor Damodaran[50] mostra em sua página na internet um exemplo, utilizando a gigante brasileira fabricante de bebidas. O Guaraná é um refrigerante à base de cafeína muito popular no Brasil e a Ambev é o maior produtor de guaraná do mundo. Suponha que a Ambev está considerando introduzir a bebida nos Estados Unidos e que decidiu fazê-lo em duas etapas (duas opções).

A Ambev irá inicialmente introduzir Guaraná apenas nas grandes áreas metropolitanas dos Estados Unidos e assim avaliar a procura potencial pelo produto. O custo esperado desta introdução limitada é de US$500 milhões e o valor presente estimado dos fluxos de caixa esperados é de apenas US$400 milhões. Em outras palavras, a Ambev espera ter um valor atual líquido negativo de US$100 milhões neste primeiro investimento.

Se a introdução limitada resultar em sucesso, a Ambev espera introduzir Guaraná para o resto do mercado dos EUA. No momento, porém, a empresa não está otimista sobre o potencial de expansão e acredita que o custo da introdução em larga escala será de US$1 bilhão, o valor presente esperado dos fluxos de caixa é de apenas US$750 milhões. À primeira vista, investir em um projeto pobre para ter a chance de investir em um projeto ainda mais pobre pode parecer um mau negócio, mas o segundo investimento tem um aspecto positivo. É uma opção e a Ambev não vai fazer o segundo investimento (de US$1 bilhão) se o valor presente esperado dos fluxos de caixa na época de realizá-lo foram inferiores a esse número. Além disso, há uma considerável incerteza sobre o tamanho e potencial do mercado e mais, quem sabe na prática a empresa investiu em um projeto lucrativo?

Para estimar o valor do segundo investimento como uma opção, nós começamos identificando primeiro o ativo subjacente — o projeto de expansão — e usando a atual estimativa do valor esperado (US$750 milhões) como o do ativo subjacente. Uma vez que o investimento necessário para US$1 bilhão é o preço de exercício, esta é uma opção out-of-the Money[51].

Mas cuidado, lá vai um conselho final

Opções envolvem riscos e não são adequadas para todos; desaconselhamos fortemente o uso de opção com a finalidade de especular. Isso é um assunto para especialistas altamente preparados, pois quando a sua natureza é especulativa, eleva-se substancialmente o risco de perda, não obstante uma opção apresentar um mundo de oportunidades para investidores sofisticados.

---

[50] Vide o Link: >http://people.stern.nyu.edu/adamodar (conteúdo em inglês)

[51] É uma opção de compra cujo preço de exercício é mais elevado do que o preço do ativo subjacente ou uma opção de venda, cujo preço de exercício é inferior ao preço de mercado do título subjacente.

O poder das opções encontra-se na sua versatilidade. Elas permitem adaptar ou ajustar a sua posição e mitigar o risco de acordo com qualquer situação que surja. As opções podem ser tão especulativas ou tão conservadoras quanto se queira. Traduzindo para a área empresarial, isto significa que você pode utilizar mais estas ferramentas válidas para proteger uma startup.

Esta versatilidade, no entanto, não vem sem custos, pois como todos os investimentos, é complexa e pode ser extremamente arriscada[52].

A Adição ou Saída de um dos Proprietários

Você pode querer admitir um novo parceiro ou cotista na empresa e precisa saber o valor do negócio para determinar o preço desta parcela do capital que irá disponibilizar[53]. Da mesma forma, quando um dos parceiros quer vender suas cotas, muitas vezes é necessário buscar um valor calculado por um perito independente do interesse empresarial e, assim, chegar a um preço justo, pois existem momentos em que um dos sócios decide por buscar outros caminhos e, assim, sair do negócio. Há casos em que esta separação pode acontecer de forma amigável, entretanto, na maioria dos casos, há desacordo entre os proprietários, situação que geraria uma separação e, consequentemente, requerer uma avaliação judicial.

Normalmente, a retirada de um sócio significa que este irá vender suas ações ou cotas para seus antigos parceiros, ou seja, outros acionistas ou cotistas existentes na empresa.

Nesta situação mais amena e mesmo amigável, o capital permanece com os sócios. Determinar o preço para a parcela daquele parceiro de partida pode ser um desafio. Uma avaliação de mercado elaborada externamente é o ponto de partida muito adequado para determinar o valor do negócio e sempre vem de encontro aos interesses de todos.

Entretanto, se a empresa tem por hábito fazer um Valuation anual, como parte do seu processo normal de planejamento, tudo ficará mais fácil, pois aquela parcela de valor formada pelas expectativas dos sócios torna-se um valor real. Por que isso é importante? Ora, quando se faz um Valuation sistemático, discute-se entre os sócios até chegar ao valor justo, ou seja, quanto vale a companhia é mais ou menos um consenso entre os empreendedores parceiros. Por outro lado, na ausência de valoração formal sistematizada, cada um fica com as suas expectativas próprias, que apenas são reveladas no momento da

---

[52] Vide o Link: >http://www.investopedia.com/university/options/#ixzz4A5dcmG5a (conteúdo em inglês)
[53] http://biztaxlaw.about.com/od/valuingabusiness/f/whyvaluebusiness.htm (conteúdo em inglês)

partida. É neste momento que surgem as demandas judiciais, já que os valores nunca são compatíveis.

Na admissão de um novo sócio, o cuidado deve ser redobrado, pois deve-se levar em conta que se o cotista entrante, por exemplo, pagar um valor excessivamente elevado pela entrada na sociedade, em breve, irá fazer esta constatação. Se tal fato acontecer, não é de se esperar que este investidor não se sinta ludibriado, independentemente de qual forma foi realizado o Valuation, inclusive se ele tiver sido elaborado por uma pessoa da sua estrita confiança.

Mais uma vez, se a empresa tiver como hábito fazer Valuations anuais, uma série histórica pode ser apresentada e confrontada com o Valuation especialmente realizado para a admissão do novo parceiro. Este tipo de procedimento reduz as tensões e confere total transparência ao processo, permitindo que o clima da admissão transcorra em harmonia.

Contencioso

Uma avaliação objetiva dos negócios empresariais pode ser uma peça inestimável para se chegar ao acordo antes de uma demanda judicial. Se o assunto for para a esfera judicial, muito provavelmente o juiz determinará que um perito faça a avaliação ou mesmo poderá até tomar o depoimento de um especialista, tudo com o objetivo de fortalecer a sua decisão.

Entretanto, quando acontece a intervenção de peritos, os resultados podem não ser exatamente aqueles que as partes esperavam e, vale arriscar dizer, como regra geral, irá desagradar um dos lados querelantes. Sempre que possível, é bom evitar a justiça, pois como lembra o dito popular, melhor um acordo ruim que uma ótima, longa e custosa demanda. Em qualquer caso, é recomendável que as partes elejam um perito e resolvam a valoração de forma arbitral. Em todas as situações haverá uma parte que perde e arca com as custas.

Estratégias empresarias predefinidas para prever a saída de sócios apresentam regularmente avaliações para transações de compra e venda entre detentores de capital próprio, com um nível adequado de vigilância, análise e relatórios, que conferem aos acionistas, a informação e a confiança de que necessitam para tomar decisões.

Aquisições de acionistas (buy-ins[54]) ocorrem periodicamente em empresas privadas, envolvendo vários investidores. A boa prática ensina que para ser bem-sucedida, uma transação de compra e venda necessita que todos os

---

[54] Compra de ações ou cotas de alguma empresa; comprar uma parte de algo cuja propriedade é compartilhada com outros proprietários. Já by out significa comprar o todo.

acionistas, sejam estes os de partida ou os que remanescem na firma, devem acreditar que estão sendo tratados de forma justa.

Independentemente de saber se existe ou não um contrato de compra e venda, uma avaliação do negócio, elaborada por um perito gabaritado, bem documentada a partir da data de transação, é um passo importante para manter preconceitos pessoais e emoções sob controle e permitir que os detentores de capital próprio possam chegar a um acordo amigável. Na maioria dos casos, o Valuation é o elemento mais importante, e quanto mais cedo for abordado, melhor para todos os interessados.

Uma terceira valoração, vinda de um perito independente, muitas vezes serve como uma excelente base para facilitar um acordo. Entretanto, com uma avaliação profissional periódica do negócio na mão, os acionistas não ficam apenas mais favoráveis para negociar transações, mas também evitam litígios dispendiosos, distração do foco empresarial e morosos processos judiciais que prejudicam os negócios e os relacionamentos pessoais[55].

Coisas para Lembrar sobre Avaliações de Negócios

Se você está comprando ou vendendo um negócio, com certeza será o feliz destinatário de um completo relatório de Valuation. Deste modo, terá quatro coisas muito importantes para lembrar e prestar muita atenção[56]:

» Não há uma fórmula mágica. Não se trata apenas de definir uma fórmula para determinar o preço de um negócio. Duas empresas do mesmo setor, no mesmo local de venda, ao mesmo tempo, não podem ser negociadas pelo mesmo preço. Por quê? Isso se deve a uma série de fatores intangíveis que envolvem os negócios.

» É difícil estabelecer um preço para o Goodwill. Uma das grandes razões deve-se ao fato de que é difícil encontrar uma fórmula mágica para um preço do negócio, devido ao intangível, também chamado Goodwill. O ágio é dito como a diferença entre o valor de avaliação dos ativos da empresa e o preço de venda. Em outras palavras, é o valor da lealdade da carteira de clientes, da marca, da tecnologia desenvolvida, do modo de operar o negócio, entre outras coisas. O novo proprietário pode ou não ser capaz de contar com a lealdade do cliente ou mesmo manter na firma os consumidores atuais, então como é que ele saberá quanto irá pagar por isso?

---

[55] Vide o Link: >http://www.exitstrategiesgroup.com/blog.html?bpid=3720 (conteúdo em inglês)

[56] Vide o Link: >http://biztaxlaw.about.com/od/valuingabusiness/f/bizvaluetips.htm (conteúdo em inglês)

» Não há maneira de prever o futuro. É como dizem aqueles peritos contadores muito experimentados: o negócio que está sendo vendido não é o negócio que o novo proprietário está comprando, porque a partir do dia em que o novo proprietário começar com seus passos, ele promoverá mudanças substanciais. É aquela máxima: eu sempre serei capaz de fazer as coisas melhor do que você. É uma das minhas características como ser humano. O fator intangível da personalidade do proprietário, e seu relacionamento com os clientes, funcionários e fornecedores, pode e irá mudar o negócio para algo novo e muito diferente do atual.

» Valor não é o preço. O valor de uma empresa, seja qual for o método de avaliação, não é, e jamais será, o preço de venda do negócio. O preço é determinado no mercado por um comprador e um vendedor, mediante acordo. Como disse Warren Buffett, "preço é o que você paga, valor é o que você recebe"[57]. Eles nunca serão a mesma coisa. No final, mesmo se uma avaliação do negócio é minuciosamente preparada e discutida, o preço de venda final vai depender de muitos outros fatores, incluindo aqueles discutidos acima.

Tudo sobre e como Construir um Negócio Valorizado

O que significa "Valuation de Negócios"? Como acontece com qualquer discussão de novas ideias, a definição e os conceitos vêm em primeiro lugar. Saiba o que é uma avaliação de negócio e aquilo que envolve este processo em dez passos[58], assim, aqui estão algumas razões pelas quais você pode precisar de um relatório de avaliação.

1. **Por que preciso de um Business Valuation atualizado? As coisas acontecem nos negócios como na vida. Assim como você deve sempre ter um currículo pronto, precisa da mesma forma manter seu plano de negócios atualizado e, fazendo parte deste, uma avaliação da empresa atualizada todos os anos.**

2. **Qual a razão para usar um perito para estabelecer o valor do negócio? Você gostaria de fazer uma operação de apêndice com um dentista? Ou quem sabe extrairia um dente com o ginecologista? O avaliador é um profissional que estima o valor de alguma coisa. O avaliador define o valor da propriedade ou ativos, mais especialmente conduz o Valuation, um processo complexo que inclui a valoração de todos os ativos da empresa. Há muitos tipos diferentes de avaliadores, alguns**

---

[57] Vide o Link: >https://en.wikiquote.org/wiki/Warren_Buffett (conteúdo em inglês)
[58] Vide o Link: >http://biztaxlaw.about.com/od/glossarya/g/appraiserdef.htm (conteúdo em inglês)

dos quais se especializam em vários tipos de avaliações. Em resumo, um procedimento com a complexidade da valoração de uma companhia só pode ser executado por um perito com anos de experiência.

3. Como escolher um avaliador? Se você estiver pensando em vender o negócio em um futuro próximo, ou ainda obter uma avaliação para fins de controle ou de planejamento, então vai precisar contratar os serviços de um perito qualificado, para assim desenvolver uma opinião independente e com credibilidade. Supondo que decida contratar um perito para fazer o seu Valuation, como decidir quem contratar? E quanto deve esperar pagar pelos serviços? Existem vários tipos de especialistas de avaliação. Ao vender uma máquina, vamos procurar por um engenheiro de equipamentos, mas quando a venda envolver imóveis, buscamos um corretor imobiliário. Todavia, quando for vender o negócio, vai também querer um avaliador especializado em empresas. Para melhor aferir as qualificações e credenciais do indivíduo, você pode querer entender os requisitos de credenciamento de cada uma destas especialidades de avaliadores. Aqui no Brasil, como este procedimento é relativamente novo, as dificuldades serão maiores. Não se deve presumir que um avaliador que não possui qualquer credencial não é qualificado para executar o trabalho de avaliação. O mesmo exemplo que demos acima: não é porque o profissional tem um diploma de odontologia que ele não tem habilidade para extrair um apêndice. Entretanto, se o profissional tiver um certificado de cirurgião, acreditamos, o cliente ficará mais confortável. Há uma enorme oportunidade no Brasil para criar uma certificação de avaliadores e isso poderia ser feito pelo Conselho Federal de Contabilidade, por exemplo. Avaliadores de negócios com uma designação profissional deveriam, por lógica, aderir a um código de ética que requereria "independência". Isto significa que a relação do avaliador com o cliente não é a de funcionário ou agente. É importante compreender que este tipo de relacionamento com o cliente é diferente do que com a do proprietário do negócio, advogado, contador ou corretor. Claro, selecionando um avaliador de negócios, também irá envolver o pagamento de honorários, provavelmente, uma média de R$300,00 a R$500,00 por hora. A redação do relatório formal de avaliação normalmente custa pelo menos entre R$10.000,00 e R$50.000,00. Para desenvolver a atribuição, o perito irá possivelmente consumir de 20 a 30 horas para produzir um relatório com 15 a 50, ou mais, páginas. No entanto, dependendo da finalidade, âmbito e complexidade do serviço, o custo pode facilmente ultrapassar R$100.000,00. Se o propósito for o de apoiar litígios, como um divórcio ou disputa entre acionistas, os valores podem ser significativamente maiores. Nos Estados Unidos, por exemplo, existem muitas associações que certificam ou acreditam os avaliadores. Mas de que adianta isso? O cliente fica mais seguro, pois o perito possui um selo de qualidade emitido por uma instituição especializada. Lá,

CERTIFICAÇÃO E ACREDITAÇÃO. TEM DIFERENÇA?

Certificação é o procedimento pelo qual uma entidade se submete para adaptar seu modo de operação e, assim, receber um certificado de que um produto, processo ou serviço, de qualquer segmento, indústria e serviços, públicos ou privados, está em conformidade com os requisitos especificados por uma ou um conjunto de normas: ABNT, ISO, etc. Tais rituais são submetidos à aprovação de uma auditoria especializada.

Acreditação também são processos desenvolvidos com envolvimento de comunidades científicas e técnicas, que buscam difundir melhores práticas baseadas nos princípios de gestão, operação e melhoria contínua[2]. As organizações que emitem acreditamentos ou certificam terceiros são entidades que estabelecem padrões de produção ou prestação de serviços, para os quais os interessados precisam se adaptar. Bons exemplos de acreditamento são encontrados na área de educação. Assim, quando o Insper3, por exemplo, exibe o selo de acreditamento da AACSB4, Association to Advance Collegiate Schools of Business (Associação do Colegiado de Escolas de Negócios), a principal associação certificadora de escolas de negócios no mundo, seus alunos recebem a mensagem de que a entidade passou e foi aprovada por uma rigorosa sabatina, assegurando tratar-se de uma escola com qualidade superior, pois a AACSB é extremamente rigorosa para emprestar seu selo de acreditação.

os empresários, investidores, analistas e empreendedores preferem escolher um avaliador credenciado que mais se adeque às suas circunstâncias particulares, e com uma taxa de serviços que produza um custo benefício razoável. O perito escolhido deve ser capaz de comunicar claramente os resultados da avaliação, tanto oralmente quanto por relatório escrito, incluindo as abordagens de apoio e métodos para a opinião final. Investir dinheiro em uma avaliação profissional abrangente deve resultar em benefício econômico mensurável para o cliente, independentemente da finalidade, fato que irá justificar substancialmente os honorários pagos pelo trabalho. A Tabela 14.3, a seguir, mostra alguns destes serviços de credenciamento de profissionais de avaliação[59].

---

[59] Vide o Link: >https://www.financialpoise.com/businesstransitionandexitplanning/choosing-a-business-appraiser/ (conteúdo em inglês)

Tabela 14.3   **Entidades Certificadoras de Negócios nos Estados Unidos**

Sigla	Título do Avaliador	Entidade Certificadora
BA	Certified Business Appraiser (Avaliador de Negócios Certificado)	Institute of Business Appraisers (IBA) (Instituto dos Avaliadores de Negócios)
ASA	Accredited Senior Appraiser (Avaliador Sênior Acreditado)	American Society of Appraisers (ASA) (Sociedade Americana dos Avaliadores)
CPA/ABV	Certified Public Accountant Accredited in Business Valuation (Contador Certificado em Valuation de Negócios)	American Institute of Certified Public Accountants (AICPA) (Instituto Americano dos Contadores Certificados)
CVA	Certified Valuation Analyst (Analista de Valuation Certificado)	National Association of Certified Valuation Analysts (NACVA) (Associação Nacional dos Analistas Certificados de Valuation)

» Que tipo de informação é necessária para preparar uma avaliação do negócio? Aqui está uma lista de documentos e informações que você precisa para montar um Valuation. Mas primeiramente é preciso explicar que o Valuation é um documento que faz parte de um plano de negócios, ou seja, um conjunto de documentos e informações que tratam de forma geral sobre uma empresa, o ambiente em que ela atua, pontos fortes, fracos, concorrência, mercado, ambiente econômico e regulatório. Sem o business plan, o Valuation ficará "manco", pois de que outro modo poderia o perito fazer as projeções de caixa?

- Peças contábeis tradicionais como o Balanço Patrimonial, Fluxo de Caixa Contábil e Demonstração de Resultados;

- Projeção dos custos do serviço prestado, considerando-se custos fixos e variáveis;

- Cálculos das despesas financeiras, baseados no quadro de endividamento atual, sem crescimento;

- Projeção da Demonstração do Resultado do Exercício dentro do horizonte de estudo, dez anos por exemplo, abrangendo os principais indicadores: Lucro Operacional, EBIT, EBITDA, Noplat e Lucro Líquido do Exercício;

- Listagem com todos os ativos e passivos não operacionais;

- Projeção do FCFF, fluxo de caixa livre para a empresa, do horizonte de estudo;

- Cálculo do custo de capital próprio pelo método do CAPM; do capital de terceiros pelo custo atual dos empréstimos;

- Cálculo do WACC;

CAPÍTULO 14 **A Parte dos Dez**   281

- Cálculo do valor presente líquido do FCFF, incluindo o resíduo (perpetuidade); e

- Ajustes e soma do valor final da empresa, a preços de 2016.

» Quais são os métodos padrão usados para determinar o valor de um negócio? As empresas podem ser avaliadas de várias maneiras, dependendo das circunstâncias da avaliação (venda, litígio, admissão ou saída de sócio, falência, por exemplo). Se uma empresa está sendo oferecida para venda, mais de um método de avaliação pode ser apresentado à parte do relatório de avaliação de negócios, entretanto, a esmagadora maioria dos peritos avaliadores se utiliza do fluxo de caixa descontado:

- FCFE — Free Cash Flow To Equity — (fluxo de caixa livre para o acionista). É a medida de quanto em dinheiro pode ser pago aos acionistas ou cotistas (capital próprio) depois de pagas todas as despesas, o reinvestimento e as dívidas.

- FCFF — Free Cash Flow To Firm — (fluxo de caixa livre para a empresa). Uma medida de desempenho financeiro que expressa a quantidade líquida de caixa que é gerada para a empresa, que consiste em despesas, impostos e mudanças na necessidade de capital de giro e investimentos.

É sabido que em casos de demandas judiciais, pelo fato dos interesses das partes não serem convergentes, a tarefa do perito judicial avaliador é complexa, pois o trabalho deve ser realizado com elementos fáticos sempre justificáveis e de acordo com a Lei, mas os elementos deste trabalho envolvem decisões subjetivas, algumas difíceis de fundamentar nas técnicas contábeis e legais. Para estes casos, a avaliação é realizada pelo Balanço Especial, também chamado de Balanço de Determinação, obrigatório segundo a legislação pelo artigo nº 1031 do Código Civil Brasileiro de 2002, para os casos de apuração de haveres judiciais, e deve ser elaborado por ocasião em que um ou mais sócios se desliga da empresa, não importando se isso ocorrer por retirada voluntária, morte, ou por exclusão[60]. Trata-se de um "tipo de balanço elaborado para apurar o valor da empresa da forma mais ampla possível, incluindo ativos tangíveis e intangíveis, inclusive com o reconhecimento do Goodwill — também chamado de fundo de comércio"[61] e que apenas pode ser elaborado por um profissional altamente especializado, Perito Contador legalmente habilitado e com experiência na área pericial, e sempre ser fundamentado em elementos processuais de prova ou sentença fixada pelo magistrado e também pelo árbitro, se for o caso. Todos os seus elementos são detalhadamente justificados por meio de notas explicativas.[62]

---

[60] Vide o Link: >http://periciacontabilms.blogspot.com.br/2012/04/balanco-especial-ou-balanco-de.html. Texto da Professora e Contadora Valdenice Correa.

[61] Vide o Link: >http://periciacontabilms.blogspot.com.br/

[62] CARLIN, Everson Luiz Breda e HOOG, Wilson Alberto Zappa. *Valuation — Manual de Avaliação, Teoria e Prática*. Curitiba, Editora Juruá, 2015.

» O que contém um Relatório de Avaliação de Negócios? As seções de um relatório de avaliação de empresas incluem vários capítulos:

- Análise econômica, da indústria e do mercado na qual a empresa está inserida;
- Discussão do melhor método de avaliação de modo a atender os objetivos estabelecidos pelo contratante: venda, compra, litígio, cisão, etc.;
- Demonstrações contábeis atualizadas;
- Due diligence;
- Premissas adotadas para a projeção de caixa (se for o método escolhido);
- Justificativa para o estabelecimento da metodologia de cálculo do valor presente: FCF com ou sem crescimento, nível de endividamento, etc.;
- Tabelas de cálculo da taxa de atratividade, custo do Capital Próprio e taxa média ponderada de capital (WACC);
- Tabelas de cálculo do valor presente do FCF;
- Tabelas de cálculo da consolidação dos valores do Valuation: valor presente do fluxo de caixa e do resíduo, ajustes e valor final da empresa; e
- Resumo executivo com comentários e recomendações.

» As demonstrações financeiras devem ser ajustadas para uma avaliação do negócio? Antes de iniciar um relatório de avaliação de negócios, as demonstrações financeiras da empresa são ajustadas, para remover itens discricionários e ocorrências de uma só vez, e também adaptar as contas para o valor de mercado atual. Tais ajustes são essenciais para não colocar muita ênfase sobre o valor contábil relatado. Os passivos contingentes, tais como custos de limpeza ambientais e ações judiciais pendentes, podem, em determinados casos, não aparecer em uma demonstração financeira qualquer. Nunca perca de vista a diferença entre "cash flow" e "margem". O fluxo de caixa é a quantidade de dinheiro que uma empresa recebe e gasta durante um determinado período de tempo. A margem é o que resta da receita de vendas após todas as despesas serem subtraídas. Embora ambos reflitam um benefício econômico do negócio, o potencial comprador geralmente presta toda atenção sobre o fluxo de caixa, quando considera a firma para efeitos de compra. Para ajudar a compreender a diferença, pode-se visualizar a margem como análoga a uma medida ou indicador; já fluxo de caixa, como similar a um resultado fático. A fim de estimar corretamente o valor de um negócio, é crucial para determinar o benefício "normalizado" econômico que o negócio espera gerar no futuro. Portanto, qualquer coisa que não é representativa das operações normais do negócio deve ser ajustada nas demonstrações financeiras. Isso geralmente inclui despesas judiciais por processos não recorrentes, despesas relacionadas com problemas sócio ambientais e valores pagos em excesso[63]. Mas

---

[63] Vide o Link: >http://bizfinance.about.com/od/Risk-Management-and-Valuation/a/basic-business-valuation.htm (conteúdo em inglês)

CAPÍTULO 14 **A Parte dos Dez** 283

lembre-se, todas estas contingências ajustadas devem fazer parte da due diligence. Por último, mas não menos importante, eventualmente, os períodos encontram demonstrações financeiras incompatíveis com a realidade empresarial, ou seja, uso de caixa dois, não emissão de documentos fiscais, falta de registros de empregados, ou seja, alguns expedientes poucos convencionais que alguns empresários, cada vez mais raros, usam para economizar em impostos e taxas. Nestes casos, o perito teria duas opções: refazer as demonstrações no que for possível ou até mesmo, numa atitude mais radical, abandonar o projeto.

» Due diligence[64]. Não sei quais razões levaram o processo de due diligence a ser revestido de tanta mística; devemos confessar que, entre empresários, ainda há um "status de mito" sobre o que acontece por trás das paredes de uma empresa. Acreditamos que isso não deve ser um mistério; transparência é a palavra de ordem. Compreender a diligência melhora o fluxo de informações entre grupos de private equity e empresários. Uma avaliação da capacidade do empresário para determinar as forças e fraquezas da companhia. Melhores informações levam a melhores decisões de investimento e parcerias de longo prazo. Tenha uma certeza: todos os grupos de private equity têm seus próprios processos de diligência executados em sua própria maneira; nenhum investidor minimamente alfabetizado deixará de executar sua liturgia de compra. Na nossa opinião, due diligence é um processo destinado a obter uma visão de 360 graus do negócio. Due diligence não é um problema, mas uma oportunidade para validar verdadeira demanda do cliente. São a fundação e os pilares para começar uma confiante parceria. Due diligence não é uma lenta tortura sob a forma de uma longa lista de tormentos ou a justificação de alguns atos incertos e pouco usuais.

» Qual a razão de dar total transparência no Valuation? Ao perguntar aos investidores qual o tipo de informação financeira eles desejam receber, você provavelmente vai ouvir duas palavras: mais e melhor. Relatórios financeiros de qualidade permitem análise fundamental, eficaz e informativa. Mas vamos enfrentar a realidade: as demonstrações financeiras de algumas empresas são cuidadosamente estudadas para esconder, ao invés de revelar a informação. Os peritos orientam sistematicamente os empreendedores que não possuem transparência em suas operações de negócios a mudar de postura; declarações, provisões, relatórios e estratégias financeiras só fazem aumentar o valor da empresa. Firmas com finanças inescrutáveis e estruturas de negócios complexos são investimentos arriscados e, portanto, menos valiosos. A transparência é a segurança. O termo "transparente" pode ser usado para descrever demonstrações financeiras de alta qualidade e tornou-se rapidamente uma parte do vocabulário de negócios. Dicionários oferecem muitas definições para a palavra, mas os sinônimos relevantes para as demonstrações contábeis são: sincera, facilmente compreendida,

---

[64] Vide o Link: >http://entrepreneurs.about.com/od/financing/a/duediligence.htm (conteúdo em inglês)

muito clara e franca. Considere duas empresas com o mesmo valor de mercado, a mesma exposição global de risco e de idêntica alavancagem financeira. Suponha que ambas também têm a mesma taxa de crescimento dos lucros e retornos semelhantes no capital. A diferença é que a Empresa X é uma empresa de negócios únicos com as demonstrações financeiras fáceis de entender. Empresa Y, por outro lado, tem numerosas subsidiárias com finanças complexas. Qual delas terá mais valor? Há boas chances de que o mercado valorize a empresa X muito mais. Por causa de suas demonstrações financeiras complexas e opacas, o valor da Companhia Y será descontado. A razão é simples: menos informação significa menos segurança aos investidores. Quando as demonstrações financeiras não são transparentes, os investidores nunca podem ter certeza sobre os fundamentos reais da companhia e o verdadeiro risco implícito que ela oferece. Por exemplo, as perspectivas de crescimento de uma empresa estão relacionadas à forma como ela investe. É difícil, se não impossível, avaliar o desempenho dos investimentos de uma empresa, se suas inversões são canalizadas por meio de holdings, escondendo-se da vista dos peritos ou analistas. A falta de transparência também pode obscurecer o nível de endividamento. Se uma empresa esconde suas dívidas, os investidores não podem estimar sua exposição ao risco de falência ou simplesmente de inadimplência. Veja, por exemplo: os crimes financeiros como da Enron e Tyco, que deram origem à Lei Sarbanes-Oxley[65], mostraram a todos que os gerentes empregam técnicas financeiras (fuzzy)[66] e estruturas empresariais complexas para esconder resultados negativos, e se deram mal. A falta de transparência pode significar surpresas desagradáveis[67.]

» Qual a importância da precisão das informações? Garantir que dados completos e precisos estejam sendo usados para tomar decisões de negócios diários críticos é talvez a principal razão pela qual a qualidade dos dados é tão vital para o sucesso da organização. No entanto, este esforço, às vezes, pode assumir vida própria; onde conseguir dados completos e precisos é a razão de ser da gestão estratégica; em outras palavras, você começa a gerenciar dados por uma questão de gerenciamento de dados. Parece um pleonasmo, mas não é. Quando esta ameaça fantasma anuvia seu julgamento, seus dados podem ser completos e precisos, mas inúteis para o negócio. Que quantidade de dados é necessária para tomar uma decisão de negócios eficaz? Dados disponíveis parecem obviamente preferíveis

---

[65] A Lei Sarbanes-Oxley (em inglês Sarbanes-Oxley Act, EUA) foi assinada pelo senador Paul Sarbanes e pelo deputado Michael Oxley. Motivada por escândalos financeiros corporativos (dentre eles o da Enron), a lei objetiva evitar o esvaziamento dos investimentos financeiros e a fuga dos investidores causada pela aparente insegurança de governança. A SOX visa garantir a criação de mecanismos de auditoria e segurança confiáveis, de modo a mitigar riscos e evitar a ocorrência de fraudes.

[66] Fuzzy, termo usado no mercado financeiro americano. Trata-se da lógica matemática que tenta resolver os problemas através da atribuição de valores a um espectro de dados imprecisos, a fim de chegar à conclusão mais acertada possível. A lógica fuzzy é projetada para resolver problemas da mesma forma que os seres humanos fazem: considerando-se todas as informações disponíveis e fazer a melhor decisão possível. (Fonte: Investopédia)

[67] Vide o Link: >http://www.investopedia.com/articles/fundamental/03/121703.asp (conteúdo em inglês)

CAPÍTULO 14 **A Parte dos Dez** 285

UMA DAS MAIORES FRAUDES DA HISTÓRIA — O CASO ENRON

A Enron Corporation (EUA), empregava 21 mil pessoas; uma das empresas líderes no mundo em distribuição de eletricidade, gás natural e comunicações, com faturamento de US$101 bilhões em 2000. Alvo de diversas denúncias de fraudes contábeis e fiscais e com uma dívida de US$13 bilhões, o grupo pediu concordata em dezembro de 2001 e arrastou consigo a Arthur Andersen, que fazia a sua auditoria. Na época, as investigações revelaram que a Enron havia manipulado seus balanços com a ajuda de empresas e bancos e escondera dívidas de US$25 bilhões por dois anos consecutivos, tendo inflado artificialmente os seus lucros. O governo dos Estados Unidos abriu dezenas de investigações criminais contra executivos da Enron e da Arthur Andersen. Os executivos e contadores, assim como instituições financeiras e escritórios de advocacia, foram de alguma forma e em diferentes graus, responsáveis pelo colapso da empresa.[68]

a informações incompletas. No entanto, com volumes de dados sempre crescentes, o fato inevitável é que, por vezes, ter mais dados, só aumenta a confusão, em vez de melhorar a clareza, tornando-se, assim, uma fonte de distração, em vez de auxílio aos analistas. Quando se trata de qualidade dos dados que estão sendo usados para tomar decisões de negócios, esta deve ser uma iniciativa de toda a empresa, realizada em prol da implementação de soluções baseadas em informações corretas para resolver problemas de negócio, permitindo melhores deliberações e entregando o desempenho exigido de forma ideal. A fim de realizar estes objetivos, os dados devem ser não apenas completos e precisos, mas o mais importante: devem ser úteis. Em outras palavras, a qualidade dos dados é a adequação das informações para uso comercial.[69]

---

[68] Vide o Link: >http://wikipedia.com

[69] Vide o Link: >http://www.ocdqblog.com/home/is-your-data-complete-and-accurate-but-useless-to-your-busin.html (conteúdo em inglês)

UMA DAS MAIORES FRAUDES DA HISTÓRIA — O CASO TYCO INTERNATIONAL

A Tyco International tem operações em mais de 100 países e figura como o maior fornecedor mundial de componentes elétricos e eletrônicos, designer e produtor de sistemas de telecomunicações submarinos, produtor de sistemas de proteção de incêndio e serviços de segurança eletrônicos, produtor de válvulas especiais e o investidor principal em produtos médicos, plásticos e marcas de adesivos disponíveis. De acordo com a própria Tyco, uma investigação interna concluiu que existiam erros de contabilidade. O diretor executivo, o diretor financeiro e um conselheiro da Tyco foram acusados de darem, a si mesmos, bônus e empréstimos com juros muito baixos que nunca foram aprovados pelo conselho e, muito menos, reembolsados. Foram acusados também de venderem suas ações da empresa sem avisar os investidores, que é uma regra da SEC7.[70]

---

[70] SEC — Security Exchange Commission é a entidade similar, nos EUA, a brasileira CVM — Comissão de Valores Mobiliários.

Leitura Recomendada

ANTONIK, Luis Roberto e Muller, Aderbal Nicolas. *Matemática Financeira — Instrumentos Financeiros para a Tomada de Decisão em Administração, Economia e Contabilidade.* São Paulo: Editora Saraiva, 2012.

ANTONIK, Luis Roberto e Muller, Aderbal Nicolas. *Cálculos periciais — Efeitos Inflacionários, Números Índices, Indexadores e Sistemas de Amortização.* Curitiba: Editora Juruá, 2013.

ASSAF NETO, Alexandre. *Estrutura e Análise de Balanços.* São Paulo: Editora Atlas, 2000.

ASSAF NETO, Alexandre. *Finanças Corporativas e Valor.* São Paulo: Editora Atlas, 2003.

ASSAF NETO, Alexandre. *Mercado Financeiro.* São Paulo: Atlas, 2005.

CARLIN, Everson Luiz Breda e HOOG, Wilson Alberto Zappa. *Valuation — Manual de Avaliação, Teoria e Prática.* Curitiba: Editora Juruá, 2015.

COPELAND, Tom; KOLLER, Tim; MURRIN, Jack. *Avaliação de empresas — Valuation.* São Paulo: Editora Makron Books, 2002.

DAMODARAN, Aswath. *Avaliação de Investimentos.* Rio de Janeiro: Editora Quality Mark, 1996.

DAMODARAN, Aswath. *Domodaran on Valuation — Security Analysis for Investment and Corporate Finance.* New York: John Wiley and Sons, Inc. 1994.

EPSTEIN, Lita. *Reading Financial Reports for Dummies.* Hoboken, New Jersey: John Wiley & Sons, Inc., 2014.

MARTELANC, Roy; Pasin, Rodrigo; Pereira, Fernando. *Avaliação de Empresas.* São Paulo: Editora Pearson, 2010.

MARTINS, Eliseu. *Avaliação de Empresas: Da mensuração contábil à econômica.* São Paulo: Atlas, 2001.

SAMANEZ, Carlos Patrício. *Gestão de Investimentos e Geração de Valor.* São Paulo: Editora Person, 2007.

STERLING, Mary Jane. *Business Math for Dummies.* Hoboken: New Jersey, Wiley Publishing, Inc., 2008.

SEITER, Charles. *Everyday Math for Dummies.* Hoboken: New Jersey, Wiley Publishing, Inc., 2006.

ZEGARELLI, Mark. *Basic Math & Pre Algebra Workbook for Dummies.* Hoboken: New Jersey, Wiley Publishing, Inc., 2008.

Glossário

Dentre as muitas opções de glossários para finanças e Valuation, procure por:

Vide o Link: >https://www.cgap. org/sites/default/files/CGAP-Glossary-English-to-Portuguese-Jan-2007.pdf

Vide o Link: >http://www.sk.com. br/sk-fcj.html

Vide o Link: >http://www. infomoney.com.br/educacao/ glossario

Professor Sérgio de Carvalho (1)

A

AAE (Advances Against Exchange)

ACC (Adiantamento sobre Contrato de Câmbio)

Account – conta

Account payable – contas a pagar

Account recievable – contas a receber

Account statement – extrato de conta

Accountant – contador

Accounter – a pessoa que faz uma prestação de contas ou de despesas

Accounting – contabilidade

Accounting fraud – fraude contábil, na linguagem diária costuma-se dizer "to cook de books", literalmente cozinhar os livros.

Accounts payable – contas a pagar

Accrual basis – regime de competência, também se usa em contabilidade accrual basis accounting

Accrual expenses payable – despesas provisionadas

Accrued – acumulado, provisionado

Accumulated depreciation – depreciação acumulada

Advances – adiantamentos

Advertising – publicidade; propaganda

Aeva (adjusted economic value added) – valor econômico agregado, ajustado

Affiliated – afiliado

Allocate – provisionar, reservar

Allowance – reserva, fundo, subsídio; mesada

Amalgamation – fusão (de empresas)

Amendment *to the articles of incorporation* – alteração de contrato social

Amendment – emenda, alteração de contrato

Amortization – amortização

Appeal – recurso a uma instância superior

Applicable – aplicável; que se refere a

Arbitrage – arbitragem; obtenção de lucro pela diferença de taxas ou preços em mercados financeiros ou bolsas de mercadorias

Articles of incorporation – documento constitutivo, contrato social, estatutos;

Artificial person – pessoa jurídica

Assets – ativo

Attached – anexo

Attorney – procurador

Attorney-at-law – advogado

Audit adjustment – ajuste de auditoria

Audit report – relatório da auditoria

Auditing – auditoria

Average – média

B

Back to back – empréstimo lastreado em depósito de igual valor em moeda estrangeira junto a um banco correspondente — as divisas não saem do exterior

Bad debt – crédito de liquidação duvidosa

Bailout – auxílio financeiro, socorro financeiro

Balance of payments – balança de pagamentos

Balance sheet – balanço patrimonial

Bankrupt – falido

Bankruptcy – falência

Best effort – (melhores esforços), termo utilizado para um lançamento de ações no qual o banco não garante que todos os papéis serão colocados, mas que fará os melhores esforços para que isso aconteça.

Best effort underwriting – (subscrição de ações com melhores esforços), nesta modalidade de lançamento de ações o banco não garante que todos os papéis serão colocados, mas que fará seus melhores esforços para que isso aconteça. A instituição financeira apenas se compromete a fazer o melhor esforço, daí o termo best effort para colocar no mercado o máximo de ações emitidas e devolvem as ações que sobrarem (1).

Bid bond – carta oferta; fiança de licitação

Bidder – licitante

Board – nos EUA é o Conselho de Administração. O presidente do Board é a pessoa mais importante da companhia. Nos EUA o presidente é chamado de CEO.

Board of trade – junta comercial

Bonus – gratificação

Book entry – lançamento

Book value – valor contábil

Borrower – aquele que recebe empréstimo

Glossário 291

Borrowing – empréstimo (solicitado, recebido)

Bottom line – lucro líquido do exercício

Branch – filial

Breach of contract – descumprimento de contrato, quebra de contrato

Break-even point – ponto de equilíbrio, sem perdas nem lucros

Budget – orçamento

Buildings – construções, prédios

Business corporation – sociedade anônima (EUA)

Business day – dia útil

Buying commission – comissão sobre compras

Buying power – poder de compra, poder de consumo

Bylaws – documento operacional; a parte reguladora do contrato social

C

C/f (carried forward) – a transportar (lançamento)

Cable transfer – transferência por cabo (telegrama) ou telex em operações bancárias com o exterior

Capex – capital expenditure (despesas de capital, investimentos, imobilizado)

Capital expenditure – dispêndio com ativos fixos, investimento

Capm (capital asset pricing model) – modelo de precificação de ativos de capital

Cash basis – regime de caixa

Cash book – livro-caixa

Cash payment – pagamento a vista

Cash – dinheiro sonante; descontar um cheque

Cash-flowfromoperating activities – fluxo de caixa das atividades operacionais

Cash-flow – fluxo de caixa

CEO (chief executive officer) – é o principal executivo operacional de uma companhia nos EUA, no

Brasil seu similar é o presidente da diretoria.

Certificate of incorporation – mesmo que "articles of incorporation"

Cfroi – cash flow return on investment — retorno do fluxo de caixa do investimento

Chart of accounts – plano de contas

Check clearance – compensação de cheques

Checking account – conta corrente

Civil servant – funcionário público

Close corporation – sociedade limitada de capital fechado regida por contrato entre os acionistas

Cluster – (aglomeração competitiva); a) polo consolidado pela interação entre empresas de determinado setor econômico que apresentam possibilidade de crescimento contínuo superior àquele das aglomerações econômicas comuns. O cluster apresenta alto potencial de beneficiamento através de maior atração de capital; redução do "lead time", custos e riscos; maior qualidade e flexibilidade de mão de obra; aumento do dinamismo empresarial e da qualidade de vida da região; b) aglomerado produtivo (1).

Cod (cash on delivery) – pagamento contra entrega

Collection – cobrança

Commercial law – direito comercial

Commission – comissão

Commodity exchange – bolsa de mercadorias

Common law – jurisprudência

Common share – ação ordinária

Common stock – participação acionária em ações ordinárias

Compensation – indenização; compensação

Complaint – petição inicial

Compound interest – juros compostos

Controller – gerente de contabilidade, pessoa responsável pelas operações contábeis de uma organização. Também chamado de CAO ou chief accounting officer

Cooking the books – fraudar a contabilidade (cozinhar os livros)

Copyright – direitos autorais

Core business – identificação do negócio central de uma empresa. De acordo com grande parte dos gestores e economistas uma empresa deve centrar todos os seus esforços na sua atividade principal delegando a outras tudo o que seja secundário ("outsourcing").

Core competence – são os pontos fortes e conhecimentos que conferem a uma empresa uma vantagem competitiva intrínseca. Esta é o fator chave de sucesso de uma organização (1).

Corporate name – razão social

Corporate venturing – prática de uma grande empresa comprar uma pequena parcela de capital ou estabelecer uma joint venture com um negócio menor para beneficiar das qualificações especializadas da empresa menor (1).

Corporation – sociedade anônima (pessoa jurídica independente de seus acionistas); pessoa jurídica, corporação

Correspondent bank – banco correspondente no exterior

Cost center – centro de custo

Cost-benefit analysis – análise custo x benefício

Counsel – advogado. Termo usado para designar e se dirigir a um advogado defendendo uma causa.

Cpa (certified public accountant) – contador oficialmente credenciado

Credit union – cooperativa de crédito

292   Avaliação de Empresas Para Leigos

Credit – crédito; creditar

Criminal law – direito penal

Cross margin – margem bruta

Current assets – ativo circulante

Current liabilities – passivo circulante

Current ratio – liquidez corrente

Current – corrente, realizável a curto prazo

Customs broker – despachante aduaneiro

D

Dba (doing business as) – nome fantasia

Dead file – arquivo morto

Deadline – data limite

Dealer – distribuidor, revendedor, intermediário

DEBIT – débito; dEBITar

Debt assumption – assunção de dívida

Debt – dívida

Default – inadimplemento, inadimplência; dívida não paga de acordo com seus termos

Defaulter – inadimplente

Deferred – diferido, transferido para data posterior ou parcelado

Deficit – déficit

Demand deposit – depósito a vista

Department of the treasury (us) – tesouro nacional, ministério da fazenda nos EUA

Depositary – fiel depositário

Depreciation – depreciação

Direct labor – mão de obra direta

Discounted cash flow – fluxo de caixa descontado.

Dividend yeld – dividendos pagos, ganhos, recebidos

Double-entry accounting – método das partidas dobradas

Down payment – entrada; sinal; pagamento inicial

Draft – duplicata; saque; ordem de pagamento; rascunho, minuta

Drawback – devolução ou reembolso de obrigações aduaneiras referentes à importação de insumos para produtos de exportação

Due date – data de vencimento, data de pagamento

Due diligence – diligência prévia, processo de auditoria para confirmar a situação econômica, financeira e jurídica da empresa.

Dues – mensalidades, pagamentos

E

Earnings – ganhos, dividendos

Earnings per share – dividendos por ação, também chamado de eps

EBIT – earnings before interest, taxes,

EBITDA – earnings before interest, taxes, depreciation and amortization - lajida – lucro antes de juros, imposto, depreciação e amortização e lucro líquido

EBITDA margin – margem EBITDA, receita operacional líquida dividida pelo EBITDA (%)

Efc – equity cash flow (fluxo de caixa para o acionista); ou fundos que uma empresa recebe dos investidores. Enquanto a forma mais comum de financiamento de capital é de vendas de ações ordinárias e preferenciais, as empresas também podem receber investimento direto de outras empresas e grandes investidores privados.

Eft (electronic funds transfer) – ted (transferência eletrônica disponível)

E-Invoice (electronic invoice) – nota fiscal eletrônica

Embezzlement – apropriação indébita; desfalque; crime do colarinho branco

Employee – empregado, funcionário

Enclosed – anexo

Enterprise value – valor da empresa

Entertainment – lazer, diversão

Entity – entidade

Entry – lançamento

Epp (export prepayment) – pré-pagamento de exportação

Equity value – valor da empresa

Equity – patrimônio líquido, em determinados casos também pode ser usado como "equivalência"

Earning – ganho, lucro

EPS - Earnings Per Share – lucro por ação

Escrow account – conta utilizada em fusões, incorporações de empresas e em contratos, para garantia de "surpresas" no decorrer de qualquer negociação, é um "aval" um sinal de negócio. Conta ou valor que é retido (por um banco ou credor, etc.) e separado para cobrir ou garantir certas obrigações que eventualmente não foram identificadas num processo de due diligence e podem representar custos inesperados (1).

Escrow agreement – contrato de operação de compra para movimentação dos recursos depositados na conta-garantia, com a instituição financeira na qual os recursos ficarão depositados.

Eva (economic value added) – valor econômico agregado

Exchange broker – corretor de câmbio

Exchange rate – taxa de câmbio

Excise tax – imposto sobre fabricação, distribuição ou venda de produtos

Executive officer – diretor

Expense – despesa

Expired – vencido, sem validade

Export tax – imposto de exportação

Exterior – exterior

Extraordinary gains and losses – ganhos ou perdas extraordinárias

F

Facilities – instalações

Fasb (financial accounting standards board) – comitê de

Glossário 293

padronização de demonstrações financeiras. A maior autoridade privada do setor contábil nos EUA

Fees – taxas

Fifo (first in, first out) – modalidade de contabilização de estoque, o primeiro que entra é o primeiro que sai.

Figure – dado, valor; figura

File taxes – fazer a declaração do imposto de renda

Financial leverage – alavancagem financeira

Financial reports – relatórios financeiros, normalmente usados para informar o mercado

Financial statement – demonstrações financeiras

Financial year – exercício

Financial – financeiro

Financing activities – atividades financeiras

Finished goods – produtos acabados

Fiscal year – exercício, ano contábil

Fixed assets – ativo fixo, permanente, ativo imobilizado

Fixed interest rate – juros prefixados

Foot notes – notas de rodapé, explicam o balanço e a DRE

Foreign debt – dívida externa

Foreign exchange policy – política cambial

Foreign exchange – câmbio

Foreign – estrangeiro, externo

Form – formulário; formar

Free cash flow (fcf) – fluxo de caixa livre

Free cash flow to equity – fluxo de caixa para os acionistas

Freight – frete

Furniture – mobília

Future value – valor futuro

G

Gaap (generally accepted accounting principles) – princípios gerais normalmente aceitos de contabilidade

Gain or loss – ganhos ou perdas

Gatt (general agreement on tariffs and trade) – acordo geral de tarifas e comércio

General partnership – sociedade com responsabilidade ilimitada, regida por um contrato entre as partes

Gnp (gross national product) – pib (produto interno bruto)

Golden share (ação de ouro) – ação detida pelo estado numa empresa pública ou numa associada de economia mista, objeto de uma privatização total ou parcial, que confere àqueles direitos particulares e implica, pelo seu conteúdo, disposições estatutárias especiais (1).

Goodwill – fundo de comércio, aviamento, fundo empresarial

Grace period – prazo de carência

Gross income – receita bruta

Gross up – acrescentar, ao valor de um pagamento, reembolso antecipado de impostos incidentes sobre o mesmo

Gross – bruto

Guarantor – avalista, fiador

H

Handling – manuseio, manipulação

Hands off – investidores com participação passiva na gestão do negócio.

Hands on – investidores com participação ativa na gestão do negócio

Hard currency – moeda forte

Head office – matriz

Headquarters – matriz, escritórios centrais

I

Iasb (international accounting standards board) – comitê internacional de padrões contábeis

Iasc (international accounting standards committee) – comitê internacional de padrões contábeis

Idle – parado, inativo

Imf (international monetary fund) – fmi (fundo monetário internacional)

Import duty – imposto de importação

Income statement – dre

Income tax refund – restituição de imposto de renda

Income tax return – declaração de imposto de renda

Income taxes – imposto de renda

Income – receita, renda, entrada

Increase – aumento

Inflation adjustment – correção monetária

Inflation – inflação

Input – alimentação; entrada de dados

Installment – prestação; pagamentos mensais

Insurance – seguro; fire insurance – seguro contra incêndio

Interest rate – taxa de juros

Interest – juro; interesse

Internal revenue service (IRS) – órgão da receita federal dos EUA

Inventory – inventário, lista discriminada de ativos

Investing activities – atividades de investimento

Investment bank – o banco de investimento atua como intermediário entre o emissor de títulos e o investidor

Investments – investimentos, aplicações

Invitation for a bid – licitação, abertura de concorrência

Invoice – nota fiscal, fatura

Ipo (initial public offer) – oferta pública inicial; consiste no lançamento das ações das empresas no mercado primário de capitais (nos EUA, através da NASDAQ) e a consequente capitalização da empresa. No Brasil, este papel deverá ser realizado pela bolsa eletrônica soma (1).

Irr – internal rate of return

Irs auditor – fiscal da receita federal

J

Janitor – encarregado de limpeza, zelador

Joint stock company – sociedade anônima

Joint venture – empreendimento conjunto; sociedade em conta de participação

Joint – em conjunto, unido; articulação

Juristic person (corporation) – pessoa jurídica

L

L/c (letter of credit) – carta de crédito

Labor law – direito do trabalho

Labor – mão de obra; esforço físico ou mental; trabalho de parto

Land – terrenos, terra; aterrissar (se usado como verbo)

Lawsuit – ação judicial, processo

Lawyer – advogado

Ledger – livro-razão

Legal entity – pessoa jurídica

Legal opinion – parecer jurídico

Legal proceedings – trâmites legais

Lender – aquele que empresta

Letter of credit – carta de crédito

Letter of guarantee – carta de garantia

Liabilities – passivo; obrigações

Libor (london inter-bank offer rate) – taxa normal de juros internacionais

Lifo (last-in, first out) – modalidade de contabilização de estoque, o último que entra é o primeiro que sai

Limited liability company (llc) – sociedade limitada norte-americana; sociedade por quotas de responsabilidade limitada.

Normalmente abreviado para ltd.

Limited partnership – sociedade por quotas de responsabilidade limitada

Lines of credit – linhas de crédito

Loan – empréstimo

Long-term assets – realizável a longo prazo

Long-term – a longo prazo

Losses – prejuízos

Ltd. (limited liability company) – ltda. (companhia limitada)

M

Machinery and equipment – máquinas e equipamentos

Management buy-out – o processo de aquisição de uma empresa pelos próprios executivos que nela trabalham, em geral associados a fundos de investimento.

Margin – margem (de lucro)

Market cap – valor total de um negócio. Encontra-se pela multiplicação do valor da ação pelo número de ações emitidas

Market share – participação (fatia) de mercado

Massaging the numbers – massageando os números, ou fraude contábil, o mesque que cook the books

Maturity – vencimento; maturidade

Mba (master of business administration) – mestrado em administração de empresas

Merger – incorporação ou fusão de empresas

Merger (fusão) – operação de absorção de duas ou mais empresas ou sociedades por organização de maior porte que lhes sucederá em todos os direitos e obrigações

Milestones – marcos, objetivos ou metas.

Minority – minoria, proprietários em minoria

Minutes (of a meeting) – ata (da reunião)

Miscellaneous – diversos

Money laundering – lavagem de dinheiro

Mortgage – hipoteca

Municipal service tax – issqn

Mva (market value added) – valor agregado de mercado

N

Natural person (individual) – pessoa física

Nda (non disclosure agreement) (acordo de confidencialidade) – compromisso assinado por investidores e empreendedores de não revelar ao mercado as informações relevantes obtidas de ambos os lados durante o processo de negociação para a efetivação de um processo de investimento de risco (1).

Net equity – patrimônio líquido

Net income – receita líquida

Net profit – lucro líquido

Net sales – vendas líquidas

Noplat (net operating profit after taxes) – lucro operacional líquido depois dos impostos.

Notary public – pessoa autorizada a reconhecer firma e autenticar documentos; tabelião

Npv – net present value

O

Off-book accounting – caixa 2

Opa (offer private acquisition) – oferta pública de aquisição ou compra, são operações de bolsa que consistem em uma pessoa singular ou coletiva informar publicamente aos acionistas de uma sociedade cotada na bolsa que está disposta a adquirir os seus títulos a um preço superior à cotação atual, com vista a assumir ou a reforçar o seu controle sobre essa sociedade.

Operating liabilities – passivos operacionais

Opex (operational expenses) (despesas operacionais) (1).

Glossário 295

Outsourcing – terceirização

Outstanding balance – saldo pendente

Overdue – já vencido e não pago; devido; atrasado

Overhead cost – despesas indiretas

Owner – dono, proprietário

Ownership – propriedade

P

Paid-in capital – capital integralizado, capital realizado

Paid-in – integralizado

Payable – pagável, a pagar

Payment – pagamento, prestação (pmt)

Payroll – folha de pagamento

Period – período de tempo (mês, ano, etc.)

Petty cash – dinheiro em caixa para pequenas despesas

Plaintiff – autor (de uma ação)

Plant – fábrica, parque industrial; planta (vegetal)

Pmt (payment) – (prestação, anualidade, renda)

Postage – despesas de correio

Post-dated check – cheque pré--datado

Power of attorney – procuração

Preferred share – ação preferencial

Preferred stock – participação acionária em ações preferenciais

Prepaid expenses – despesas antecipadas

Prepayment – pagamento antecipado

Present value – valor presente

Previous – anterior, prévio

Price earning ratio (p/e) – taxa preço lucro, mede o tempo de retorno da ação, pois divide os dividendos pelo valor da ação

Price quotation – tomada de preços

Prime rate – a mais baixa taxa de juros para clientes preferenciais no mercado norte-americano

Private equity – tipo de atividade financeira realizada por instituições que investem essencialmente em empresas que ainda não são listadas em bolsa de valores

Private equity fund – tendem a investir em negócios mais maduros, como consolidação e reestruturação

Product cost – custo do produto

Profit and loss report (p&l) – demonstrativo de perdas e lucros

Profit – lucro; lucrar

Property tax – imposto sobre propriedade imobiliária; imposto predial e territorial

Property, plant, and equipment – propriedade, planta e equipamentos, o mesmo que ativo fixo

Provision of services – prestação de serviços

Provisional remedy – medida cautelar

Public limited company – sociedade anônima (uk)

Public translator – tradutor juramentado

Purchase – compra; comprar

Purchasing power – poder de compra, poder de consumo

Q

Quarter – trimestre

Quarterly – trimestral

Quick ratio – taxa rápida, encontrado pela divisão do disponível pelo passivo corrente. O mesmo que índice de liquidez seca

R

Rate – taxa, taxa de juro, índice

Raw materials – matérias-primas

Real estate – imóveis

Receivable – recebível, contas a receber (do ativo realizável)

Regular corporation – sociedade anônima norte-americana

Reimbursement – reembolso, devolução

Remittance – remessa de dinheiro

Rent – aluguel; alugar

Report – relatório; relatar, reportar-se

Residual ou "stand-by underwriting" (residual, sobra) – modalidade de lançamento de ações na qual a instituição financeira promove a colocação das ações no mercado dentro de um prazo determinado e, quando este se encerrar, ela subscreve a parcela de ações que o mercado não tomou

Residual value – valor residual

Restraining order – liminar, medida liminar

Retained earnings – lucros retidos

Retirement – aposentadoria

Return on investment (roi) – retorno sobre o investimento

Reva (refined economic value added) – valor econômico agregado, depurado

Revenue – receita

Roa (return on assets) – retorno sobre os ativos

Road shows (rodadas de apresentações) – são apresentações dos Business Plans's dos empreendedores para investidores nacionais ou internacionais com vistas a levantar os recursos necessários para o financiamento de suas atividades ou o estabelecimento de alianças estratégicas

Roe (return on equity) – retorno sobre o patrimônio líquido

Roll over (alongar; girar; rolar) – é uma extensão de um empréstimo para além da sua data de vencimento original (1)

Rounds of financing (rodadas de investimentos – investidores) – são as primeiras rodadas de investimentos feitas pelos empreendedores, onde são levantados os recursos necessários para a expansão e desenvolvimento de seus negócios. Essas rodadas de investimentos são realizadas, em geral, para mais de um fundo de venture capital e desembolsadas à medida que o empreendedor atinge as metas preestabelecidas no plano de negócios (milestones) (1).

Royalty – preço pago pelo direito de uso de marca ou patente

S

Sales commission – comissão de vendas

Sales – vendas

Savings account – caderneta de poupança

Schedule – tabela, programa, horário, lista

Sec (securities and exchange commission) – CVM americana

Securities – títulos (ações, obrigações, valores etc.)

Shareholder – acionista

Short-term – a curto prazo

Solvency – solvência

Spin-off (derivagem; derivada de alguma coisa) – a) empresa oriunda de laboratório e resultante de pesquisa acadêmica ou industrial; b) empresa impulsionada por outra já estabelecida no mercado, para atuar na mesma área de negócio, mas com produto ou serviço diferente daquele que a empresa original comercializa (1)

Spin-out (estender, espalhar, prolongar) – empresa constituída por um grupo ou unidade de uma grande empresa para explorar novos desenvolvimentos ou oportunidades de mercado recentes e onde a equipe de gestão e o capitalista de risco também têm uma quota do capital (1)

Spread – margem de lucro; comissão do banco

Standard & poor's – uma das mais importantes e conceituadas empresas de serviços financeiros, mais conhecida pelo seu índice de ações sp 500 index

Standby letter of credit – aviso de carta de crédito

Statement of cash flows – demonstração do fluxo de caixa

Statement of changes in owners equity – demonstração das mutações do patrimônio líquido

Statement – posição, demonstrativo; declaração

Stationery – material de expediente

Statute of limitations – prescrição, qualquer lei que estabelece limite de tempo para reivindicação de direitos via judicial

Stock exchange – bolsa de valores

Stock market – mercado de capitais

Stock – ações, participação acionária; estoque

Stockholder – acionista

Stockroom – almoxarifado

Storage – armazenamento

Straight-line depreciation method – método de depreciação linear

Subpoena – ordem judicial para comparecer em juízo e testemunhar ou apresentar documentos

Subscription – assinatura de periódicos

Subsidiary – subsidiária

Sue – processar, acionar em juízo

Sundries – artigos pequenos, vários

Supplies – suprimentos

Supply and demand – oferta e procura

Supreme court – a mais alta instância do poder judiciário norte-americano, equivalente ao supremo tribunal federal brasileiro

Surplus – superávit

Sva (shareholder value added) – valor agregado do acionista

Swift (society for worldwide interbank financial telecommuni-

cations) – transferência por cabo (telegrama) ou telex em operações bancárias com o exterior

T

Tag along (correr atrás, estar ligado a alguma coisa, a reboque) – mecanismo de proteção a acionistas minoritários de uma companhia que garante a eles o direito de deixarem uma sociedade, caso o controle da companhia seja adquirido por um investidor que até então não fazia parte da mesma. O tag along garante aos acionistas minoritários o direito de vender suas ações por pelo menos 80% do valor pelo qual foi pago pelas ações dos controladores (1)

Takeover – aquisição

Tax break – incentivo fiscal; isenção fiscal; dedução ou abatimento de imposto

Tax deduction – dedução de impostos

Tax evasion – sonegação de impostos

Tax exemption – isenção de impostos

Tax haven – paraíso fiscal

Tax incentive – incentivo fiscal

Tax provision – provisão de impostos

Taxation – tributação

Taxes – impostos

Taxpayer – contribuinte

Tender – oferta, proposta

Terms of payment – condições de pagamento

Time deposit – depósito a prazo fixo

Timetable – cronograma, horário

Tools – ferramentas

Trade surplus – superávit comercial

Trade – comércio; intercâmbio comercial; comercializar

Trademark – marca registrada

Transfer – transferência; transferir

Glossário 297

Travel – viajar, de viagem
Treasurer – tesoureiro
Treasury – tesouro, ministério da fazenda
Trial balance – balancete
Turnover – volume de dinheiro movimentado em um período

U

Uncollectible – incobrável
Underwriting (subscrever) – subscrição de ações
Unpaid – não pago, a pagar
Utilities – luz, água, etc.

V

Valuation – é o processo usado para estimar o valor real de um ativo ou empresa. Existem várias técnicas que podem ser usadas para estimar estes valores, como, por exemplo, a análise financeira (demonstrativos apresentados pela empresa), composição da estrutura de capital, projeção de cenários para receitas, despesas e lucros futuros, modelo capm (capital asset pricing model) e até mesmo modelos quantitativos e estatísticos
Value date (due date, maturity date) – data de vencimento
Value-added tax – icms, imposto sobre valor agregado
Variable cost – custo variável
Variable costing – custeio variável
Volatility – volatilidade
Wacc (weighted average cost of capital) (custo médio ponderado de capital) – reflete quanto uma empresa paga para levantar dinheiro com dívida ou capital próprio. Em análise fundamentalista, é usado para trazer a valor presente os fluxos de caixa futuros de uma empresa.

W

Warehouse – depósito, armazém
Whole – integral, inteiro, no todo
Window dressing – literalmente limpeza dos vidros, o mesmo que to cook de books. Alterações contábeis para que os resultados pareçam melhores
Wire swift code (swift) – transferência por cabo (telegrama) ou telex em operações bancárias
Withdraw – retirar, sacar
Withdrawal – retirada, saque
Withhold – reter
Work in progress – trabalho em andamento
Working capital – capital de giro
Write off – dar baixa; cancelar
Writedown – redução de valor; baixa parcial; depreciação
Written-down value – baixa do valor escriturado

Y

Yield – rendimento

Índice

A

Ação preferencial, 296
Acionista, 46, 64, 292, 293
Ações, 77, 90
Acordo de confidencialidade, 295
Anjo, 249, 250, 251, 253
Aposentadoria, 247, 264, 270, 296
Ativo, 11, 12, 16, 20
Ativo circulante, 51, 67, 142, 180, 216, 293
Ativo imobilizado, 294
auditor, 114
auditoria, 114, 115, 117
Avaliação de empresas, 121, 122
Avaliação de empresas familiares, 264

B

Balanço de determinação, 122, 140, 282
Balanço especial, 139, 140
Balanço patrimonial, 4, 16, 51, 67, 142, 150, 176, 178, 180
Bolsa de valores, 15, 61, 136, 296, 297

C

Caderneta de poupança, 297
Caixa, 171, 173, 174, 175, 176
Caixa 2, 295
Calculadora, 1, 2, 26, 27, 29
Capital Asset Pricing Model (CAPM), 46, 53
Capital de giro, 220, 226, 282, 298
Capital de terceiros, 46, 47, 49, 67, 68, 69
Capital próprio, 46, 50, 53, 58, 62
Cash flow, 66, 74, 75, 82, 83
Cash flow statement, 176, 177
CEO (chief executive officer), 251, 255, 291, 292
Cobrança, 167, 292
Companhia limitada, 82, 295
Contabilidade, 1, 4, 11, 48, 82, 83

Contador, 12, 14, 55, 99, 110, 155
Contas a pagar, 291
Contribuinte, 297
CPA (certified public accountant), 281, 292
Custo do Capital de Terceiros, 219, 228, 235
Custo do Capital Próprio, 227, 230, 233, 234
Custo do produto, 296
Custo médio ponderado de capital (WACC), 227, 228, 234
Custo variável, 218, 298

D

Data de vencimento, 78, 293, 296, 298
DCF, 13, 15, 16, 20, 212, 271
Debt, 68, 228, 234
Dedução de impostos, 297
Default, 291, 293
Demonstração de resultados, 4, 16, 83, 142, 153, 158, 215, 216, 221, 222, 236
Demonstração do fluxo de caixa, 164, 176, 177, 178, 179, 189, 297
Demonstrações financeiras, 4, 53, 114, 117, 150, 176, 263, 283
Demonstrativo de perdas e lucros, 296
Depreciação, 291, 293, 297, 298
Desconto, 18, 46, 77, 80, 88, 90, 134
Despesas antecipadas, 296
Despesas de capital, 177, 187, 189, 190, 191
Despesas indiretas, 154, 296
Despesas operacionais, 17, 129, 152, 154, 193, 295
Despesas provisionadas, 291
Diligência, 44, 110, 141, 284
Discounted Cash Flow — DCF, 13, 75, 162, 210, 212, 271
Dívida, 254, 282
Dividendos, 72, 74, 78, 90
Dividendos pagos, 78, 79, 90, 293
Due diligence, 109, 110, 111, 113, 114, 115, 116

E

EBITDA (earnings before interest, taxes, depreciation and amortization — lajida), 128, 129, 157, 158, 160, 293
EBIT (earnings before interest), 128, 129, 159, 293
Economic Value Added — EVA, 135, 137
Empréstimo, 22, 46, 47, 291, 295, 296
Enterprise value, 19, 20, 198
Equity, 13, 20
Equity Value, 20
Excel, 11, 13, 20

F

FCC, 71, 74
FCFE, 134, 192, 193, 194, 195
FCFF, 186, 193, 194, 195
Ferramenta, 164, 165, 167, 172, 175
Finanças, 167, 194
Financeira, 163, 164, 165, 166, 176, 195
Financiamentos, 177, 179, 189, 190, 193
Fluxo de caixa, 177, 178, 179, 183, 186, 189, 190, 191, 193
Fluxo de caixa contábil, 162, 176
Fluxo de caixa empresarial, 164, 167
Fluxo de caixa livre, 164, 177, 183, 186, 191, 192
Fluxo de caixa livre do acionista, 123, 186, 192
Folha de pagamento, 168, 170, 192, 296
Fórmula, 187, 188
Fraudar a contabilidade, 292
Free Cash Flow (FCF), 74, 82, 183
Free Cash Flow to Equity (FCFE), 192, 193
Free Cash Flow to Firm (FCFF), 186
Fusão de empresas, 66, 295
Future Value, 25, 27

G

GAAP (generally accepted accounting principles), 150, 151, 294
Ganhos, 293, 294
Gerente contábil, 292
Goodwill, 26, 122, 123, 129, 130, 131, 132, 133

H

Headquarters, 294
Hipoteca, 295
Horizonte de projeção, 18, 19, 20
HP 12C, 29, 30

I

Imposto de renda, 152, 153, 154, 159
Índice de liquidez seca, 296
Inflação, 25, 49, 51, 58, 59, 60
Informação, 55, 81, 112, 134, 160, 262
Intercâmbio comercial, 297
Interest, 14, 24, 26
Inventário, 12, 215, 294
Investidor, 24, 53, 57, 58, 64
Investimentos, 164, 166, 168, 169, 192, 194
IRR (internal rate of return), 76, 295
IRS (órgão da receita federal dos EUA), 294

J

Juro composto, 2, 4
Juro simples, 22, 23
Juros prefixados, 294

L

Ledger (livro-razão), 295
Limited partnership, 295
Liquidação, 47, 123, 125
Liquidez corrente, 243, 293
Lucro antes de Juros e Impostos (LAJIR ou EBIT), 159
Lucro antes de Juros, Impostos, Depreciação e Amortização (LAJIDA ou EBITDA), 158
Lucro líquido, 134, 136
Lucro líquido do exercício, 150, 151, 152, 154, 156, 160
Lucro operacional bruto, 153, 154
Lucro Operacional Líquido depois dos Impostos (Noplat), 155, 223
Lucros retidos, 296

300   Avaliação de Empresas Para Leigos

M

Marca registrada, 157, 297
Margem bruta, 293
Margem EBITDA, 14, 207, 293
Market share, 295
Market Value Added, 137
Matemática comercial, vii, 1
Matemática financeira, 1, 4, 5, 11, 78, 97, 212
Matérias-primas, 133, 296
Medidas de desempenho, 185
Mercado de capitais, 57, 61, 297
Metodologias, 5, 13, 119, 131
Milestones, 295, 297
Mobiliário, 61, 110, 117, 159
Modelo de múltiplos de mercado, 205
Modelo de precificação de ativos financeiros (CAPM), 46, 53, 230
Moeda corrente, 99, 100
Moeda nominal, 100
Múltiplos, 123, 128, 129

N

Net Operating Profit After Taxes (Nopat), 16, 155, 223
Net Operating Profit Less Adjusted Taxes (Noplat), 155, 223
Nota fiscal, 148, 293, 294
Notas de rodapé, 294

O

Orçamento, 133, 267, 269, 292
Outsourcing, 292, 295
Overdue, 296

P

Pagamento antecipado, 296
Pagamento uniforme, 4, 27
Passivo circulante, 51, 67, 293
Passivos operacionais, 295
Patrimônio líquido, 293, 295, 296, 297
Payment, 27
Perito, 106, 117, 118

Perito contador, 140, 259, 282
Perpetuidade, 4, 40, 71, 77, 80, 282
Planilha de fluxo de caixa, 168
Preferred stock, 296
Prejuízos, 151, 163, 166
Present value, 26, 27, 295, 296
Prestação, 27, 80, 148, 153
Private equity, 253, 257, 284
Processos judiciais, 112, 141, 277
Profit, 295, 296
Provisão de impostos, 297
Purchase, 296

R

Rate, 293, 294, 296
Realizável a curto prazo, 293
Realizável a longo prazo, 51, 142, 177, 295
Receita bruta, 114, 152, 165, 294
Receita líquida, 132, 295
Regime de caixa, 148, 188, 292
Reinvestimento, 13, 25, 90, 134, 177, 282
Rendimento, 22, 24, 58, 70, 133, 298
Rent, 296
Resíduo ou perpetuidade, 40, 240
Resultado operacional bruto, 153, 154
Resultados econômicos ou contábeis e financeiros, 148
ROA (retorno sobre os ativos), 136, 296
ROE (retorno sobre o patrimônio líquido), 127, 132, 296
ROI (retorno sobre o investimento), 137, 296

S

SEC (securities and exchange commission), 297
Segurança, 257, 285
Seguro, 261, 262, 265, 269, 272, 280
Seguro contra incêndio, 294
Série de pagamentos uniformes, 27
Sociedade anônima, 292, 295, 296
Startup, 247, 248, 249, 250, 251, 252
Stock exchange, 61
Subscrição de ações, 291, 298

T

Taxa de crescimento, 79, 87, 88, 90, 92, 94
Taxa de juros, 48, 81, 294, 296
Tesoureiro, 297
Tomada de preços, 296

V

Valoração, 79, 90, 120, 153, 199, 248, 271
Valor contábil, 50, 123, 124, 203, 283
Valor corrente, 90, 91
Valor da empresa, 72, 77, 87, 88, 92
Valor de liquidação, 123, 125
Valor do dinheiro no tempo, 2, 22, 24
Valor futuro, 25, 27
Valor nominal, 99, 141
Valor presente da perpetuidade, 104, 106
Valor residual, 18, 19, 31, 133, 296
Valuation, 71, 72, 77, 82, 85, 87, 89, 95, 96
Value, 135, 137, 157, 198, 208
Value date, 298
Vencimento, 78, 80, 295, 296, 298
Vendas líquidas, 295
Venture capital, 253, 255, 257
VPN (valor presente líquido), 214, 271, 282

W

Weighted Average Cost of Capital (WACC), 18, 66